U0096666

古代歷史文化 研究輯刊

六 編

王明蓀 主編

第 2 冊

山海池澤之稅：
前漢少府稅收問題研究

林益德 著

國家圖書館出版品預行編目資料

山海池澤之稅：前漢少府稅收問題研究／林益德 著 — 初版
— 新北市：花木蘭文化出版社，2011〔民100〕

目 2+218 面：19×26 公分

（古代歷史文化研究輯刊 六編：第 2 冊）

ISBN：978-986-254-596-6（精裝）

1. 稅收　2. 財政制度　3. 漢代

618　　　　　　　　　　　　　　　　　　　100015450

ISBN-978-986-254-596-6

9 789862 545966

古代歷史文化研究輯刊
六　編　第　二　冊　　　　　ISBN：978-986-254-596-6

山海池澤之稅：前漢少府稅收問題研究

作　　　者　林益德
主　　　編　王明蓀
總 編 輯　杜潔祥
出　　　版　花木蘭文化出版社
發 行 所　花木蘭文化出版社
發 行 人　高小娟
聯 絡 地 址　新北市永和區中正路五九五號七樓
　　　　　　　電話：02-2923-1455／傳真：02-2923-1452
網　　　址　http://www.huamulan.tw 信箱 sut81518@gmail.com
印　　　刷　普羅文化出版廣告事業
初　　　版　2011 年 9 月
定　　　價　六編 25 冊（精裝）新台幣 40,000 元

版權所有・請勿翻印

山海池澤之稅：
前漢少府稅收問題研究

林益德　著

作者簡介

林益德，1982 年生於臺灣省臺北縣，輔仁大學歷史學系學士、國立中興大學歷史學系碩士，現就讀於國立臺灣師範大學歷史學系博士班。現任《歷史教育》助理編輯，曾任《中興史學》主編、《簡牘學報》編輯、《中華簡牘學會通報》編輯、《國語日報週刊（進階版）》作家。主要興趣為了解生命、體會世界。研究領域為秦漢、魏晉南北朝時代之經濟史、法律史，著有〈漢初的「行金」與「行錢」〉、〈秦、漢初簡牘中之刑徒棄衣問題初探〉、〈秦、漢之際簡牘所見〈金布律〉變異初探〉等多篇著作。

提　要

　　《漢書・百官公卿表》載少府「掌山海池澤之稅」，此語看似簡單但其在前漢財政、行政中的意義深遠。目前關於少府財政的研究成果，多偏重在帝室財政問題，專論少府稅收的內容、財政、行政等問題者有限，故可針對相關問題深入討論。

　　山海池澤四字在先秦、秦漢文獻中本指自然地理，而相似的用詞共有十六個。山海池澤用詞似隨著山澤解禁，漸由自然地理意涵轉為自然資源。「稅」本指田租，後漸擴張為收的動作。「稅」、「賦」兩字之差異，只能代表其來源與用途，無法代表其歸少府或大司農。

　　「山海池澤之稅」概指與自然資源相關的稅收，這些收入依類型可分為水資源、土地資源、苑囿收入等三大項，共由鹽稅、漁稅、礦業稅、林業稅、園池收入等五種所構成。這些稅收隨時間演變，其有相當部分轉歸其他職官。此五項稅收中，以水資源稅收資料最多，這或與其重要性有直接關聯。

　　少府還有口賦、戶賦、獻費、酎金、關稅、市稅、酒稅、獻物等八大項收入，計可分為人口稅、物品類兩類。其中以口賦、市稅最為重要。此類收入在漢初比例不高，但隨山澤稅轉出，至漢代中期以下成為少府主要收入。

　　就山海池澤相關的行政問題言，少府應不涉及山澤行政。首先少府機構中山澤業務職官比例偏少，稅收官員亦相當有限。而郡國山澤職官，多非少府所能置喙。而《漢書・百官公卿表》的「掌」字，旨在說明少府最具特色的稅收。

　　最後少府的財政關係有幾點特色：首先，山海池澤之稅在前漢早期為少府主要稅收，但至前漢中期以下，則改以人口稅、物品類稅收為主。其次，少府經費應多為其他職官轉交。再者，前漢山澤稅為少府特別指定用途稅，其於後漢時取消原因是財政便利因素，公私財政分立就財政角度言並非良好。

　　本文說明「山海池澤之稅」在前漢的運作與意義，前漢少府財政的演變，可謂是中國財政史的重要轉變階段，此處共涉及前漢賦稅史、財政史、官制史與史學史等四大方面，而為日後研究相關領域的基礎，這當可擴大至討論秦、漢時期各種職官的財政運作。

目次

第一章　緒　論

第一節　研究動機與前人研究成果

　　班固《漢書・百官公卿表》云少府「掌山海池澤之稅，以給共養」，[註1]
說明前漢有所謂「山海池澤之稅」的存在，但其意義究竟為何，則甚少學者詳
細討論。揆諸歷代重要史籍與近人重要著作，針對少府職掌的說明多從《漢書・
百官公卿表》寫法而未說明其意義，如《漢官儀》、《前漢紀》、《劍橋中國史（秦
漢篇）》以及近人所撰之《秦漢史》如錢穆、勞榦、林劍鳴等皆是。[註2] 相似
的例子甚多，不勝枚舉，可以確定「山海池澤之稅」為少府職掌重要代表。

　　「山海池澤」的字面意義概指自然環境，而其稅收為關於各種自然資源
的稅收。山海池澤之稅正是「人類與自然關係」[註3] 的具體表現，可認識人

〔註1〕　《漢書》（北京：中華書局，1962 年 6 月），卷十九上〈百官公卿表〉，頁 731。
〔註2〕　《漢官儀》載：「少府掌山澤陂池之稅」（應劭，《漢官儀》，卷上，頁 10，收於
　　　　《漢官六種》（臺北：臺灣中華書局，1981 年 10 月））；《前漢紀》云：「少府，
　　　　掌山海河澤之稅，及供養內職屬官」（荀悅，《前漢紀》（北京：中華書局，2002
　　　　年 6 月第一版），卷五〈孝惠皇帝紀〉，頁 70）；錢穆《秦漢史》云：「少府，掌
　　　　山海池澤之稅以給共養」（錢穆，《秦漢史》（臺北：東大圖書公司，1957 年 4
　　　　月初版），頁 255）；勞榦《秦漢史》云少府「掌山海池澤之稅」（勞榦，《秦漢史》
　　　　（臺北：中國文化大學出版部，1986 年 11 月），頁 109）；林劍鳴《秦漢史》直
　　　　接引《漢書・百官公卿表》云「少府：『掌山海池澤之稅』」（林劍鳴，《秦漢史》
　　　　（臺北：五南，1992 年 11 月），頁 135）；《劍橋中國史（秦漢篇）》亦云：「少
　　　　府收集少量稅款，例如山林藪澤的物產」（Loewe, Michael 等主編、韓復智等譯，
　　　　《劍橋中國史（秦漢篇）》（臺北：南天書局，1996 年 1 月），頁 538）。
〔註3〕　景愛，〈環境史：定義、內容與方法〉，《史學月刊》，2004 年第 3 期，頁 6。

對自然的利用、開發，乃至秦、漢時代人民對自然所造成的改變等。〔註4〕此外，歷代對山海池澤嚴格管制，乃至於「左足入，左足斷；右足入，右足斷」，〔註5〕時至今日亦有出入山地管制區的規定，〔註6〕此似即有古代山澤管制之風，故山海池澤的重要性不言可喻。

筆者前草〈漢初的「行金」與「行錢」〉〔註7〕一稿時，嘗論及黃金在漢代的地位問題，當時懷疑黃金數量有限，因此存在以錢代替黃金現象，但是關於黃金數量多寡問題，長期因資料不足難以說明。對此勢需先解決漢代黃金開採供應量問題，這即與山海池澤關係密切，其開採、供應當屬山海池澤之稅的一環，若能理解前漢山澤稅的運作，或可從而說明漢代的貨幣問題。

「山海池澤之稅」相關問題的討論有限，其實際上所涉及的課題極多。首先是「山海池澤之稅」的範圍限定，這與少府的稅收來源有關，如潘明娟云少府「『掌山海池澤之稅，以給共養』，即掌管工商稅收以供養皇室用度」，〔註8〕她認為山海池澤自然資源必經工商開發方能利用，故工商稅收亦歸少府。此種說法即是對少府收入來源的試探，但少府實際所轄稅收不限於工商稅、山澤稅等，潘氏此種論點當與今人對漢代「山海池澤」用詞定義不清有關。故除需確定前漢「山海池澤」四字意義以確定研究範圍外，尚有必要將少府所掌稅收釐清，從而說明兩者的關係。

若欲釐清少府稅收，亦需說明相關財政關係，如歷來學者多認同山海池澤之稅「基本上屬於少府管轄範圍」，〔註9〕然而所謂「管轄」之具體形式為

〔註4〕 環境史學是二十世紀晚期新興的歷史研究方法之一。自然與人類的關係自古已甚為緊密，隨著時代移轉技術進步，對自然消耗的程度越大，導致各種破壞的產生，使人類對此產生反思，環境史學由是興起。相關定義，參見景愛，〈環境史：定義、內容與方法〉，頁517。

〔註5〕 管仲著，黎翔鳳撰，《管子新校》（北京：中華書局，2004年6月第一版），卷二十三〈地數〉，頁1360。

〔註6〕 警政署針對臺灣地區訂有〈人民入出臺灣地區山地管制區作業〉，其規定人民進出山區之限制，且必須向警政當局申請許可。條文可見於：〈人民入出臺灣地區山地管制區作業〉，警政署，http://www.npa.gov.tw/NPAGip/wSite/public/Attachment/f1140142077734.pdf，2007年10月24日所見。

〔註7〕 拙稿，〈漢初的「行金」與「行錢」〉，《中興史學》，第12期（2006年6月），頁1～33。

〔註8〕 見潘明娟，〈秦都咸陽城市機能芻議〉，《西安文理學院學報（社會科學版）》，第8卷第1期（2005年2月），頁71。

〔註9〕 劉德增、李珩，〈"縣官"與秦漢皇帝財政〉，《文史哲》，2006年第5期，頁72。

何?則未見說明。若可說明此一財政課題,應可詳探漢代行政制度與財政制度,故實有釐清之必要。不過因爲少府稅收眾多,且歷經前漢二百一十年漫長的時間,其中演變繁多,故討論時確有其困難存在。

關於少府「掌」山海池澤之稅的掌字,又可用於探討班固筆法。《漢書‧百官公卿表》中以「掌」書寫前漢各職官的職權,其書寫根據、法則爲何?值得詳探。若能說明此一問題,或可說明班固書寫少府職掌筆法之具體原因,從而說明少府的實際職掌。

就財政問題言,前漢財政特點之一是公、私財政問題,這以加藤繁所著〈漢代國家財政和帝室財政的區別以及帝室財政的一斑〉一文所論要旨。其文認爲前漢財政分爲國家與帝室財政,並試探前漢公、私財政不再分開之緣由。〔註10〕加藤繁所論仍有其不足,故本文即自現代財政學角度試探當時公、私財政分立之意義,從而論及私財政被廢除的原因。

總之,此處是以「山海池澤」爲中心,探討少府的財政、行政、賦稅等,再兼及班固史學、公私財政問題。誠可謂以制度史研究爲本,〔註11〕兼以相關的史學史、財政史問題。

本文以山海池澤之稅爲中心,擴大至相關財政問題,因此宜針對財政史相關前人著作討論。然因相關資料不足,學者直接研究「山海池澤之稅」者有限,難以就此部分突破。因此,勢需兼及秦漢時期財政、賦稅、行政等相關研究,從而了解相關著作中山澤稅的研究概況。基於山澤稅爲一種賦稅,以下將針對賦稅史、公私財政、財政史、官制史等四部分,由內而外逐步說明以拼湊出山澤稅研究之概況。

秦漢賦稅史研究數量龐雜,其研究重點諸如有田租、口賦、力役等問題,〔註12〕而專論山海池澤之稅者則尚未見及,以下酌舉數個涉及山澤稅的相關著作說明。首先是馬非百所著之〈秦漢經濟史資料(七)租稅制度〉一文,〔註13〕此文爲馬非百秦漢經濟史資料系列作之一。〔註14〕馬氏以當時之新方

〔註10〕 加藤繁,〈漢代國家財政和帝室財政的區別以及帝室財政的一斑〉,《中國經濟史考證》(北京:商務印書館,1959 年 9 月初版),頁 123。

〔註11〕 嚴耕望先生嘗云:「歷史學有兩隻腳,一隻腳是歷史地理,一隻腳就是制度」(嚴耕望,《錢穆賓四先生與我》(臺北:臺灣商務印書館,1992 年 3 月初版),頁 46),本文既是探討制度史的部分,此語正可顯示本研究之意義。

〔註12〕 關於賦稅史之研究概況,可見陳明光,〈中國古代賦役制度史的回顧與展望〉,《漢唐財政史論》(長沙:岳麓書社,2003 年 10 月第一版),頁 273～318。

〔註13〕 馬非百,〈秦漢經濟史資料(七)租稅制度〉,《食貨半月刊》,第 3 卷第 9 期

法分類研究賦稅史，自有其一定價值。但馬氏一文部分論證較爲薄弱，如其所云工稅問題疑問頗多。又如山澤稅中除鹽鐵專賣外，其他如漁稅討論皆過爲簡單，實有再行強化之必要。

黃今言著有《秦漢賦役制度研究》一書，[註15] 該書的特點是針對秦漢收稅方式專論。黃氏此書論及稅收財政機構的發展、土地稅類型及其征課量的蠡測、末業稅問題和有關雜項稅收的擴大、計訾和訾算、按丁口征賦制的確立及其演變、徭役制度的發展變化及其與社會矛盾的關係、少數民族地區的賦役和貢輸、賦役征調與名籍、上計制度等，其所得成效可觀。但針對山澤稅部分論述有限，且黃氏著作此書時未及使用張家山漢簡以致其論述有缺憾，此點可再強化。

賦稅屬於財政的一環，前漢時期與少府山海池澤之稅息息相關者爲公私財政問題，此一問題最重要研究者爲加藤繁所著之〈漢代國家財政和帝室財政的區別以及帝室財政的一斑〉一文。加藤氏提出前漢財政分爲國家與帝室兩體系，帝室財政使用山海池澤市井等收入，並深入說明帝室財政中的收支項目，再論及相關的行政機關。[註16] 加藤繁此文極爲重要，但加藤繁卻忽略時代演變意義，故其所論至至前漢中期以降即不無疑問，實有必要釐清山澤稅在前漢之演變概況。

加藤繁一文未及使用簡牘資料，對此朱德貴著有〈論漢代國家財政與帝室財政管理體制——與加藤繁先生商榷〉一文，朱氏認爲漢初公、私財政分別可能不大，因爲張家山漢簡規定各地縣、道官將本屬少府收入之帳目交至丞相處，從而主張公、私財政混合此時已經存在。[註17] 朱氏以新資料討論舊說方式值得肯定，但其所得結論恐怕值得商榷。應當深入探討前漢財政運作與丞相在財政運作中的作用，方能說明此一問題。

（1936 年 4 月 1 日），頁 9～33。

〔註14〕其他相關的文章舉例有馬非百，〈秦漢經濟史資料（四）貨幣制度〉，《食貨半月刊》，第 3 卷第 2 期（1935 年 12 月 16 日），頁 2～25、馬非百，〈秦漢經濟史資料（五）人口及土地〉，《食貨半月刊》，第 3 卷第 3 期（1936 年 1 月 1 日），頁 8～38，馬氏此爲一系列關於經濟史之文章，正可知馬氏對相關問題投入相當大的心力。

〔註15〕黃今言，《秦漢賦役制度研究》，南昌：江西教育出版社，1988 年 4 月第一版。

〔註16〕加藤繁，〈漢代國家財政和帝室財政的區別以及帝室財政的一斑〉，頁 25～124。

〔註17〕朱德貴，〈論漢代國家財政與帝室財政管理體制——與加藤繁先生商榷〉，《江西師範大學學報（哲學社會科學版）》，2006 年第 1 期，頁 86～90。

　　公私財政問題再對外擴大即是財政問題，此處針對關於秦漢財政制度回顧。而中國財政史研究在 1949 年以前猶在立基礎階段，1949 至 1976 年之間研究進展甚少，直至 1978 年以下財政史研究方全面大放異彩，因此較具探討價值者爲 1978 年後出版的作品。秦漢財政史以馬大英《漢代財政史》、羅慶康《西漢財政官制史稿》〔註18〕等爲要。

　　羅慶康所著《西漢財政官制史稿》一書，〔註19〕誠爲前漢財政制度研究的重要著作。該書有別其他專書以稅收項目爲探討爲中心，改以中央財政職官諸如丞相、大司農、少府、水衡都尉、詹事、大長秋還有地方郡國等爲中心討論。羅氏一書最大特色在於針對各種收入提出相關稅收數據，然而此書正是在少府稅收數據部分有所疏失，如其鐵稅計算根據不明、工稅存在理由牽強，乃至於市租金額計算錯誤，將「兩」誤植爲「斤」，金額差距達十六倍，而以錯誤數據討論，其結論自然頗有疑問；再者，其對簡牘資料利用有限，所論仍需加強。

　　馬大英的《漢代財政史》〔註20〕一書，對於漢代的財政制度有較完整討論，此一書分撰收入和支出兩大部分，再兼論漢代漕運、幣制、屯田、財務行政、奴婢等。然而馬氏對於山海池澤之稅簡單帶過，並未詳論；再者馬氏對於漢代財務行政討論有限，諸如行政上的收稅、轉交、應用等相關探討不多，馬氏實以賦稅內爲其論述主旨。因此，似應對馬氏論述不足與忽略處有更細部的討論，以補馬氏之不足。

　　針對於歷代財金制度的專著，則爲侯家駒所著《中國財金制度史論》一書。〔註21〕就縱向時間言，侯氏此書自先秦三代講述至明清；以橫向研究角度言，侯氏一書涉及財金官制、收入、支出，金融等四大方面，可謂論及所有關於財政方面議題。侯氏論及漢代時，特別提出加藤繁所未注意到的稅收細節，如公田在漢代由帝室財政、國家財政各轄部分，這正是侯氏功力所在。侯氏此書亦困於論述範圍過廣，針對其他細部問題如山海池澤之稅侯氏並無深入討論，只提及鹽、鐵收入；對於戶稅、雜稅等皆以極短篇幅說明。凡此

〔註18〕以上關於中國財政史研究之概況，可見陳明光，〈20世紀中國古代財政史研究述評〉，《漢唐財政史論》（長沙：岳麓書社，2003 年 10 月第一版），頁 319～328。

〔註19〕羅慶康，《西漢財政官制史稿》，開封：河南大學出版社，1989 年初版。

〔註20〕馬大英，《漢代財政史》，北京：中國財政經濟出版社，1983 年 4 月第一版。

〔註21〕侯家駒，《中國財金制度史論》，臺北：聯經，1988 年。

種種顯示，當前財政史研究皆較少注意山澤稅問題。

賦稅、財政其實是經濟狀況的倒影，因此財政問題再擴大即是經濟問題的討論，而林甘泉主編之《中國經濟通史・秦漢經濟卷》正可說明此一問題。〔註22〕林氏一書針對秦漢經濟通史討論，對於秦、漢時期人口與農工商各種產業之發展概況、商業、賦役、財政等皆有相當論述。林氏雖較少說明實際稅收，但可由當時產業狀況反推，從而討論相關稅收之可能概況。如林氏對漁業稅討論之篇幅不過一頁半，但是漁業部分之篇幅則高達十三頁，兩者可以互相參看、比較。因此得以透過對當時經濟狀況之掌握，以深入探討特定稅收，擴大研究所得。

前述各賦稅史之著作頗多，但多針對整體賦稅制度討論，對山海池澤之稅論述有限，其原因不外乎傳統史料相當有限，因此無法深入討論。隨近年來簡牘資料的陸續出土，已改善資料不足窘境，從而再啓山海池澤之稅研究空間。

少府收入不限於山海池澤之稅一事，前賢學者已有注意，但多未深論。如沈振輝認爲國君私奉養除山海池澤之稅外，又有市稅、口賦等，提出這些是「山海池澤之利」外的收入；〔註23〕然沈氏並未說明班固云少府「掌山海池澤之稅」與事實不符之原因。又如錢穆提出少府有「市稅礦山海鹽漁業諸收入」，〔註24〕但未論班固以「山海池澤之稅」泛稱少府收入緣由。此等問題，當受《漢書・百官公卿表》所載少府職掌的影響，故班固說法實需再論。

少府山海池澤之稅問題，除前述財政、賦稅兩部分外，猶須自職官方面略探。官制史以安作璋、熊鐵基二人所合著之《秦漢官制史稿》最爲重要，其次還有陳文豪所著之《漢代九卿研究》一書，至於地方官制部分則有嚴耕望的《中國地方行政制度史・秦漢地方行政制度》一書，此三書可謂是秦漢官制史研究中最爲重要者。

首先是安作璋、熊鐵基二人所著《秦漢官制史稿》〔註25〕一書，其對中央官屬論述詳細，但針對九卿部分則是以各卿屬官爲論述核心，至於「卿」

〔註22〕林甘泉主編，《中國經濟通史・秦漢經濟卷》，北京：經濟日報出版社，1999年1月第一版。

〔註23〕麥見沈振輝，〈少府官制考析〉，《江西師範大學學報（哲學社會科學版）》，1998年第2期，頁54～55。

〔註24〕錢穆，《秦漢史》，頁177。

〔註25〕安作璋、熊鐵基，《秦漢官制史稿》，濟南：齊魯書社，2007年1月第二版。

本身之論述較少，這導致九卿本身論述偏少，反較其屬官還不清楚，且即便論及職責者，亦難分辨所言是該卿或機構的職掌。故書中並未詳細討論少府與山海池澤之稅的關係，誠是缺憾。

《漢代九卿研究》〔註 26〕爲陳文豪的博士論文，針對少府部分，其屬官依職掌屬性分類，共分爲行政組織、天子近侍組織、宮廷事務組織、山海池澤管理組織以及其他等五大類，少府職掌亦被分爲掌山海池澤之稅、宮廷事務、宮中警衛、贊導眾事備顧問以及其他等五項，具體賦予少府組織與職掌意義，其成效顯著。但針對少府掌山海池澤之稅部分，所舉諸例只言及少府負責處理皇室財政部分，而未觸及少府與山海池澤之稅有何關係，陳氏雖提出山澤不過是皇室收支的概稱，卻未細論，值得再深入探討。

嚴耕望先生著有《中國地方行政制度史・秦漢地方行政制度》一書，〔註 27〕此書先自漢代統治政策論起，兼論秦、漢地方單位的建置，再分論郡國、縣、鄉之組織、權力，最後再說明這些官員的任用、監察、籍貫問題，幾可謂以秦、漢地方爲核心，將所有相關問題都交代詳盡。但對部分問題嚴氏所論仍有不足，如在郡列曹中有「都水」一職，另在郡國特種官署中又列有「都水官」一職，此二「都水」間有何差異、關係等，嚴氏皆未說明。其他又如鹽官、鐵官等，嚴氏雖考訂出較史籍所載更多數量，卻又甚少深入說明其意義。因此，爲解決少府與山海池澤業務之行政問題，仍需進一步討論。

綜觀此處官制史研究，其論述主題多較爲宏觀，在解決較大問題如內、外朝問題與郡國制度時有其長處，針對特定職官如少府、都水、鐵官、鹽官等時，又無法詳論細部問題，而這些細部問題對解決山海池澤之稅問題又最爲重要。因此，似可針對山海池澤相關職官與少府之關係討論，以釐清山澤稅在行政的意義。

總之，山海池澤之稅研究涉及漢代的財政史、賦稅史、官制史，目前猶未見以山澤之稅爲主題討論者。若分別就財政史、賦稅史、官制史三角度言，雖有涉及山海池澤之稅的著作，惟多間接論及，故其所論較爲有限，如加藤

〔註 26〕陳文豪，《漢代九卿研究》，臺北：中國文化大學史學研究所博士論文，1993年。此外，陳文豪先生嘗著有《漢代大司農研究》一書（參見陳文豪著，《漢代大司農研究》，臺北：中國文化大學史學研究所碩士論文，1986 年），惟其內容多已爲《漢代九卿研究》所吸收，因此不另列討論。

〔註 27〕嚴耕望，《中國地方行政制度史・秦漢地方行政制度》，臺北：中央研究院歷史語言研究所，1961 年。

繁一文已最接近山澤稅，其重點仍在公、私財政部分。此種缺乏專論的狀況，當因缺乏資料所致，但隨著近年簡牘資料出土，正是研究山澤稅之時機。

第二節　新舊材料與研究方法

　　針對山海池澤之稅此一主題，此處研究最大的突破是在史料應用的擴大，本文將應用傳統史籍、封泥、金文、簡牘等史料討論。首先針對傳統史籍，最重要者當為《漢書》，此書是本文研究的起因，特別是〈百官公卿表〉最具意義，極需對其深入分析與討論。其他另將使用《史記》、《後漢書》、《三國志》等關於秦漢時代正史中之相關列傳，作為本文基本探討稅收概況與政治制度之史料。至於如《山海經》、《管子》、《呂氏春秋》、《鹽鐵論》、《九章算數》、《新論》等資料，由於這些史籍涉及諸多關於稅收之資料，因此在研究賦稅史部分將以這些資料為中心討論。關於職官、制度之資料，則有《周禮》、《春秋左傳》、《國語》、《西漢會要》、《漢官六種》等，這些史籍皆是載有周、秦、漢時期官制之重要資料，不過《周禮》的史料價值頗有爭議，因此原則上只列為備考。此處研究將盡量以秦、漢時期與先秦時期之資料為本，再參考其他史籍。總之，本文是以各種傳統史籍作為本文的研究基礎。

　　除了以各種傳統史籍為依歸外，尚將使用各種新出土史料，諸如封泥、金文、簡牘等，首先在封泥、金文方面計有《秦漢金文錄》〔註28〕、《秦封泥集》〔註29〕、《漢印文字徵》〔註30〕等三種資料，這主要是作為職官研究時所用。至於簡牘資料因為載有眾多過去所未見或不足的資料，得以擴張歷史視野，這恐怕正是本文得以超越前賢之最重要根據。對山澤稅研究最具意義之簡牘，當以湖北江陵張家山二四七號漢墓簡牘中之《二年律令》為要，〔註31〕此批簡牘出土於一九八六年，共有五百二十六枚簡，包括漢初呂后二年時律令二十八種，其內容極為重要，具有「不可估量的價值」。〔註32〕針對財稅部

〔註28〕容庚編，《漢金文錄》，收於氏編《秦漢金文錄》，臺北：中央研究院歷史語言研究所，1992 年 10 月景印一版。

〔註29〕周曉陸、路東之編，《秦封泥集》，西安：三秦出版社，2000 年 5 月第一版。

〔註30〕羅福頤編，《漢印文字徵》，香港：中華書局，1979 年 8 月香港第一版。

〔註31〕本文所用張家山漢簡之版本為整理小組編，《張家山漢墓竹簡〔二四七號墓〕》（北京：文物出版社，2001 年第一版）。

〔註32〕胡平生，《長江流域出土簡牘與研究》（武漢：湖北教育出版社，2004 年 10 月第一版），頁 350。

分，在《二年律令》的二十八種律令中，其中以〈金布律〉與山海池澤之稅關係最為重要，此簡又揭示公、私財政畫分的可能運作方式。其他律令如〈田律〉、〈□市律〉、〈津關令〉都有涉及部分少府收入或山澤稅問題，其資料數量頗多，對相關研究助益極大，由此誠可知張家山漢簡價值之所在。

　　除張家山漢簡外，還有其它數種重要簡牘資料值得注意，首先是睡虎地秦墓簡牘，此批簡牘出土於一九七五年，其約為秦始皇三十年時之資料，簡文中以《秦律十八種》最為重要。〔註33〕《秦律十八種》中之〈田律〉、〈金布律〉、〈關市〉等三律是為少府收入與山澤稅之相關資料，可用於說明部分稅收問題。其次則是《龍崗秦簡》，〔註34〕此簡與山海池澤中的園池事務關係極高，其簡文雖無律名但內容多與禁苑相關，學者認為這雖未必是〈禁苑律〉，但其與〈田律〉、〈廄苑律〉關係頗高，可能是各律之雜抄本；〔註35〕此簡雖屬秦簡，但因漢承秦制，故對前漢禁苑事務有相當高的參考價值。其他還有尹灣漢簡與鳳凰山漢簡，尹灣漢簡內容主要是東海郡的各種簿冊，其中涉及鹽官、鐵官事務，因此在研究鹽、鐵問題以及其相關官制時，則必參考尹灣漢簡；〔註36〕至於鳳凰山十號漢墓簡牘的簡文數量遠較前述各簡為少，但是其中含有少見之口錢資料，因此對研究少府口賦收入時有極高參考價值。〔註37〕本文使用上述諸多簡牘材料，並利用這些資料與傳統史籍比對、研究，此即是王國維「二重證據法」之應用，〔註38〕這亦正是本文得以超越前人之最主要依據。

　　除前述二重證據法之外，本文基於詮釋法解釋史料意義，另將使用歸納、比較等科學方法，整理山海池澤之稅的字義、官制等相關問題。為解釋山海池澤之字義，此處將利用修辭學，探討相關用字的意義。此外參考現代財政學概念，試圖解釋山海池澤之稅在歷史演變上的意義。此處涉及現代的財務

〔註33〕本文所用睡虎地秦簡為整理小組編，《睡虎地秦墓竹簡》，北京：文物出版社，1990 年 9 月第一版。

〔註34〕本文所用龍崗秦簡版本為中國文物研究所等編，《龍崗秦簡》（北京：中華書局，2001 年初版）。

〔註35〕中國文物研究所等編，《龍崗秦簡》，頁 5。

〔註36〕此處所用尹灣漢簡為連雲港市博物館等編，《尹灣漢墓簡牘》（北京：中華書局，1997 年 9 月第一版）。

〔註37〕詳細簡文可見裘錫圭，〈湖北江陵鳳凰山十號漢墓出土簡牘考釋〉，《文物》，1974 年第 7 期，頁 49～62。

〔註38〕所謂「二重證據法」者，即是「將各種新、舊材料並觀，使之互證互補」，見吳昌廉師，〈論「新發現」與「新學問」之關係——王國維「新材料」觀念試釋〉，《簡牘學報》，第十七期（1999 年），頁 331。

行政、租稅論等概念，〔註39〕從而討論各稅收之用途、發展走向乃至解釋其原因。過去學者多用較簡單之概念或個人觀感解釋，本文即是企圖改用財政學專門理論，使其解釋史事演變之涵意，從而協助歷史學門解決問題，此亦是傅斯年進步之學方法的應用。〔註40〕

　　山海池澤之稅問題複雜，因此本文的研究結構將分別自字義、賦稅史、官制史、財政史等四方面下手，試圖解決山海池澤之稅的相關問題。本文首先針對字義問題討論「山海池澤」的含義，特別是專論於其秦、漢時期與今日兩者間字義的差異，這將用於界定本文的研究範圍。基於此一研究範圍，應該可延伸探討相類似意義的用字，特別著重這些用詞在時間轉變上之意義，這或可顯示經濟轉變與用字變遷間之關係，因此確有必要詳探其用字問題。再者，此處將略論「稅」的問題，並探其與「賦」之差別。以上是針對山海池澤的修辭研究，是作爲賦稅、官制、財政等三方面研究之基礎，故相當重要。

　　其次針對少府所轄稅收部分，因少府屬秦、漢時期兩大財政機構之一，收入項目極多，故按稅收屬性分兩章討論。而「山海池澤」既指自然資源，爲方便討論起見，故將各種少府所轄涉及自然資源的稅收，按其產地分爲水資源、土地資源、園池收入等三大項討論。此種自然資源稅誠爲少府最具代表性收入，其地位非常重要，而針對各種自然資源稅分論其歸屬於少府之依據、徵收方式、稅率與金額等，透過此種研究法除可說明該稅與少府的關係外，亦可探討該稅在少府財政中的意義。

　　少府尚且轄有諸多與自然資源無關的稅收，而這些稅收的項目、金額實可與山澤稅相媲美，因此另立爲一類討論。這些不屬於山海池澤的稅收可按其課稅對象分爲人口稅、物品類稅收兩大類，這些稅收至前漢晚期，成爲少府重要收入。此處討論這些稅收的方式，將基於山澤稅之研究方式，略探這些收入與少府之關係、徵收方式、金額與稅率。此處所論將作爲後文探討少

〔註39〕關於此可參看普春化，《財稅概要》，臺北：三民書局，1977 年 9 月初版。
〔註40〕傅斯年對學術，嘗提出三個準則：「（一）凡能直接研究材料，便進步：凡間接的研究前人所研究或前人所創造之系統，而不繁豐細密的參照所包含的事實，便退步。（二）凡一種學問能擴張他所研究的材料便進步，不能便退步。（三）凡一種學問能擴充他所研究時應用的工具的，則進步；不能的，退步。」（傅斯年，〈歷史語言研究所工作之旨趣〉，《傅斯年全集》第四冊（臺北：聯經，1980 年 9 月，頁 257）此處以財政學協助探討歷史學問題，似正合於傅氏所言第三點。

府財政問題時的最主要根據，故有必要探清少府所轄非山澤稅的內容。

少府雖轄有山澤之稅，但處理稅收、設施管理等相關的行政業務是否一併歸其負責，實有必要說明，以釐清少府與山澤稅之關係為何。因此，此處再由官制史角度討論山海池澤之稅中相關的職官問題，首先討論少府職掌與組織和山澤業務的關係，以此界定位處中央的少府是否與山澤業務有關。其次自各郡國山澤業務職官角度探討，論其職掌與所屬機關，從而說明山澤業務是否與少府有關。最後則基於前述稅收與職掌概況，討論《漢書·百官公卿表》中「掌」的運用準則，以此試探班固書寫少府職掌之筆法與用意。

最後則在探討山海池澤之稅與少府財政問題，旨在說明何種稅收為少府財政支柱。此處先論前述少府各種稅收在前漢一代的歸屬變化，以彰顯少府各階段財政倚重對象。爾後再就各稅收之金額，說明少府財政主要收入來源，但因資料不足，故需與前述歸屬變化互相參照。最後說明少府財政的運作，首需指出用稅與收稅實為二件不同之事，此勢必涉及漢代財政運作問題，最後再略論少府公私財政之意義，特別是公私財政最後又混合為一之原因。

本研究主要對象是少府收入問題，透過以上研究方法當可了解山海池澤之稅為何，以及其與少府之關係。如此當可避免學者誤將少府收入限制在山澤或工商稅收中，少府收入來源其實相當多元。再者，另可了解漢代山澤稅與少府各種收入的實際內容與其運作，此處預期將因資料不足因素，各稅所論成果或將遇到不同程度之限制，但這當仍無礙於整體對山澤稅的了解，這當是對秦、漢賦稅史研究的一種助益。

第三節 研究困難與預期成果

針對於研究困難部分，本文的最大困難是在資料不足，資料不足引起的問題即反映在數據不足與代表性有限兩部分。首先針對數據不足問題，前人在研究上並未針對少府所轄收入問題深論，其原因之一應當是傳統資料數據不足所致。今日雖有簡牘資料補充少府與其所轄稅收之行政關係，但就說明財政問題言，幾無數據可以參考，如關稅需要全國關數量、關稅、全國商旅流動量等資料方能說明，這些統計資料在簡牘資料中並不可見，只能由零星的片斷拼湊出部分事實，恐怕無法詳細說明關稅金額。

關於資料代表性問題，則因前漢國祚長達二百一十年，即便在簡牘資料

的補充下，或許可得到其中數年的數據，但以此說明整體前漢財政問題，其代表性即有問題。此種代表性問題，亦反映在職官制度部分，如本文主要依據張家山漢簡討論少府與各地山海池澤職官組織，但是張家山漢簡所載資料不過是呂后二年時之制度，以此討論前漢一代制度恐生疑問，然而張家山漢簡所載資料又非常珍貴。此處資料代表性雖有限，但這已較傳統資料大為豐富，實難捨棄。為克服資料不足問題，除在研究時需注意處理外，勢需使簡牘資料與傳統資料相互映證，期使以此補充資料所不足之處。

　　本論文除說明秦、漢賦稅問題外，尚且探討秦、漢財政史問題。目前財政史研究或與賦稅史相混雜、或過度集中研究焦點，對於其他角度之財政問題討論較為有限，諸如稅收經地方課徵後如何轉供中央職官使用缺乏學者專論。因此透過本文之研究，當可開啟少府財政研究一個可能的研究方向，甚至擴大討論前漢財政收支問題。再者，公、私財政雖已有多位學者探討，然其多由個人觀感評判公、私財政適當與否，若另由財政學角度分析，或可得出不同之觀點。

　　針對官制史部分，歷來少有針對山海池澤職官探討者。這是一種以主題試探前漢職官制度之作法，除可揭示前漢各地山海池澤職官之作業外，另可彰顯當時少府所負責之行政業務。凡此種種，皆是本研究針對官制史所可能達成之貢獻。本文試探班固《漢書‧百官公卿表》的筆法，旨在探討班固書寫準則，如此才能在閱讀時判斷班固所言意義，從而避免過度拘泥於字面意義，這對日後研讀《漢書》時，會有更多的助益。

　　總之，本文預期就山海池澤之稅相關的官制史、財政史、賦稅史、史學史等四方面，分別予以討論。透過本研究除可更加了解對山海池澤此一課題外，預期在上述四領域將有不同程度擴展，這是針對這幾個專史的研究。而本文甚至可作為日後進一步擴大少府相關課題研究之基礎，此即是本論文最大目的。

第二章 戰國秦漢文獻中的「山海池澤之稅」

　　《漢書・百官公卿表》載：「少府，秦官，掌山海池澤之稅，以給共養，有六丞。」〔註1〕其中「山海池澤之稅」所指究竟爲何，歷來多有爭議。有學者認爲「山海池澤之稅」是皇室財政的收入與支出概稱。〔註2〕又觀諸史實，少府有口賦、市租等類稅收，這些稅收明顯不產自山海池澤，則班固所云少府掌山海池澤之稅的眞義值得探討。在此宜先論「山海池澤」四字在先秦、秦漢文獻中的應用，進而深入探討其字涵義，從而說明「山海池澤」四字所指究竟爲何。此處最大目的即是界定本文的研究範圍，這亦能說明爲何口賦、市租等並非山海池澤之稅的原因。

　　再者，對文獻中山海池澤用字的解析，同時也是探討「山海池澤」在戰國秦漢時期的地位。今人將「山海池澤之稅」釋爲「自然物產的稅收」，〔註3〕似指山海池澤四字等同「自然」，漢代雖已有「自然」一詞，〔註4〕卻仍未見

〔註1〕　《漢書》（北京：中華書局，1962 年 6 月第一版），卷十九上〈百官公卿表〉，頁 731。
〔註2〕　陳文豪，《漢代九卿研究》（臺北：中國文化大學史學研究所博士論文，1993 年），頁 228。
〔註3〕　Michael Loewe 等編，韓復智主譯，《劍橋中國史（第一冊秦漢篇）》（臺北：南天書局，1996 年一月初版），頁 676。
〔註4〕　《史記・律書》中有：「同聲相從，物之自然，何足怪哉」（《史記》（北京：中華書局，1982 年 11 月第二版），卷二十五〈律書〉，頁 1240）一語，其所指爲此種狀況乃天然會發生，並無人力介入。《史記》、《漢書》中使用「自然」一詞頗多，但多用於形容萬物演變之理，如「死者天地之理，物之自然，奚

用於形容山海池澤相關事物，兩者間不能畫上等號，因此應當探討當時文獻如何使用「山海池澤」一詞，以說明其真正涵意。這或許可以說明班固爲何不使用其他用詞形容少府收入，卻使用「山海池澤」形容少府收入的原因。

以下將「山海池澤之稅」，分爲「山海池澤」與「稅」兩部分，分別探討其在文獻中的意義。針對山海池澤部分，將探討戰國秦漢以來的相似用字與其字意。「山海池澤」與「稅」二者分屬不同概念，山海池澤是一種資源、地理環境，稅則是政府取得收入的方式，兩者宜分開探討再綜合觀之，以理解戰國秦漢文獻中「山海池澤之稅」的定義。

第一節　戰國秦漢文獻中的山海池澤用詞

《漢書·百官公卿表》以「山海池澤之稅」稱呼少府收入，而山海池澤就其字面言，應當是泛稱自然的用詞，在戰國秦漢時期計有十六個「山海池澤」的近義詞。〔註5〕現將探究這些用詞使用概況，並據此說明「山海池澤」概念涉及的項目，甚至可以試探戰國、秦漢間山海池澤字義的演變。至於專指陸地或水上區域、物產之名詞，如山林、海池等，因篇幅有限暫不討論。

一、戰國、秦代的山海池澤用詞

「山海池澤」是前漢時用詞，爲探討其本意故有需要上探戰國與秦代文獻，當時字義與「山海池澤」一詞相近的用詞有山林藪澤、林麓川澤、山澤林鹽、山林川澤、山林澤梁等五個。此處所謂戰國、秦代主要山海池澤用詞並非指漢代不使用這些用詞，而是這些用詞使用以戰國至秦爲主，漢代較少使用；而後文漢代主要山澤用詞則是指該詞主要出現在漢代。

「山林藪澤」多用於先秦時代，漢代使用次數則下降甚多。先秦文獻使用此一詞者，諸如《國語·楚語·王孫圉聘於楚》所載：「山林藪澤足以備財

可甚哀」（《漢書》，卷四〈文帝紀〉，頁 132）、「夫物盛必衰，自然之理」（《漢書》，卷七十五〈李尋傳〉，頁 3180）等，即便是云「東北經魏郡、清河、信都、勃海入海，廣深與大河等，故因其自然，不隄塞也」（《漢書》，卷二十九〈溝洫志〉，頁 1686～1687），此處自然所指爲河的流法，未見有形容如現代意義的山川萬物。

〔註5〕　由於今人所謂之「同義詞」在實際上都有某種程度之差異，而爲「近義詞」，幾乎不可見完全相等的「等義詞」。（參竺家寧著，《漢語詞彙學》（臺北：五南圖書出版公司，1999 年 10 月初版），頁 333）

用，則寶之」〔註6〕、《逸周書・大聚》載：「山林藪澤以因其利，工匠役工以攻其材，商賈趣市以合其用」〔註7〕、《禮記・月令》云：「山林藪澤，有能取蔬食、田獵禽獸者，野虞教道之」〔註8〕、《春秋穀梁傳・莊公二十八年》載：「山林藪澤之利」〔註9〕、《荀子・王制篇》亦有「山林藪澤」〔註10〕、《管子・小問》載：「牧民者，發倉廩，山林藪澤以共其財」〔註11〕、《韓非子・說疑》載：「或在山林藪澤巖穴之間」〔註12〕、《呂氏春秋・仲冬紀》亦載：「山林藪澤，有能取疏食田獵禽獸者，野虞教導之」〔註13〕、《淮南子・時則訓》上有：「山林藪澤，有能取疏食、田獵禽獸者，野虞教導之」〔註14〕、《漢書・食貨志》載：「若山林藪澤原陵淳鹵之地，各以肥磽多少爲差」〔註15〕等。至於此詞之涵義，應當是指自然環境，在使用上多用於與財富、經濟有關之場合，偶爾用於說明自然環境，至漢代因係轉抄，仍以用於經濟部分爲主。

其次是「林麓川澤」，此詞目前僅見使用於漢代之前，至漢代未見有使用者。即便是在先秦時期，此詞亦僅見於《禮記・王制》，其載：「林、麓、川、澤以時入而不禁」。〔註16〕不過在後世文獻論及周代者，如《通典》、《文獻通考》、《太平御覽》〔註17〕等，則多使用「林麓川澤」一詞，這或是轉引自《禮

〔註6〕　左丘明，《國語》（濟南：齊魯書社，2005 年 5 月第一版），卷十八〈王孫圉聘於楚〉，頁 284。

〔註7〕　孔晁注，《逸周書》（北京：中華書局，1985 年北京新一版），卷四〈大聚解三十九〉，頁 106。

〔註8〕　孫希旦，《禮記集解》（北京：中華書局，1989 年 2 月第一版），卷十七〈月令第六之三〉，頁 496。

〔註9〕　何休、范寧等注，《十三經注疏・春秋穀梁傳注疏》（臺北：新文豐出版公司，2001 年 6 月初版），卷六〈莊公二十八年〉，頁 178。〈莊公三十一年〉、〈成公十八年〉亦有記載，不再贅述。

〔註10〕　荀況，《荀子》（北京：中華書局，1985 年北京新一版），卷五〈王制篇〉，頁 167。

〔註11〕　管仲，《管子校注》（北京：中華書局，2004 年 6 月第一版），卷十六〈小問〉，頁 960。

〔註12〕　韓非，《韓非子》（臺北：三民書局，1997 年 11 月初版），卷十七〈說疑〉，頁 647。

〔註13〕　呂不韋等著，《呂氏春秋》（上海：上海古籍出版社，2002 年 4 月），卷十一〈仲冬紀〉，頁 575。

〔註14〕　劉安，《淮南子集釋》（北京：中華書局，1998 年 10 月第一版），卷五〈時則訓〉，頁 427。

〔註15〕　《漢書》，卷二十四〈食貨志〉，頁 1120。

〔註16〕　孫希旦，《禮記集解》，卷十三〈王制第五之二〉，頁 355。

〔註17〕　可見如杜佑，《通典》（杭州：浙江古籍出版社，2000 年 1 月第二版），卷二十

記・王制》的緣故。就字義上言，「林麓川澤」亦是一種自然環境之總稱，其用法主要在說明自然環境，但似同時指涉經濟、財富問題。

至於「山澤林鹽」一詞則相當罕用，目前僅見於先秦時期，後世未見有使用者。即便是在先秦時期，此詞仍只見於《春秋左傳・成公六年》所載：「夫山、澤、林、鹽，國之寶也」〔註18〕一處而已。此處既將其形容爲國之寶，明顯注重此詞的財富、經濟意涵，因此可視爲經濟用詞。

還有「山林澤梁」一詞，此詞目前亦僅見於漢代之前，未見使用於漢代以降。相關史籍使用此詞者，有如《韓詩外傳》所載：「田野什一，關市譏而不征，山林澤梁，以時入而不禁」、〔註19〕《荀子・王制篇》：「田野什一，關市幾而不征，山林澤梁，以時禁發而不稅」〔註20〕等二處。查此二史籍其用語相近，疑其中一者爲翻抄對方。此處用詞明顯與收稅有關，因此當屬經濟類用詞。

最後是「山林川澤」，此一用詞使用以周代、戰國爲主，至漢代偶或使用此詞。《周禮・司書》載：「以知山林川澤之數」、〔註21〕《禮記・月令》載：「命祀山林川澤犧牲毋用牝」、〔註22〕《春秋左傳・隱公五年》載：「若夫山林川澤之實」、〔註23〕《呂氏春秋・孟春紀》載：「命祀山林川澤」、〔註24〕《史記》載：「堯使舜入山林川澤」、〔註25〕《前漢紀》載：「除邑居、道路、山林、川澤、郡國不可闕者」。〔註26〕「山林川澤」一詞在漢代以前使用最多，至漢代時使用較少。查以上「山林川澤」使用多單純指各種自然環境而與經濟無涉，因此其字義當指自然環境。

七〈都水使者〉，頁159。

〔註18〕 楊伯峻編著，《春秋左傳注》（北京：中華書局，1990年5月第二版），〈成公傳六年〉，頁829。

〔註19〕 賴炎元註，《韓詩外傳今註今釋》（臺北：臺灣商務印書館，1972年9月初版），卷三，頁142。

〔註20〕 荀況，《荀子》，卷五〈王制篇〉，頁157～158。

〔註21〕 《周禮注疏》（北京：北京大學出版社，1999年12月第一版），卷七〈司書〉，頁167。

〔註22〕 孫希旦，《禮記集解》，卷十五〈月令第六之一〉，頁418。

〔註23〕 楊伯峻編著，《春秋左傳注》，〈隱公傳五年〉，頁43。

〔註24〕 呂不韋等著，《呂氏春秋》，卷一〈孟春紀〉，頁2。

〔註25〕 《史記》，卷一〈五帝本紀〉，頁21。

〔註26〕 荀悅，《前漢紀》（北京：中華書局，2002年6月第一版），卷三十〈孝平皇帝紀〉，頁546。

查以上五組戰國、秦代所使用的山海池澤用詞，就用詞的特性言，其約有四成是用於形容自然。至於財富用詞在此時已可見，其所佔比例則在六成。此點亦正可印證，對山海池澤的利用於周代逐漸興起，因此山海池澤已漸與財富產生關係。另外一點可特別注意者，即是以上用詞並無使用「海」字，此另見於後文用字分析。

二、漢代的山海池澤用詞

至於在漢代的文獻中，山海池澤用詞出現增加趨勢，除前述戰國、秦代的五個用詞部分尚在使用外，尚有山海池澤、山澤陂池、山川園池、山川海澤、山海河澤、山澤魚鹽、山林池澤、山川林澤、山海等九詞，較之戰國、秦代增加接近一倍。

首先是「山海池澤」，此詞雖爲《漢書‧百官公卿表》所用，但卻未見於當時或漢代以前其他文獻，這或許爲班固所自創詞彙。然因《漢書‧百官公卿表》用此一詞，後世如《通典》、〔註27〕《文獻通考》〔註28〕皆採用此詞。此處以「山海池澤之稅」泛稱少府收入，既然用於說明少府的稅收，則當具有財富、經濟象徵。此詞在秦漢時期，似非當時人說明「山海池澤」概念的主要詞彙，本文則因《漢書‧百官公卿表》使用此詞，且爲全文探討之起源，故引用爲標題。

其次是「山澤陂池」，此詞較常爲文獻使用，多見於漢代文獻中。《後漢書‧百官三》載：「承秦，凡山澤陂池之稅，名曰禁錢，屬少府」、〔註29〕《漢官儀》載：「少府掌山澤陂池之稅，名曰禁錢，以給私養，自別爲藏」、〔註30〕《史記‧秦始皇本紀》應劭注云：「掌山澤陂池之稅，名曰禁錢，以給私養，自別爲藏」，〔註31〕使用「山澤陂池」此詞之著作較山海池澤爲多。「山澤陂池」一詞中，去掉「海」字增加「陂」字，但或許可與「山海池澤」一詞代

〔註27〕 杜佑，《通典》（杭州：浙江古籍出版社，2000 年 1 月第二版），卷二十七〈少府監〉，頁 159。

〔註28〕 馬端臨，《文獻通考》（杭州：浙江古籍出版社，2000 年 1 月第二版），卷五十七〈少府監〉，頁 514。

〔註29〕 《後漢書》（北京：中華書局，1965 年 5 月第一版），志第二十六〈百官三〉，頁 3600。

〔註30〕 應劭，《漢官儀》，卷上，頁 10，收入孫星衍集，《漢官六種》（臺北：臺灣中華書局，1981 年 10 月臺三版）。

〔註31〕 《史記》，卷六〈秦始皇本紀〉，頁 270。

換、通用，如《漢書・百官公卿表》載應劭釋「山海池澤之稅」為「名曰禁錢，以給私養，自別為藏」，〔註32〕此語正同《漢官儀》所載，或是傳鈔之誤，但可知兩者實為通用詞。由「山澤陂池」多用於形容、說明稅收上，可知其字義實涉及財富、經濟概念。此外，另有「山澤波池」〔註33〕一詞，這當同於「山澤陂池」，或是傳鈔之誤將陂誤植為波，故不另立條目。

復次為「山川園池」，此詞較少使用，漢代文獻偶有使用此名詞。《史記・平準書》載：「而山川園池市井租稅之入」，〔註34〕《漢書・食貨志》亦有：「而山川園池市肆租稅之入」〔註35〕一語。「山川園池」一詞在文獻中使用相對較少，其用字與租稅併用，是為出產稅收的來源，故此詞當具有財富、經濟意義。

再者為「山川海澤」，此詞至漢代開始使用，但使用量不多。其用法有如《漢書・郊祀志》載：「地理山川海澤，所生殖也」、〔註36〕《鹽鐵論・刺權》載：「今山川海澤之原，非獨雲夢、孟諸也」。〔註37〕就以上用法言，「山川海澤」用於描述、泛稱自然環境，其涉及經濟、財富意涵頗低，則其當屬描述自然之用詞。

至於「山海河澤」至漢代才有使用，但仍較為罕用，僅見於《前漢紀・孝惠皇帝紀》所載：「掌山海河澤之稅，及供養內職屬官」〔註38〕一句。就《前漢紀》言，此處云少府職掌將「山海河澤」視同「山海池澤」，兩者互可通用。因此處用於說明「稅」的問題，故此詞具有財富、經濟意涵。

「山澤魚鹽」一詞在漢代才開始使用，但此詞非常罕用。目前僅見於《漢官儀》載：「凶年，山澤魚鹽市稅少府以給私用」〔註39〕一句，未見於其他著作。此詞亦用於說明少府收入，用法幾與「山海池澤」一致，皆與政府收入有關，因此其字義屬財富、經濟意涵。

尚有「山林池澤」，此詞首見於漢代而且相當罕用。目前只見於《後漢書・

〔註32〕《漢書》，卷十九〈百官公卿表〉，頁732。
〔註33〕《漢書》，卷七十四〈魏相丙吉傳〉，頁3137。
〔註34〕《史記》，卷三十〈平準書〉，頁1418。
〔註35〕《漢書》，卷二十四〈食貨志〉，頁1127。
〔註36〕《漢書》，卷二十五〈郊祀志〉，頁1268。
〔註37〕桓寬，《鹽鐵論》（北京：華夏出版社，2000年5月第一版），卷二〈刺權〉，頁56。
〔註38〕荀悅，《前漢紀》，卷五〈孝惠皇帝紀〉，頁70。
〔註39〕應劭，《漢官儀》，卷上，頁10。

孝和孝殤帝紀》載：「令得漁采山林池澤，不收假稅」〔註40〕一語，未見於其他著作。此處既用於說明經濟方面事務，此詞當具有財富、經濟意涵，故屬經濟用詞。

「山川林澤」一詞則相當罕用，只見於《漢書・地理志》：「其一萬萬二百五十二萬八千八百八十九頃，邑居道路，山川林澤，羣不可墾」〔註41〕一段。此處整段話旨在說明漢代的土地利用狀況，此處所指山林川澤概指地理環境，而與財富較無關係，故為自然用詞。

最後是「山海」一詞，此當為簡稱用詞，在戰國已可見，但漢代使用比例較高，此詞用量頗多。《史記》、《漢書》多次使用，如《史記・平準書》：「山海，天地之藏也」、〔註42〕《史記・貨殖列傳》：「齊帶山海」〔註43〕、《漢書・荊燕吳傳》：「吳王擅山海之利」〔註44〕等，《後漢書》亦用，但多形容地理，而不類「山海之利」用法。他如《管子》、〔註45〕《新語》、〔註46〕《鹽鐵論》〔註47〕等亦有使用。由以上可知，此一名詞似以說明自然為主，偶或用於說明財富問題。

查以上九個漢代所使用的山海池澤用詞，就用詞特性言，其多用以形容財富，只有山川海澤、山川林澤、山海兩者用於形容自然。就此九詞所佔比例言，涉及財富的山海池澤用詞，自戰國、秦代的六成，至漢代則略擴大至百分之六十七左右，此似反映漢代對山海池澤的經濟利用較先秦更為擴大，〔註48〕因此

〔註40〕《後漢書》，卷四〈孝和孝殤帝紀〉，頁 185。
〔註41〕《漢書》，卷二十八下〈地理志下〉，頁 1640。
〔註42〕《史記》，卷三十〈平準書〉，頁 1429。
〔註43〕《史記》，卷一二九〈貨殖列傳〉，頁 3265。
〔註44〕《漢書》，卷三十五〈荊燕吳傳〉，頁 1918。
〔註45〕如管仲，《管子校注》，卷二十二〈海王〉，頁 1246，有「唯官山海為可耳」一語。
〔註46〕如陸賈，《新語》（臺北：明文書局，1987 年 5 月初版），卷下〈本行第十〉，頁 149，有「夫釋農桑之事，入山海，采珠璣，捕豹翠，消筋力，散布泉」一語。
〔註47〕如《鹽鐵論》，卷一〈本議〉，頁 7，有「有山海之貨而民不足於財者」一語。
〔註48〕錢穆先生即認為，山海池澤之稅會屬王室使用，與戰國之前山海池澤等商稅只佔少數有關，當時仍以田賦為大宗。至後世由於山海池澤的擴大開發，才演變出山海池澤之稅超過田租之事。（錢穆，《中國歷代政治得失》（臺北：東大圖書公司，1977 年 6 月第一版），頁 24）錢先生更指出山澤禁地的解放，實為戰國以下極重要的變遷。（錢穆，《國史大綱》（臺北：臺灣商務印書館，1995 年 7 月修訂三版），頁 91）此點反映在山海池澤用字上，似乎

其用字改爲財富用法。就上述諸詞可知，「山海池澤」一詞首見於漢代，而相似用詞漢代較之戰國、秦代，其更朝經濟、財富部分改變。

三、戰國秦漢通用山海池澤用詞

至於「山川」、「山澤」兩詞，自戰國以至於秦漢時期的文獻中皆頗常使用，此二詞數量可謂相似用詞中最多者，因此獨立說明。

「山川」此詞則較爲特別，不屬於其他用詞之簡稱，且在戰國、秦、漢皆大規模使用，其使用量遠過其他所有用詞總合，由此可見其用量之龐大。可見諸如《史記·高祖本紀》載：「於是令祠官祀天地四方上帝山川，以時祀之」、〔註49〕《漢書·郊祀志》云：「使先聖之後，能知山川，敬於禮儀，明神之事者，以爲祝」、〔註50〕《後漢書·馮衍傳》：「歷觀九州山川之體，追覽上古得失之風」〔註51〕等。由於使用山川一詞之史籍數量極多，此處只列出幾個例子不再詳細舉例，戰國秦代文獻可見者已有《周易》、〔註52〕《尚書》、〔註53〕《毛詩》、〔註54〕《儀禮》、〔註55〕《春秋公羊傳》、〔註56〕《論語》、〔註57〕《管子》、〔註58〕《呂氏春秋》〔註59〕等，使用此詞的相

亦正可反映此一特色。

此外，尚可見余明所著〈“弛山澤之禁”與漢初地方經濟開發〉一文，余氏針對漢初山澤利用多有說明。余文雖只是概述性質，但卻可顯示漢初對山澤之利用，余氏更認爲這是與民休息與調整經濟結構政策的一環，（余明，〈“弛山澤之禁”與漢初地方經濟開發〉，《自貢師範高等專科學校學報》，2000年第2期，頁53）這似乎顯示山澤至漢初其作爲「財富」代表之意義逐漸加深。

〔註49〕《史記》，卷八〈高祖本紀〉，頁372。

〔註50〕《漢書》，卷二十五上〈郊祀志上〉，頁1189。

〔註51〕《後漢書》，卷二十八下〈馮衍傳下〉，頁987。

〔註52〕王弼、韓康伯注，《周易正義》（臺北：新文豐出版公司，2001年6月初版），卷三〈坎〉，頁262，有「地險山川丘陵也」句。

〔註53〕孔安國傳，《尚書正義》（臺北：新文豐出版公司，2001年6月初版），卷三〈舜典〉，頁88，有「肆類于上帝。禋于六宗。望于山川。徧于羣神」一語。

〔註54〕如毛公傳，《毛詩正義》（臺北：新文豐出版公司，2001年6月初版），卷十五〈漸漸之石〉，頁1442，有「漸漸之石維其高矣山川悠遠維其勞矣」一語。

〔註55〕鄭元注，《儀禮注疏》（臺北：新文豐出版公司，2001年6月初版），卷二十七〈覲禮〉，頁925，有「禮山川、丘陵於西門外」語。

〔註56〕何休注，《春秋公羊傳》（臺北：新文豐出版公司，2001年6月初版），卷十二〈僖公三十一年〉，頁484，有「諸侯山川有不在其封內者。則不祭也」。

〔註57〕如《論語》，卷三〈雍也〉，頁85，載有「山川其舍諸」一語。

關漢代文獻有《前漢紀》、〔註60〕《鹽鐵論》〔註61〕等，由此可見此詞使用之廣。其字多用於說明地理、自然環境，極少涉及經濟者，且此種使用法在戰國秦漢皆無改變，故此詞當屬自然用詞。

最後是「山澤」一詞，這似為「山海池澤」、「山林藪澤」等用詞之簡稱詞，因此不分戰國秦漢皆使用此詞，且在文獻中使用極多。諸如《史記・五帝本紀》載：「益主虞，山澤辟」、〔註62〕《漢書・食貨志》載：「山澤之利未盡出也」〔註63〕、《後漢書・獨行列傳》載：「求占山澤以自營植」。〔註64〕《國語》、〔註65〕《戰國策》〔註66〕、《前漢紀》、〔註67〕《逸周書》、〔註68〕《周禮》、〔註69〕《禮記》、〔註70〕《管子》、〔註71〕《商君書》等〔註72〕亦有涉及。其他如「山澤之稅」、「山澤之利」等用語頗多，不一一提及。由於其為簡稱詞，使用場合頗多，故同時具有利益與自然兩種意涵，端看使用的場合為何。

查以上二詞，因在戰國秦漢使用數量皆多，無法說明其用詞時代的轉變。但其用詞特性，兩者皆以自然為基礎，山澤一詞則又另外具有利益特性。

〔註58〕 管仲，《管子校注》，卷一〈牧民第一〉，頁3，有「不祇山川則咸令不聞」。

〔註59〕 呂不韋等著，《呂氏春秋》，卷五〈仲夏紀〉，頁244，有「命有司，為民祈祀山川百原，大雩帝，用盛樂」語。

〔註60〕 見荀悅，《前漢紀》，卷七〈孝文皇帝紀上〉，頁97，有「皆擅山川銅鐵之利」一語，此為山川一詞少數涉及經濟者。

〔註61〕 桓寬，《鹽鐵論》，卷一〈禁耕〉，頁35，有「故鹽冶之處，大傲皆依山川，近鐵炭，其勢咸遠而作劇」語。

〔註62〕 《史記》，卷一〈五帝本紀〉，頁43。

〔註63〕 《漢書》，卷二十四〈食貨志〉，頁1130。

〔註64〕 《後漢書》，卷八十一〈獨行列傳〉，頁2695。

〔註65〕 如左丘明，《國語》，卷六〈齊語〉，頁115，有「山澤各致其時」一語。

〔註66〕 如劉向編，《戰國策》（臺北：里仁書局，1982年1月第一版），卷十六〈楚三〉，頁547，有「今山澤之獸」一語。

〔註67〕 如荀悅，《前漢紀》，卷七〈孝文皇帝紀上〉，頁96，有「山澤之利物未盡出」一語。

〔註68〕 如朱右曾，《逸周書集訓校釋》（臺北：世界書局，1957年），卷十一〈逸周書逸文〉，頁269，有「虞不出則財匱少，財匱少而山澤不辟矣」一語。

〔註69〕 如鄭玄注，《周禮注疏》，卷二〈太宰〉，頁32，有「作山澤之材」一語。

〔註70〕 如孫希旦，《禮記集解》，卷六〈曲禮下第二之二〉，頁150，有「山澤之所出」一語。

〔註71〕 如管仲，《管子校注》，卷二十三〈國准〉，頁1394，有「立祈祥以固山澤」一語。

〔註72〕 如朱師轍，《商君書解詁定本》（臺北：河洛圖書出版社，1975年3月臺景印初版），卷一〈墾令〉，頁7，有「壹山澤」一語。

表一：山海池澤同義詞使用統計表

書籍名詞	春秋戰國 周易	尚書	毛詩	儀禮	周禮	禮記	春秋左傳	春秋穀梁傳	春秋公羊	逸周書	論語	韓詩外傳	國語	晏子春秋	墨子	管子	荀子	商君書	韓非子	呂氏春秋	小計	使用百分比	用詞屬性
山林藪澤	0	0	0	0	0	1	0	4	0	1	0	0	1	0	0	1	1	0	1	1	11	9%	經濟
林麓川澤	0	0	0	0	0	1	0	0	0	0	0	0	0	0	0	0	0	0	0	0	1	1%	自然
山林川澤	0	0	0	0	4	1	1	0	0	0	0	0	0	0	0	0	0	0	0	1	7	6%	自然
山林澤梁	0	0	0	0	0	0	0	0	0	0	1	0	0	0	0	0	1	0	0	0	2	2%	經濟
山澤林鹽	0	0	0	0	0	0	0	0	1	0	0	0	0	0	0	0	0	0	0	0	1	1%	經濟
山海池澤	0	0	0	0	0	0	0	0	0	0	0	0	0	0	0	0	0	0	0	0	0	0%	-
山澤陂池	0	0	0	0	0	0	0	0	0	0	0	0	0	0	0	0	0	0	0	0	0	0%	-
山川園池	0	0	0	0	0	0	0	0	0	0	0	0	0	0	0	0	0	0	0	0	0	0%	-
山川海澤	0	0	0	0	0	0	0	0	0	0	0	0	0	0	0	0	0	0	0	0	0	0%	-
山海河澤	0	0	0	0	0	0	0	0	0	0	0	0	0	0	0	0	0	0	0	0	0	0%	-
山澤魚鹽	0	0	0	0	0	0	0	0	0	0	0	0	0	0	0	0	0	0	0	0	0	0%	-
山林池澤	0	0	0	0	0	0	0	0	0	0	0	0	0	0	0	0	0	0	0	0	0	0%	-
山川林澤	0	0	0	0	0	0	0	0	0	0	0	0	0	0	0	0	0	0	0	0	0	0%	-
山川	1	4	3	1	11	20	9	0	2	2	1	0	10	3	13	9	0	0	1	2	92	74%	自然
山海	0	0	0	0	0	0	0	0	0	0	0	0	0	0	0	6	0	0	1	0	7	6%	自然
山澤	2	0	0	0	5	2	0	0	0	0	1	0	0	1	1	1	11	0	2	0	26	21%	兼用

	兩　　漢														
名詞＼書籍	史記	漢書	後漢書	淮南子	新語	春秋繁露	說苑	戰國策	前漢紀	論衡	漢官六種	鹽鐵論	東觀漢記	小計	使用百分比	屬性
山林藪澤	0	1	0	1	0	0	0	0	0	0	0	0	0	2	0.7%	經濟
林麓川澤	0	0	0	0	0	0	0	0	0	0	0	0	0	0	0%	-
山林川澤	0	0	0	0	0	0	0	0	0	1	0	0	0	1	0.3%	自然
山林澤梁	0	0	0	0	0	0	0	0	0	0	0	0	0	0	0%	-
山澤林鹽	0	0	0	0	0	0	0	0	0	0	0	0	0	0	0%	-
山海池澤	0	1	0	0	0	0	0	0	0	0	0	0	0	1	0.3%	經濟
山澤陂池	0	0	1	0	0	0	0	0	0	0	2	0	0	3	1.0%	經濟
山川園池	1	1	0	0	0	0	0	0	0	0	0	0	0	2	0.7%	經濟
山川海澤	0	1	0	0	0	0	0	0	0	0	0	1	0	2	0.7%	自然
山海河澤	0	0	0	0	0	0	0	0	1	0	0	0	0	1	0.3%	經濟
山澤魚鹽	0	0	0	0	0	0	0	0	0	0	0	1	0	1	0.3%	經濟
山林池澤	0	0	1	0	0	0	0	0	0	0	0	0	0	1	0.3%	經濟
山川林澤	0	1	0	0	0	0	0	0	0	0	0	0	0	1	0.3%	自然
山川	39	52	31	9	2	9	11	0	9	12	3	8	6	191	63.2%	自然
山海	9	3	2	0	1	0	1	0	1	0	0	18	0	35	11.6%	自然
山澤	8	18	14	0	1	1	1	1	5	6	0	7	2	64	21.2%	兼用

　　此表統計自十三經、《逸周書》、《韓詩外傳》、《國語》、《晏子春秋》、《墨子》、《管子》、《荀子》、《商君書》、《韓非子》、《呂氏春秋》、《史記》、《漢書》、《後漢書》、《淮南子》、《新語》、《春秋繁露》、《說苑》、《戰國策》、《前漢紀》、《論衡》、《漢官六種》、《鹽鐵論》、《東觀漢記》等先秦與秦漢時代重要著作，至於十三經中未見涉及山海池澤用詞者，上表不另列出。此表爲作者自製，統計自中央研究院漢籍電子文獻系統。統計時爲免將後代用法誤植於前代，故所有注釋與疏用字皆不列入統計，只採計正文。此外，名詞不重複統計，如「山澤林鹽」將不重複列入「山澤」之中。就書籍排列順序言，原則上只分爲春秋戰國與秦漢兩個時代，其中不再細分。

四、山海池澤用詞的共通特色

前文雖已約略說明十六個山海池澤用詞的使用場合與意義，但即便在同一書中亦可能使用兩種以上之山海池澤用詞，故值得再探這些用詞在當時書中的使用量，從而補充前文說明的不足。茲將上述十六詞列表，如表一山海池澤同義詞使用統計表。查前述十六個「山海池澤」同義詞，使用上有時代之不同。其中「山林藪澤」、「林麓川澤」、「山林川澤」、「山澤林鹽」、「山林澤梁」五詞多使用於漢代之前。「山海池澤」一詞用量不多，「山川」不分時代使用量皆極高，而「山澤」作為「山海池澤」、「山林藪澤」、簡稱詞，在周代、漢代使用皆廣，其次為「山海」。依使用頻率言，山川、山澤、山海、山林藪澤、山林川澤等，分占一至五名，其他名詞使用較少。這些在前文皆已述及，此處則將其更明確排出順序。

其次，以上十六名詞之文字結構約可分為三種類型，一是前半部為土地資源，後半部為水資源的用詞，諸如山林藪澤、林麓川澤、山林川澤、山林池澤、山林澤梁、山海、山澤、山川等八詞，其數量過半；二是第一與第三字為土地資源，第二與第四字為為水資源，諸如山澤林鹽、山川園池、山川林澤等三詞，此類用詞較少；三是第一字是土地資源，其他三字屬為水資源，為水資源用字比例增加，諸如山海池澤、山澤陂池、山川海澤、山海河澤、山澤魚鹽等五詞，其數量居第二。

再將此種狀況反映至用詞的時代背景上，就戰國、秦代五個用詞中，有山林藪澤、林麓川澤、山林川澤、山林澤梁等四種屬第一類，佔全部用詞百分之八十，並無第三類。至漢代，其第一類只有山林池澤、山海等兩詞，佔全部用詞百分之二十二。第二類也只有山川園池、山川林澤等二詞，亦佔百分之二十二。而第三類凡山海池澤、山澤陂池、山川海澤、山海河澤、山澤魚鹽等五詞，佔全部用詞百分之五十六。此處反映一個特點，即是至漢代與「水」有關的用詞比例增加，似乎可說明漢代對「水」類資源應用之增加。相對之下，戰國、秦代用字則「地」、「水」參半，並無特重於其中一種。

此外還可注意到，「海」字的出現已較晚，就以上十六詞言，戰國、秦代雖已有「山海」一詞，但使用較少。至漢代以降使用的名詞，「海」字才逐漸擴大使用，並成為對水的總稱。而在周代，「澤」字似乎處於漢代「海」字的地位，具有對水總稱的意涵，相對於此，「川」字至漢代較少。這似乎可以反映漢代對水的應用，已更重視海的資源利用。

　　第三，以上十六名詞約可分爲兩大類。其一是財富的代表，如「山海池澤」在使用上多與財富、利益等有關。其二是自然地理的代表，其前後文多在說明自然地理狀況，較少用於說明相關利益。部份名詞具有兩者特性，端依場合不同而改變。其詳細各詞之使用狀況，已俱見於前文。此處說明者在於名詞雖分爲兩大類，但兩者核心皆是統稱「自然」的名詞，只是有使用上的差異，並非是二者有根本上之不同。

　　總之，「山海池澤」一語，是自漢代以後才用，或與「山澤陂池」兼用。漢代以前以使用「山林藪澤」最多，但至漢代只有少數著作採用此語。「山川」一詞則是最常被使用。至漢代以下，山海池澤相關用詞明顯朝財富用詞前進，且「水」性用字比例增加，這些似反應漢代以下的經濟狀況，對於山海池澤等自然資源開發逐漸加重。

第二節　漢代山海池澤用詞單字探微

　　前文已對文獻中所見山海池澤用詞的字義與用法略作說明，但其詞多爲統稱用詞，似可再分析其單字在漢代之字義，以圖試窺「山海池澤」一詞在漢代究竟所指何物。根據前文所提山海池澤十六個名詞，分別由「山」、「海」、「池」、「澤」、「陂」、「林」、「藪」、「川」、「園」、「麓」、「鹽」、「河」、「魚」、「梁」等十四字所組成，若可說明這些用字在漢代的定義，或可補充前述用詞解釋之不足。以上十四字中之「麓」、「梁」雖未見於漢代山澤用詞中，但是此處主在說明這些用字於漢代的定義，不限於漢代山澤用詞是否仍用該字，故以下一併討論。

　　以下在分論各單字時，預計將按其字義分爲土地資源、水資源、地水兼具等三大類。此十四字之中，「山」、「林」、「麓」等三字，可視爲土地資源相關用字。「海」、「池」、「藪」、「川」、「鹽」、「河」、「魚」、「梁」等八字，可視爲水資源相關用字。「澤」、「陂」、「園」等三字，爲兼具地、水特性用字。

一、土地資源相關用字

　　「山海池澤之稅」用字中雖無直接使用「土地」一詞，此處爲取其共通屬性而使用。與此相關的土地資源用字有「山」、「林」、「麓」等三字，以下將逐字說明。

（一）「山」字

「山」爲土地資源用字，據《說文解字》云：「山，宣也。宣气散，生萬物，有石而高。象形」〔註73〕、《釋名》則云：「山，產也，產生物也」，〔註74〕由此可知「山」在漢代具有富產物資之意義，由其先云生萬物，再云山爲「有石而高」言，其產生物資之重要性大過「山」本身的定義。

然而「山」究竟所指爲何？此點仍有待說明，《說文解字》僅指其「有石而高」字爲「象形」，難以知悉漢代人如何定義「山」。三國時魏人阮籍於其〈達莊論〉云：「平謂之土，積謂之山」，〔註75〕此適可稍微說明。

土「積」成「山」，然丘陵亦是如此，如《論語・子張》注：「土高曰丘，大阜曰陵」、〔註76〕《孟子・離婁章句》亦云：「爲高必因丘陵，爲下必因川澤」，〔註77〕則「山」與「丘陵」之差異頗難斷定。唯據《周禮・大司徒》云：「一曰山林，其動物宜毛物，其植物宜早物，其民毛而方」，〔註78〕又云：「三曰丘陵，其動物宜羽物，其植物宜覈物，其民專而長」，〔註79〕可知二者特性不同。《史記・五帝本紀》正義云：「大謂五嶽、四瀆，小謂丘陵墳衍」，〔註80〕又據《法言義疏・學行》云：「丘陵學山，不至于山，是故惡夫畫也」。〔註81〕可知「山」與「丘陵」之差異在其大小，物產略有不同，但其基本結構一致，是故「丘陵」偶與「山」混用。

由此處對「山」的探討可知，倘以「山」爲導向探討稅收恐會衍生眾多爭議，如某稅就竟是出於「山」還是「丘陵」，爭端恐怕不止。其次，「山」

〔註73〕許慎，《說文解字》（北京：社會科學文獻出版社，2005年2月第一版），卷九〈山〉部，頁499。

〔註74〕劉熙著，任繼昉纂，《釋名匯校》（濟南：齊魯書社，2006年11月第一版），卷一〈釋山〉，頁46。

〔註75〕嚴可均編，《全三國文》，卷四十五〈達莊論〉，頁9，收於楊家駱主編，《全上古三代秦漢三國六朝文》（臺北：世界書局，1969年8月三版）。

〔註76〕《論語》，卷十〈子張〉，頁192，收於朱熹集註，《四書集註》（臺北：學海出版社，1988年6月）。

〔註77〕《孟子》，卷七〈離婁章句〉，頁276，收於朱熹集註，《四書集註》（臺北：學海出版社，1988年6月）。

〔註78〕鄭玄注，《周禮注疏》，卷十〈大司徒〉，頁243～244。

〔註79〕鄭玄注，《周禮注疏》，卷十〈大司徒〉，頁244。

〔註80〕《史記》，卷一〈五帝本紀〉，頁12。

〔註81〕揚雄，《法言義疏》（北京：中華書局，1987年3月第一版），卷一〈學行〉，頁31。

是一個區域的總稱，不是實質可利用的物品，因此無法作爲收稅項目。可以收稅的是山中礦產、林業等資源，所謂山稅實際所課徵目標是山中的資源。因此本文討論時只以實際少府稅收項目爲主，再分論其來源是否來自「山」中。由此處亦可注意到，「山」並不涉及任何關於人的事物，只具有豐富物產之意，在解釋時其重要性乃至大過山的定義，此外在「山」字之中，無法看出任何涉及農田的意涵。

「山」字在「山海池澤」名詞中，可視爲核心字詞之一。自周代至漢的山澤用詞中「山」字幾乎皆有運用，由此可以推知，「山」的地位應相當重要，足以代表所有在土地的產出物。因此，山所具富產物資的意義，應是相當重要。

（二）「林」字探究

在山澤用詞中，「林」字多見於戰國、秦代用詞，至漢代較少使用。此或由於「林」實屬「山」的物產，因此被納入「山」之中，而不再單獨列爲一項。

至於「林」所指究竟爲何，據《說文解字》釋「林」云：「平土有叢木曰林」，〔註82〕《史記・律書》正義白虎通云：「林者，眾也。言萬物成熟，種類多也」，〔註83〕《釋名》卻云：「山中藂木曰林」。〔註84〕由以上可知，「林」字意涵其實與今日大抵相似，即指森林等樹木叢聚之處。「林」在漢代可同時代表平地、山中之樹叢，亦是萬物生產之地。

值得注意的是平地可產生「山海池澤之稅」，如林業稅亦適用於平地的森林，因此「陸地」可產生稅收者並非只有「山」。而相對於「山」，「林」則是具體可產生稅收的一種資源。

（三）「麓」字探究

「麓」字鮮少使用，在前文十三名詞中，可見於春秋戰國時期，至漢代罕有使用者。「麓」字鮮少使用，當出於與「林」字意義過於相近關係，亦屬「山」的物產。

「麓」所指爲何，據《說文解字》釋「麓」云：「麓，守山林吏也。从林鹿聲。一曰林屬於山爲麓」，〔註85〕《釋名》又稱：「山足曰麓」。〔註86〕則「麓」

〔註82〕許慎，《說文解字》，卷六〈林〉部，頁327。

〔註83〕《史記》，卷二十五〈律書〉，頁1248。

〔註84〕劉熙，任繼昉纂，《釋名匯校》，卷一〈釋山〉，頁53。

〔註85〕許慎，《說文解字》，卷六〈林〉部，頁328。

為「林」處山者，而《釋名》則更將「麓」限定為位處在山腳的林地。總之，「麓」是森林位處山區者。

「麓」雖是處在山中之林，但就稅收上言，「麓」雖亦是具體資源，但與「林」皆關於木材，其在平地或山林間似無實際稅收上的差異，故不另獨立討論，兩者皆於木材之中並論。

以上土地資源用字共計三項。「山」並無十分明確定義，只有大概形象，與「丘」、「陵」等似，且富產物資，為山海池澤名詞中極重要單字。「林」、「麓」皆指森林，一處平地、一處山區，似可通用，但兩者至漢代使用皆較少，這或許反應林業在漢代重要性不如戰國、秦代。

二、水資源相關用字

「山海池澤之稅」用字中雖無「水」字，此處仍概稱為水資源用字。因為若稱屬「海」用字，則「池」、「藪」、「川」、「河」等用字將無以分類，更遑論若言「池」、「澤」亦無法將「海」納入，故以這些用字共通核心之「水」分類。水資源用字有「海」、「池」、「藪」、「川」、「鹽」、「河」、「魚」、「梁」等八字，以下將逐字說明。

（一）「海」字

「海」據《說文解字》釋云：「海，天池也。以納百川者」，〔註87〕《釋名》云：「海，晦也。主承穢濁，其水黑如晦也」，〔註88〕《漢書‧東方朔傳》顏師古注云：「海者，萬物所出」。〔註89〕「海」之定義較單純，無相近同義詞，其一如「山」有富產萬物之意，但用指涉於出產萬物的場合較山少。《說文解字》、《釋名》皆未載海生萬物部分，此或說明海尚未在漢代人心中取得如「山」物產豐富之地位。

海在漢代已知為鹹水，曹植於其〈說疫氣〉即云：「鹹水之魚，不游于江；淡水之魚，不入于海」。〔註90〕就曹植之語，漢代人已明顯認識到淡水與海水的差別，但缺乏其他更明確之定義。有一點可注意，後世如北魏所稱的「居

〔註86〕劉熙，任繼昉纂，《釋名匯校》，卷一〈釋山〉，頁53。

〔註87〕許慎，《說文解字》，卷十一〈水〉部，頁606。

〔註88〕劉熙，任繼昉纂，《釋名匯校》，卷一〈釋水〉，頁62。

〔註89〕《漢書》，卷六五〈東方朔列傳〉，頁2850。

〔註90〕嚴可均編，《全三國文》，卷十八〈說疫氣〉，頁9。

延海」，〔註91〕在漢代則稱「居延澤」，〔註92〕然居延澤實爲一鹹水湖，〔註93〕其具體命名根據尚不可知。

「海」所指爲一種地理區域，亦可爲所有水資源名詞之代表，偶爲特定物品之代名詞，如「魚鹽之海」。〔註94〕「海」本身亦無法課稅，若稱海租，實多指魚、鹽，但更似以魚爲主。

先秦是以使用「澤」字爲主，「海」字運用在先秦「山海池澤」同義詞中僅見於「山海」一詞，直至漢代使用方較爲普遍，這或反映戰國到秦漢間經濟演變概況。不過單就「海」字言，早自戰國時代已大量使用，甚至有特殊的意涵諸如代表「天下」等，但此非本文所欲討論範圍，故暫不討論。〔註95〕

（二）「池」字

「池」在《說文解字》、《釋名》皆未釋，但於「隍」字一條《說文解字》釋：「隍，城池也。有水曰池，無水曰隍」，〔註96〕又據《禮記‧月令》鄭氏云：「畜水曰陂，穿地通水曰池」，〔註97〕則池有水流動，且是在地面上人爲或自然有水道者，似某種形式的「河」。孔安國注《毛詩正義‧東門之池》云：「停水曰池」，〔註98〕池爲水所停留處，一如今日對池的概念。又據《後漢書‧郡國五》載：「滇池出鐵。有池澤」，〔註99〕注云：「澤在縣西，見前書。南中志曰：『池周二百五十里。』」〔註100〕「澤」偶可通假爲「池」，池雖可指水道或水池，但山海池澤所指當爲水池之意。

「池」字亦未見於先秦山澤用詞中，其具體原因尚有待討論，但這或與漢代魚池的發展有關。「池」所指亦爲一地理區域，並非資源。就前述十六名詞言，春秋戰國時代未見「池」字，直至漢代才開始使用。池的爭議較少，

〔註91〕酈道元注，《水經注疏》（南京：江蘇古籍出版社，1989年6月第一版），卷四十〈禹貢山水澤所在地〉，頁3344。

〔註92〕《史記》，卷一百十〈匈奴列傳〉，頁2916。

〔註93〕見陳昱伶，〈《責寇恩事》中「魚」的幾個問題〉，《中興史學》，第五期，頁8。

〔註94〕《史記》，卷六十九〈蘇秦列傳〉，頁2245。

〔註95〕相關「海」的討論，參見王子今，〈秦漢帝國執政集團的海洋意識與沿海域控制〉，《第一屆白沙地理學術研討會論文集》（彰化：國立彰化師範大學歷史學研究所，2006年9月），頁13-1～13-18。

〔註96〕許慎，《說文解字》，卷十四〈自〉部，頁821。

〔註97〕孫希旦，《禮記集解》，卷十五〈月令第六之一〉，頁427。

〔註98〕毛公傳，《毛詩正義》，卷七〈東門之池〉，頁701。

〔註99〕《後漢書》，志第二十三〈郡國五〉，頁3513。

〔註100〕《後漢書》，志第二十三〈郡國五〉，頁3513。

為水資源名詞重要用語之一。

（三）「藪」字

「藪」字雖在「山海池澤」統稱詞中不常見，但其所屬「山林藪澤」出現頻率相當高。整體而言，「山林藪澤」雖至漢以下罕用，不過單用「藪」字或與「澤」並用頗多，成為形容地理的單字。

「藪」字據《漢書‧公孫弘卜式兒寬傳》顏師古云：「澤無水曰藪」，[註101]然《說文解字》云：「藪，大澤也。从艸數聲。九州之藪：楊州具區，荊州雲夢，豫州甫田，青州孟諸，沇州大野，雝州弦圃，幽州奚養，冀州楊紆，并州昭餘祁是也」。[註102]兩者解釋差異頗大，一為缺水之澤，一為大澤，兩者當有混用。此處以《說文解字》為漢代著作，且《漢書‧地理志》用法多同於《說文解字》，[註103]故將「藪」列水資源之一且指大澤。

「藪」亦為一本身不具收稅價值的地理區域。在春秋戰國時，藪字與財富關係較高，漢代名詞則轉為地理用字，且亦不復見於漢代的山海池澤用辭中。

（四）「川」字

「川」在「山海池澤」用詞中，以春秋戰國時使用率最高，至漢代略有下降。其文字使用上，兼用於財富、地理，並沒有特別屬於那一方，較為中性。

「川」依《說文解字》釋：「川，貫穿流通水也。《虞書》曰：『濬〈〈，距川。』言深〈〈之水會為川也。凡川之屬皆从川」，[註104]《釋名》云：「川，穿也。穿地而流也」。[註105]「川」之解釋爭議較少，其意近於今日，當與「河」似。「川」與「池」皆可指「穿地」流水，然其決定性差異是「流注海曰川」，[註106]川必流入海，池則不一定。「川」亦為地理區域，並非可實際徵收稅收的資源。「川」因是流動活水，無法產生鹽，因此當與「魚」之關係更高。

〔註101〕《漢書》，卷五十八〈公孫弘卜式兒寬傳〉，頁2614。

〔註102〕許慎，《說文解字》，卷一〈艸〉部，頁46。

〔註103〕如「正南曰荊州：其山曰衡，藪曰雲夢」（《漢書》，卷二十八〈地理志〉，頁1539），凡述一州之大湖，必稱為「藪」。

〔註104〕許慎，《說文解字》，卷十一〈川〉部，頁634。

〔註105〕劉熙著，任繼昉纂，《釋名匯校》，卷一〈釋水〉，頁57。

〔註106〕秦嘉謨，《月令粹編》（臺北：藝文印書館，1970年），卷二十四〈毋竭川澤〉，頁979。此外，蔡邕《月令章句》亦有「注眾流入海曰川」（蔡邕，《月令章句》，頁3992，收於鍾謙鈞、馮端本輯，《古經解彙函小學彙函續附十種》（臺北：鼎文書局，1974年3月初版））一語，兩者可互為參考。

（五）「鹽」字

「鹽」字較少用於「山海池澤」用詞中，在前述十六名詞之中，出現過二次，也因此使用上時代差異並不明顯。

《說文解字》云：「鹽，鹹也。从鹵監聲。古者，宿沙初作煮海鹽」，〔註107〕《史記‧蘇秦列傳》載：「齊必致魚鹽之海」。〔註108〕鹽可出於海、池，故有如「山澤林鹽」用詞出現，但以鹽代替海、池用法較少，以海、池代鹽者較多。「鹽」一如「林」所指為可直接徵稅的資源，相關於鹽的討論，將另於後文說明，此處暫不贅述。

（六）「河」字

「河」鮮少用於「山海池澤」用詞中，只出現過一次，且其所屬「山海河澤」一詞亦相當少用。由於河使用過少，難以確定其屬性，已知可用於說明財富。「河」字單獨使用時，常為黃河代名詞。

「河」在《說文解字》中釋為：「河，水。出焞煌塞外昆侖山，發原注海」，〔註109〕《釋名》云：「河，下也。隨地下處而通流也」。〔註110〕《說文解字》所釋「河」當指黃河，《釋名》所釋為一般「河」之定義。依「山海河澤」一詞，其「河」當指一般河流而非特指黃河，以下採一般河流之廣義解釋。但又據《漢書‧司馬相如傳》文穎曰：「南方無河也。冀州凡水大小皆謂之河，詩賦通方言耳」，〔註111〕若此則只有特定地區的「河」方稱「河」，其他各處或稱「川」、「水」等。

「河」亦是一地理區域，不是實際資源。「河」一如「川」，是流動活水，難以有鹽產，故與魚關係較高。

（七）「魚」字

「魚」字罕用於「山海池澤」用詞，只出現過一次。由於「魚」是實物，少有其他引申用法。

「魚」於《說文解字》釋為：「魚，水蟲也。象形」，〔註112〕其所指與今

〔註107〕許慎，《說文解字》，卷十二〈鹽〉部，頁656。
〔註108〕《史記》，卷六九〈蘇秦列傳〉，頁2245。
〔註109〕許慎，《說文解字》，卷十一〈水〉部，頁594。
〔註110〕劉熙，任繼昉纂，《釋名匯校》，卷一〈釋水〉，頁56。
〔註111〕《漢書》，卷五十七〈司馬相如傳〉，頁2536。
〔註112〕許慎，《說文解字》，卷十一〈魚〉部，頁643。

日魚定義相同。魚幾乎可於所有水資源區域出產，只是有其品種之別。關於魚的詳細討論，將於魚稅部份專論。「魚」是少數實際資源之一，屬「山海池澤之稅」真正可課取稅收一環。「魚」在使用上，多與財富有相關。

（八）「梁」字

「梁」字相當罕用，且只用於先秦時代，漢代幾乎都不復使用此字。此字特性傾向財富，且涉及人工產物，原則上不用於說明關於自然地理之事物。

梁字在《說文解字》釋為：「梁，水橋也。从木从水，刃聲」，〔註113〕據其解釋所指當為橋梁。若依《說文解字》解釋，則無法理解此字何以用於山澤用詞中，因此當參看《爾雅‧釋地》所載郭璞注云：「梁，隄也」，〔註114〕邢昺疏再補充云：「《詩傳》云：『石絕水曰梁』，然則以土石為隄障絕水者名梁」，〔註115〕此處梁字意同堤防。再據《毛詩‧谷風》釋云：「梁，魚梁」，〔註116〕當可推斷梁字所指其實是類似魚池之魚梁。據此而言，梁字所指實近似於池，且其所指不論堤防或魚梁皆為具體人工產物，與自然關係較低，且其所指涉當為魚。

水資源用字高達八字，計有「海」、「池」、「藪」、「川」、「鹽」、「河」、「魚」、「梁」等。水資源用字中，「海」、「鹽」兩者常共見，後者為前者主要產品，故「海」偶亦借指「鹽」。「池」、「藪」兩者所指皆為湖泊，然「藪」可指乾涸之澤或大澤，在探討時宜兩者兼論。「川」、「河」兩者皆指河流，意同今日。「魚」同其文，就是魚。「梁」指提防、魚梁。在使用率上，以海字使用率最高，「池」字可謂第二，但在戰國、秦代，海字則較少使用。

三、地、水兼具用字

在山海池澤用字中，部分單字因兼具土地資源、水資源兩者特性，實難以分類，這類單字計有「澤」、「陂」、「園」等三字。其中「園」為一地理範圍，其中包含有土地資源、有水資源。而「園」與「苑囿」關係頗高，如《史記‧高祖本紀》有：「諸故秦苑囿園池」〔註117〕之語，為探討「園」字方便，

〔註113〕許慎，《說文解字》，卷六〈木〉部，頁322。
〔註114〕郭璞注，《爾雅注疏》（北京：北京大學出版社，2000年12月第一版），卷七〈釋地〉，頁214。
〔註115〕郭璞注，《爾雅注疏》，卷七〈釋地〉，頁214。
〔註116〕毛公傳，《毛詩正義》，卷二〈谷風〉，頁250。
〔註117〕《史記》，卷八〈高祖本紀〉，頁369。

將一併略論「苑」、「囿」二字。

（一）「澤」字

「澤」據《釋名》釋云：「（地勢）下而有水曰『澤』」，〔註118〕依此解釋，當爲沼澤。但澤中卻可放牧，《史記‧貨殖列傳》云：「澤中千足彘」、〔註119〕《鹽鐵論‧西域》載：「今匈奴牧於無窮之澤」。〔註120〕澤既可放牧、養豬，並非全爲水，《釋名》又分「澤」於「釋地」中。又如《風俗通義‧澤》：「水草交厝，名之爲澤」，〔註121〕澤又是水、草交會處。「澤」似兼具「土地資源」、「水資源」地位，故置於此。

「澤」一如「山」，並非是具體資源，而爲特定地理區域。《水經注》注文則云澤、藪之別：

> 凡言藪者，皆人所資以爲利，故曰藪以富得民。而浸則但水之所鍾。……水瀰漫而極淺，其蒲魚蓮茨之利，人所資者甚廣，亦或可隄而爲田，與太湖異，所以謂之澤藪。然積潦暴至，無以洩之，則溢而爲害，所以謂之震澤。〔註122〕

依此解釋，則「澤」又是充滿水之地，且未必有利可圖。澤可利用的資源有魚與鹽，這兩者才是可課稅項目。

「澤」字僅次於「山」，在前述十六名詞中，共出現十三次，可知「澤」亦屬「山海池澤」中之核心用字，且不分戰國秦漢其字皆常用，此當亦反映其重要性。「澤」字雖從水部，但其屬性則較爲混雜，故置於此。

（二）「陂」字

「陂」字使用較少，就以上十六名詞言，漢代以後才開始使用。「陂」字另有誤寫成「波」者，〔註123〕由於「波」字意爲「水涌流也」，〔註124〕是水的流動狀態，與其他字詞如「山」、「海」、「林」多指一個地理區域或特定物

〔註118〕劉熙，任繼昉纂，《釋名匯校》，卷一〈釋地〉，頁44。

〔註119〕《史記》，卷一二九〈貨殖列傳〉，頁3272。

〔註120〕桓寬，《鹽鐵論》，卷八〈西域〉，頁254。

〔註121〕應劭，《風俗通義》（臺北：世界書局，1963年4月初版），卷十〈山澤〉，頁7。

〔註122〕酈道元注，《水經注疏》，卷二十九〈沔水下〉，頁2437。

〔註123〕如《漢書》，卷五十二〈竇田灌韓傳〉，頁2384、《漢書》，卷七十四〈魏相丙吉傳〉，頁3137。

〔註124〕許慎，《說文解字》，卷十一〈水〉部，頁610。

品之使用法不符，因此當以「陂」為準。

「陂」，《說文解字》釋云：「陂，阪也。一曰沱也」，〔註125〕又釋「阪」
云：「阪，坡者曰阪。一曰澤障。一曰山脅也」，〔註126〕《史記・貨殖列傳》：
「水居千石魚陂」、〔註127〕《禮記・月令》疏云：「畜水曰陂，穿地通水曰池」，
〔註128〕《釋名》：「山旁曰陂」，〔註129〕張家山漢簡《二年律令・田律》載：「十
月為橋，脩波（陂）堤，利津梁」。〔註130〕則「陂」之解釋有三，其一是山陂；
其二是蓄水處；其三是堤防。

因「陂」涉及範圍過廣，是故討論「山海池澤之稅」時亦不能以「陂」
作為項目，而當以實際課稅物品為準。就「山海池澤」言，「陂」當非指堤防，
而是山陂、水池。山陂、水池皆是一塊地理區域，「陂」本身沒有收稅價值，
亦是其中資源如水池中的魚，才具收稅價值。「陂」使用較少，僅見於十六詞
中之一個，主要用於漢代。

（三）「園」字

「園」是「園」、「苑囿」單字中，唯一用於「山海池澤」用詞者，即便
如此「園」仍罕用於「山海池澤」相關詞彙。因為過於少見，難以推估其衍
生意義，「園」是由人工所構築，與山海池澤等反映「自然」之用詞有若干差
距，這或許也是園字罕用於山海池澤用詞之原因。

「園」於《說文解字》中釋：「園，所以樹果也」，〔註131〕《漢書・高帝
紀》顏師古注云：「所以種植謂之園」，〔註132〕加藤繁於其〈漢代國家財政和
帝室財政的區別以及帝室財政的一斑〉定義園：「園本來是指種植樹木，特別
是種植果樹，而周圍圍有牆垣的場所，但後來也把種植瓜瓠蔬菜的土地并稱
為園。」〔註133〕然皇帝陵寢有設「園」，如《漢書・百官公卿表》所載：「又

〔註125〕許慎，《說文解字》，卷十四〈𨸏〉部，頁815。
〔註126〕許慎，《說文解字》，卷十四〈𨸏〉部，頁815。
〔註127〕《史記》，卷一二九〈貨殖列傳〉，頁3272。
〔註128〕孫希旦，《禮記集解》，卷十五〈月令第六之一〉，頁427。
〔註129〕劉熙，任繼昉纂，《釋名匯校》，卷一〈釋山〉，頁47。
〔註130〕整理小組編，《張家山漢墓竹簡〔二四七號墓〕》（北京：文物出版社，2001
　　　　年第一版），頁166。
〔註131〕許慎，《說文解字》，卷六〈囗〉部，頁335。
〔註132〕《漢書》，卷一〈高帝紀〉，頁33。
〔註133〕加藤繁，〈漢代國家財政和帝室財政的區別以及帝室財政的一斑〉，《中國經濟
　　　　史考證》（北京：商務印書館，1959年9月初版），頁42。

諸廟寢園食官令長丞」；〔註134〕又有賞玩之用的園，此二者與「山海池澤之稅」
較無涉，故不論。

（四）「苑」字

「苑」依《漢書・高帝紀》顏師古注為：「養鳥獸曰苑」，〔註135〕可知苑以
養獸，其所占土地範圍當有一定規模。「苑」字多與「囿」自共存，凡「苑」多
屬官有，種類頗多，而與「山海池澤之稅」的關係有待詳論，此處暫不多論。

「苑」雖名為養獸，《三秦記輯注》卻載：「漢武帝園，一名樊川、一名
御宿。……御粟（宿）苑出栗，十五枚一升」。〔註136〕御宿苑雖名為「苑」，
但其實質為「園」，可見其中種植物、養動物之區別，只是基本概念，並非是
絕對標準。

（五）「囿」字

「囿」字依《說文解字》釋：「囿，苑有垣也。从口有聲。一曰禽獸曰囿」，
〔註137〕「囿」實為「苑」有牆者。因此，「囿」與「苑」實際差異不多，除了
有無牆垣之別，又如《漢書・王貢兩龔鮑傳》載：「獨舍長安城南苑地以為田
獵之囿」，〔註138〕二者似可通用。故在本文之中，不會將「苑」與「囿」硬性
分類，將二者一起處理。

總之，「園」、「囿」二者皆有「牆」，園以種植物，囿以養動物，苑功能
與囿同只是沒有牆，不過在實際使用上與囿難以區分。至於「澤」、「陂」兩
者處模糊地帶，前者是有地、有水，後者是多種物品的同義字。

基於以上對山澤用字的分析，應可透過義素分析法分析以上十六山澤近
義詞，〔註139〕可解析這些用詞最主要是由幾點義素所構成。此處先行將以上
十三字，按其相近概念之義素分為六組，分別有山地義素，此由山字構成；

〔註134〕《漢書》，卷十九〈百官公卿表〉，頁 726。
〔註135〕《漢書》，卷一〈高帝紀〉，頁 33。
〔註136〕劉慶柱輯注，《三秦記輯注・關中記輯注》（西安：三秦出版社，2006 年 1 月
　　　　第一版），頁 47。
〔註137〕許慎，《說文解字》，卷六〈口〉部，頁 335。
〔註138〕《漢書》，卷七十二〈王貢兩龔鮑傳〉，頁 3072。
〔註139〕義素分析法為將一群意義相同的詞，放在一起比較，提取他們共同的語義特
　　　　徵，從而描寫語義的互相關係。義素構成義位，而在古漢語研究上，討論詞
　　　　義的發展和變化，和同義詞、反義詞問題時，要以「義位」為單位，以消除
　　　　傳統訓古學中一些模糊不精確之處。（參竺家寧著，《漢語詞彙學》，頁 349～
　　　　354）

林木義素則由林、麓二字構成；海池義素以海、池、梁三字構成；河川義素由河、川所構成；魚鹽義素爲魚、鹽二字；最後藪澤義素，則以藪、澤二字組成。見表二山澤用詞義素分析：

表二：山澤用詞義素分析

義素＼用詞	山林藪澤	林麓川澤	山林川澤	山林澤梁	山澤林鹽	山海池澤	山澤陂池	山川園池	山川海澤	山海河澤	山澤魚鹽	山林池澤	山川林澤	山川	山海	山澤
山地	+	+	+	+	+	+	+	+	+	+	+	+	+	+	+	+
林木	+	+	+	+	+	−	−	−	−	−	−	+	+	−	−	−
海池	−	−	−	+	−	+	+	+	+	+	−	+	−	−	+	−
河川	−	+	+	−	−	−	−	+	+	+	−	−	+	+	−	−
魚鹽	−	−	−	−	+	−	−	−	−	−	+	−	−	−	−	−
藪澤	+	+	+	+	+	+	+	−	+	+	+	+	+	−	−	+

說明：本表由筆者自製。

　　透過此表可知，山澤用詞中使用最多的義素是山地的概念，其次則是藪澤概念，其用字雖然各有不同，但是其組成方式大致相同。若以時代言，可見使用量第二多的海池義素，其有百分之八十七點五的比例是見於漢代用詞中。相對於此，使用第三多的林木義素，其只有百分之二十八點五用於漢代山澤用詞中。此點應反映戰國到秦漢間，林木逐漸脫離山澤用詞的義素中，而使用海池義素予以取代，這當是經濟狀況演變的一種反映。

　　此外，針對「山」、「海」、「池」、「澤」四字在漢代文獻所指皆爲特定地理空間，用以形容地理環境。「山」與「海」皆具富產物資代表，其中以「山」最常被引爲物產豐富代表。就字面意義言，此四字皆無涉於實際物品，而是可以生產物品之來源。其次，「山海池澤」字義中不見與田耕、人力資源相關者，此或可局部說明人力資源相關稅收、田租不屬「山海池澤之稅」的理由，即其在字義上，並不在山海池澤用詞之中。

第三節　「稅」字試析

　　關於「山海池澤之稅」的字意，其中「山海池澤」部分已於前文述及，

大抵即是今日所云之自然；而「稅」的部分，則有待釐清。若可釐清「稅」字，或可說明「山海池澤之稅」的原始涵義，諸如「稅」是否具有特定涵義？這涵義是否與皇室供養有關？班固如何使用「稅」一字？這些都有待於對「稅」字的說明。

　　爲理解「稅」字涵義，以下將自字面上根本意思談起，試探「稅」字本義。其次，則由班固《漢書》中「稅」字的用法談起。最後則試探「稅」、「賦」兩者的差異。期望透過對「稅」字的探討，能更理解「山海池澤之稅」一詞本義。

一、稅字本義

　　「稅」字依《說文解字》所釋爲：「稅，租也」，〔註140〕又「租，田賦也」，〔註141〕另查「賦，斂也」〔註142〕、「斂，收也」。〔註143〕「租」與「稅」原則上爲同義字，皆指田收。因此，所謂「稅」是田賦延伸用字，據此「稅」對《說文解字》言，似乎只是田賦的代名詞。

　　「稅」字本爲田賦代名詞，然「山海池澤之稅」既有自然之意涵，其不太可能指山海池澤中的田賦，因此將無從解釋，實需探討其延伸用法。據《漢書・食貨志》顏師古注云：

> 賦謂計口發財，稅謂收其田入也。什一，謂十取其一也。工、商、衡、虞雖不墾殖，亦取其稅者，工有技巧之作，商有行販之利，衡虞取山澤之材產也。〔註144〕

賦以人口計算、稅以土地計算，正說明「稅」本意即是田租。顏師古指山澤等，雖非實際耕種，但因「取山澤之材產」產生利潤，故亦收其稅。可知「稅」字本指田入，而山澤有出產物產，基於課徵「入」之概念而對取用者課稅。因此，「稅」字用於山海池澤中，當視爲延伸用法。

　　查前文所指出「稅」之延伸用法，「稅」似已從原始對田入的「收」，轉化爲對一切收入的「收」。據陸德明釋《周禮注疏》云：

> 山林川澤童枯則不稅者。山林不茂爲童，川澤無水爲枯，所稅者稅

〔註140〕許慎，《說文解字》，卷七〈禾〉部，頁380。
〔註141〕許慎，《說文解字》，卷七〈禾〉部，頁380。
〔註142〕許慎，《說文解字》，卷六〈貝〉部，頁339。
〔註143〕許慎，《說文解字》，卷三〈支〉部，頁167。
〔註144〕《漢書》，卷二十四〈食貨志〉，頁1120。

其有。今山林不茂則無材木，川澤無水則無魚鱉蒲葦，故不稅之。
〔註145〕

此處說明收入過少者可以免稅，此可斷定「收」本意在取人之所得，且其課稅對象不限於田地。這反映「山海池澤之稅」即是針對利用「山海池澤」所獲得之利益課稅，且其實行年代必在田賦之後，方能使用「稅」字。不過在「收入」過少處並不收稅，至少需有一定程度利潤方收，這也說明「稅」字意涵已轉爲對收入的課取，不復專指田賦。

二、漢書中的「稅」

細查《漢書》中「稅」字使用概況，「稅」字使用量頗多。因此值得深論班固「稅」字真正涵義，從而理解班固對「山海池澤之稅」的可能定義。此處專論單用「稅」字時之狀況，至於其他如租稅、稅租、賦稅等雖有稅字，但其意義究竟爲「租」、「賦」、「稅」何者所決定則不確定，故暫不討論。「稅」字於單用時，其使用方式亦可分爲多種，就該字本身言，有用於說明「稅」爲何物者、有稱收入概稱者，當其用於說明收入時，多涉及田租、商稅、山澤等。以下將逐一說明。

稅在今日財政學的中的定義是一種政府強制取得收入的手段，〔註146〕其用途並不在討論範圍內。但稅在漢代並非如此單純，在《漢書》之中班固已試圖定義「稅」爲何物以及說明其功用爲何，據《漢書·食貨志》載：

有賦有稅。稅謂公田什一及工商衡虞之入也。賦共車馬甲兵士徒之役，充實府庫賜予之用。稅給郊社宗廟百神之祀，天子奉養百官祿食庶事之費。〔註147〕

據此可知，所謂「稅」在用途上主要提供皇室私用與官員費用，至於其來源則爲公田和工商衡虞收入。《漢書·刑法志》則載：「有稅有賦。稅以足食，賦以足兵」，〔註148〕稅於此亦具有私用之意涵。班固在解釋「稅」字時，認爲其用途爲供私用，來源則涉及公田與工商山澤等收入。

班固雖云「稅」字指公田與工商山澤，但他在書寫時未完全照此辦法。

〔註145〕鄭玄注，《周禮注疏》，卷七〈司書〉，頁167。
〔註146〕參見劉永憲編著，《財政學原理》（臺北：凱侖出版社，1993年增訂版），頁227。
〔註147〕《漢書》，卷二十四上〈食貨志上〉，頁1120。
〔註148〕《漢書》，卷二十三〈刑法志〉，頁1081。

據《漢書・食貨志》載卜式所言：「縣官當食租衣稅而已，今弘羊令吏坐市列，販物求利。亨弘羊，天乃雨」，〔註149〕此處租、稅共存時，稅則似著重工商山澤部分。稅與賦分別出現時，兩者更成為通同字，《漢書・谷永杜鄴傳》載：「異較炳如彼，水災浩浩，黎庶窮困如此，宜損常稅小自潤之時，而有司奏請加賦，甚繆經義，逆於民心，布怨趨禍之道也」，〔註150〕文中言當減稅之時，卻加賦實屬不當，其文將賦、稅兩者視為一物，皆概指政府之「收」。

　　「稅」又可作動詞，如《漢書・王貢兩龔鮑傳》載：「稅良民以給之」、〔註151〕《漢書・匈奴傳》載：「單于始用夏侯藩求地有距漢語，後以求稅烏桓不得，因寇略其人民，釁由是生」，〔註152〕此處蓋指對人課徵事物，著重於「收」這行為。

　　「稅」一般作名詞使用時，多指某種收入，如《漢書・匈奴傳》：「奉天子詔條，不當予匈奴稅」、〔註153〕《漢書・王莽傳》：「力作所得，不足以給貢稅」、〔註154〕《漢書・百官公卿表》：「掌山海池澤之稅」〔註155〕等皆為名詞，俱指某種物品的收入，其可謂是自稅的動詞「徵收」意涵轉化，成為可指各種收入。

　　除前述「稅」簡單指為收入者，「稅」字使用場合亦值得討論。「稅」字使用上已趨近泛指各種「收」，但以涉及田地者居多數。諸如《漢書・王莽傳》載：「減田租，復十五稅一」、〔註156〕《漢書・刑法志》載：「則其地雖廣，其稅必寡」、〔註157〕《漢書・食貨志》載：「孝景二年，令民半出田租，三十而稅一也」、〔註158〕《漢書・五行志》載：「宣是時初稅畝。稅畝，就民田畝擇美者稅其什一」、〔註159〕《漢書・王貢兩龔鮑傳》所載：「任賢使能，什一而稅，亡它賦斂繇戍之役，使民歲不過三日」〔註160〕等眾多史料，〔註161〕以上

〔註149〕《漢書》，卷二十四下〈食貨志下〉，頁1175～1176。
〔註150〕《漢書》，卷八十五〈谷永杜鄴傳〉，頁3471。
〔註151〕《漢書》，卷七十二〈王貢兩龔鮑傳〉，頁3076。
〔註152〕《漢書》，卷九十四〈匈奴傳〉，頁3822。
〔註153〕《漢書》，卷九十四〈匈奴傳〉，頁3820。
〔註154〕《漢書》，卷九十九下〈王莽傳下〉，頁4151。
〔註155〕《漢書》，卷十九上〈百官公卿表上〉，頁731。
〔註156〕《漢書》，卷二〈惠帝紀〉，頁85。
〔註157〕《漢書》，卷二十三〈刑法志〉，頁1086。
〔註158〕《漢書》，卷二十四上〈食貨志上〉，頁1135。
〔註159〕《漢書》，卷二十七〈五行志〉，頁1434。
〔註160〕《漢書》，卷七十二〈王貢兩龔鮑傳〉，頁3069。

稱「稅」者多與田租有關，可知在《漢書》中「稅」字以指田租居多數，這約合於《說文解字》所釋字義。

「稅」字使用場合第二多者爲用於說明山澤稅。諸如《漢書・王莽傳》載：「命縣官酤酒，賣鹽鐵器，鑄錢，諸采取名山大澤眾物者稅之」，〔註 162〕此處各種山海池澤收入，在此一概由「稅」稱之。同傳又載：「間者，國張六筦，稅山澤，妨奪民之利，連年久旱，百姓飢窮，故爲盜賊」，〔註 163〕此處更明言「稅山澤」，結合狀況更爲明確。再據同傳載：「其且開天下山澤之防，諸能采取山澤之物而順月令者，其恣聽之，勿令出稅」，〔註 164〕此處亦言免去山澤所需負擔之稅。《漢書・王眭兩夏侯京翼李傳》：「修舊隄防，省池澤稅，以助損邪陰之盛」，〔註 165〕涉及池澤者更甚至直接稱「稅」。觀此處稅涉嫌山澤者，絕大部分皆出於《漢書・王莽傳》，其原由尚不可知。總之，「稅」確實可應用於說明山澤之稅，且其比例僅次於說明田租課稅。

《漢書》之中「稅」字除用於說明田租、山澤稅外，尚用於涉及關稅者。《漢書・武帝紀》載：「徙弘農都尉治武關，稅出入者以給關吏卒食」，〔註 166〕此即爲關稅，所課並非田租。又據《漢書・酷吏傳》：「歲餘，關吏稅肄郡國

〔註 161〕其他涉及田地之「稅」字有如《漢書・食貨志》所載：「今一夫挾五口，治田百畝，歲收畝一石半，爲粟百五十石，除十一之稅十五石，餘百三十五石」（《漢書》，卷二十四上〈食貨志上〉，頁 1125）、「古者稅民不過什一，其求易共：……民財內足以養老盡孝，外足以事上共稅，……或耕豪民之田，見稅什五」（《漢書》，卷二十四上〈食貨志上〉，頁 1137）、「漢氏減輕田租，三十而稅一，常有更賦，罷癃咸出，而豪民侵陵，分田劫假，厥名三十，實什稅五也」（《漢書》，卷二十四上〈食貨志上〉，頁 1143）、「又以周官稅民：凡田不耕爲不殖，出三夫之稅」（《漢書》，卷二十四下〈食貨志下〉，頁 1180）、「壹切稅吏民，訾三十而取一」（《漢書》，卷二十四下〈食貨志下〉，頁 1184～1185）、《漢書・五行志》載：「裁什一之稅，復三日之役」（《漢書》，卷二十七〈五行志〉，頁 1508）、《漢書・谷永杜鄴傳》：「籍稅取民不過常法」（《漢書》，卷八十五〈谷永杜鄴傳〉，頁 3467）、《漢書・王莽傳》：「一切稅天下吏民，訾三十取一，縑帛皆輸長安」（《漢書》，卷九十九下〈王莽傳下〉，頁 4155）、「莽復三十稅一」（《漢書》，卷九十九下〈王莽傳下〉，頁 4156）、《漢書・翟方進傳》載：「奏請一切增賦，稅城郭堧及園田，過更，算馬牛羊，增益鹽鐵，變更無常」（《漢書》，卷八十四〈翟方進傳〉，頁 3423）等史料，皆是「稅」字涉及田地者。

〔註 162〕《漢書》，卷九十九中〈王莽傳中〉，頁 4118。

〔註 163〕《漢書》，卷九十九下〈王莽傳下〉，頁 4152。

〔註 164〕《漢書》，卷九十九下〈王莽傳下〉，頁 4176。

〔註 165〕《漢書》，卷七十五〈眭兩夏侯京翼李傳〉，頁 3182～3183。

〔註 166〕《漢書》，卷六〈武帝紀〉，頁 202。

出入關者」，〔註167〕此處亦為關稅，其無涉於田租自無問題。此處稅似多作動詞用，即對通過關者收取費用。

　　「稅」字本義既為田租，在使用時自然與田租關係頗高。由於田租取得不外於「收」之概念，因此「稅」字後朝「收」這個動作概念靠近。班固所使用之「稅」字正合於《漢書‧食貨志》所言之涉及公田與工商山澤等收入，然一般田租亦用「稅」字，並不限於公田。「稅」應用山澤收入上，僅次於用在田租之中，其重要性自然不在話下。此處「稅」字以說明某種收入為主，至於其支出目的與使用狀況則甚少有資料說明。

三、稅、賦差異

　　賦稅二字並稱久矣，然二者實有相當差距，此似涉及帝室私用與國家公用之差異，亦即其用途上的差異，因此必須加以討論。至於其收入來源的差別，則非決定山海池澤之稅與少府關係的因素，因此暫不討論。對於這個問題的解決，在探討山海池澤之稅時，對釐清其用途當有助益。

　　「賦」之用途為何？《漢書‧食貨志》云：「賦共車馬甲兵士徒之役，充實府庫賜予之用」，〔註168〕軍事為國家之事，據此而言賦供國用，似為大司農所負責。然賜予之用於漢代實為少府、大司農的支出，並非專由一方所負責，〔註169〕因此賦無法等同為大司農收入。田澤濱則據《淮南子‧氾論訓》所載：「秦之時，……入芻稿。頭會箕賦，輸於少府」〔註170〕一語，主張「賦『輸於少府』以為皇室私藏」，〔註171〕表示賦並非專供國用。又如漢代口賦，其「算民，年七歲以至十四歲出口錢，人二十三。其三錢者，武帝加口錢以補車騎馬」，〔註172〕口賦在收入上屬於少府，賜予之事自然應當包含其中，但其三錢以補車騎馬正合「共車馬甲兵士徒之役」一語，可見賦在劃分上並非專屬於某特定職官。因此，前述《漢書‧食貨志》所言賦、稅特色，雖可說明其用途，但恐無法用以指賦、稅專屬於大司農或少府，如算賦、

〔註167〕《漢書》，卷九十〈酷吏傳〉，頁3653。
〔註168〕《漢書》，卷二十四〈食貨志〉，頁1120。
〔註169〕參見加藤繁，〈漢代國家財政和帝室財政的區別以及帝室財政的一斑〉，頁93。
〔註170〕劉安，《淮南子集釋》，卷十三〈氾論訓〉，頁942。
〔註171〕田澤濱，〈試論商鞅的稅制改革〉，《東北師大學報（哲學社會科學版）》，1983年第5期，頁78。
〔註172〕衛宏，《漢舊儀》，卷下，頁五，收於孫星衍集，《漢官六種》。

口賦皆是賦，但是分屬大司農與少府，這正可說明賦不能等同於大司農收入。

至於「稅」，在《漢書‧食貨志》載：「稅給郊社宗廟百神之祀，天子奉養百官祿食庶事之費」，〔註173〕其中除百官祿食之費外，其他正爲帝室費用。至於百官祿食之費，據陳文豪先生研究，官俸當由大司農支出爲是，並懷疑少府不負擔任何官俸。〔註174〕田澤濱對此則依高誘注前述《淮南子‧氾論訓》所言：「入芻稿之稅以供國用也」，〔註175〕主張「『稅』以供國用」，如此則稅與賦相似，其亦有用於國用者。而山海池澤之稅、工商稅、關稅等雖屬少府所用，但不過是「稅」的一種，一如《漢書‧食貨志》所言，稅分別用於公、私兩方面，無法得出稅專屬於少府之結論。

賦、稅二字各有其字義，然兩者共用時則意義相同。據《漢書‧百官公卿表》：「嗇夫職聽訟，收賦稅」、〔註176〕《漢書‧食貨志》：「於是大司農陳臧錢經用，賦稅既竭，不足以奉戰士」、〔註177〕《漢書‧谷永杜鄴傳》：「薄收賦稅，毋殫民財」、〔註178〕《漢書‧王莽傳》：「秦爲無道，厚賦稅以自供奉」〔註179〕等資料所載，〔註180〕「賦稅」一詞字義爲稅收的泛稱，並無其他衍生涵義。或可據此認爲賦與稅二者性質雖有不同，然兩者共同構成「稅收」，無法偏重一方而論，因此成爲政府收入代名詞。

縱觀之，「賦」雖供國家使用，但有屬少府費用之部分，如口賦。「稅」供帝室與封君等私用，但亦有國用之田稅。更確切的講，賦、稅之差異是在其稅收來源部分，至於其用途則難以分類爲屬大司農或少府。至於賦、稅合稱時，其字義則成爲政府稅收代名詞，不偏重於公用、私用任何一者。

〔註173〕《漢書》卷二十四〈食貨志〉，頁1120。

〔註174〕參見陳文豪，《漢代大司農研究》（臺北：中國文化大學史學研究所碩士論文，1986年），頁196。然陳氏主張各郡國解送中央之錢穀屬大司農，此處需特別指出園池單位之收入由縣管理，其經費亦需解送中央，此當不屬大司農經費。

〔註175〕轉引自田澤濱，〈試論商鞅的稅制改革〉，頁78。

〔註176〕《漢書》，卷十九上〈百官公卿表上〉，頁742。

〔註177〕《漢書》，卷二十四下〈食貨志下〉，頁1159。

〔註178〕《漢書》，卷八十五〈谷永杜鄴傳〉，頁3449。

〔註179〕《漢書》，卷九十九中〈王莽傳中〉，頁4110。

〔註180〕其他又有「漢連出兵三歲，誅羌，滅兩粵，番禺以西至蜀南者置初郡十七，且以其故俗治，無賦稅」（《漢書》，卷二十四下〈食貨志下〉，頁1174）、「匈奴西邊日逐王置僮僕都尉，使領西域，常居焉耆、危須、尉黎間，賦稅諸國，取富給焉」（《漢書》，卷九十六〈西域傳〉，頁3872）等資料，此處賦稅皆指政府對人民所課收入。

　　總之，「稅」字本義爲田租，後轉爲政府對人民「收」的概念。班固在《漢書》中使用「稅」字時，原則上用於涉及公田、工商與山海池澤之稅等相關收入，不過一般田租亦可列入，且「稅」字亦朝課徵之概念靠近。「賦」指人頭稅，「稅」指其他各種來源之收入，其主要差異爲經費來源。至於「賦稅」一詞則是指政府收入，並不趨近於任一單項稅收之意義。

第四節　小　結

　　漢代少府既「掌山海池澤之稅」，然「山海池澤」爲何？則是首先當解決之問題。故在此即是討論其用字意涵，藉由對用字的討論，已局部顯示「山海池澤之稅」專指因利用自然資源而取得的稅收。

　　針對於「山海池澤」一詞與其相似用詞言，在東周、秦、漢文獻中之使用，有其時代差別。先秦時代以「山林藪澤」爲主，且當時這些用詞的用法涉及財富、自然者約爲六比四。逮至漢代，「山海池澤」一詞開始使用，然此爲班固自用，漢代多用「山澤陂池」一詞。漢代用詞的特性，其中六成七涉及財富，只有三成三以指自然爲主。

　　針對這些「山海池澤」用詞，實可再細探其用字，以說明這些詞由那些字所構成。其相關用詞計十六詞凡五十八字，共由十四個字所構成，這些用字共可分爲土地資源、水資源、兩者兼具三大類。在土地資源用字上，「山」並無十分明確定義，但有其大概形象，與「丘」、「陵」等似。「林」、「麓」皆指森林，一處平地，一處山間，但似亦可通用。至於水資源名詞，「海」、「鹽」兩者常共見，鹽爲海主要產品之一，故「海」偶亦爲「鹽」代名詞。「池」、「藪」兩者皆當爲湖泊，然「藪」可指乾涸之澤或大澤，在探討時宜兩者兼論。「川」、「河」兩者皆指河流，意同今日。「魚」是象形字，即是指魚。「梁」字指提防或魚池。而「澤」、「陂」、「園」、「苑」、「囿」等五字，實兼具地、水特性，故自成一類。「澤」、「陂」兩者處模糊地帶，前者是「地」有水，後者是多種物品的同義字。至於「園」、「囿」二者皆有牆，園以種植物，囿以養動物；苑與囿同，但是無牆。但此三用詞分界並不固定，屢可見通用狀況。

　　針對「山海池澤」四字言，其所指皆爲一定之地理空間，本爲形容地理環境用字，其中特別是「山」與「海」皆具有物產豐富意涵。就字面意義言，此四字皆無涉於實際物品，而是可以產生物品之來源。其次，「山海池澤」字

義中不見關於田耕、人口意義者，此或可局部說明田租、口賦等屬人稅不屬「山海池澤之稅」的理由。

此外，「稅」字本義爲田租，後轉爲政府對人民課徵收入的概念。班固在《漢書》中使用「稅」字時，可指各種涉及公田、工商與山海池澤之稅等收入，連普通田租亦列入，爾後「稅」字朝「課徵」此一概念靠近。「賦」專指人頭稅，「稅」指其他各種來源之收入，兩者主要差異爲經費來源，無法將其等同於供某特定職官使用；當兩字合用時，如「賦稅」一詞即是政府收入的泛稱。

總之，「山海池澤之稅」中的用字，多爲代名詞且通用性過大，故在討論上將以實際稅收項目爲主，不依「山」、「海」等分類討論。即便如此，其依然大略可分爲土地資源與水資源二類，此外另有「園池苑囿」等地、水特性兼具者用字。

第三章　前漢少府所掌自然資源稅收

　　《漢官儀》載：「大用由司農，小用由少府。……王者以租稅爲公用，山澤陂池之稅以供王之私用」，[註1] 大司農所職爲「大用」、「公用」；少府所職則爲「小用」、「私用」。而所謂之山海池澤，據前文可知其意指自然資源，然少府各種收入之屬性，似非「山海池澤之稅」幾字所能包含，還有其他稅收項目值得深入探究。

　　針對少府的實際收入，據《漢書‧食貨志》云：「而山川園池市肆租稅之入，自天子以至封君湯沐邑，皆各爲私奉養，不領於天子之經費」，[註2] 似可初步說明少府稅收項目，但確切內容爲何、如何運作等皆有待深論。陳文豪根據加藤繁、羅慶康等人的研究，指出少府收入共有山澤稅、江海陂湖稅、園稅、市井稅、口賦、苑囿池、公田、獻物和酎金等，[註3] 然並未細加按覈。故此處承加藤繁與陳文豪說法研究，對少府稅收內容之項目，作一分析。

　　探討少府收入項目過程中，除將說明該收入屬少府之根據外，另將說明各收入之可能金額，將這些收入加總，或可用於解釋各收入對少府的意義。如班固以「山海池澤之稅」概稱少府收入，其是否因爲「山海池澤之稅」對少府收入比重較多，所以不以口賦、獻費等較少之收入作爲少府收入概稱？爲釐清這個問題，勢需討論少府所有收入之金額，故本文將細論少府各項收

[註1]　應劭著，《漢官儀》，卷上，頁 10，收於《漢官六種》（臺北：臺灣中華書局，1981 年 10 月）。

[註2]　《漢書》（北京：中華書局，1962 年 6 月第一版），卷二十四〈食貨志〉，頁 1127。

[註3]　陳文豪著，《漢代九卿研究》（臺北：中國文化大學史學研究所博士論文，1993 年），頁 228。

入稅率與適用物品等。由於少府收入項目龐雜，此處將分爲兩章說明少府收入，第一部分是基於自然資源的稅收，如鹽稅、漁稅、礦業稅、園池收入、林業稅、告緡沒入之田等；第二部分則爲人口、物品類稅收，即口賦、獻費、酎金、市稅、關稅、酒稅等。其相關分類的分析，將於後文一一交代。

第一節　水資源稅收

「山海池澤之稅」用字中，並無「水」字，不過實際稅收如「漁稅」、「鹽稅」皆可自「海」、「池」等地取得，若稱「屬海」、「屬池」皆不恰當。因此，不如以「海」、「池」共通屬性之「水」稱水資源稅收較爲恰當。少府收入中之鹽稅與漁稅因其出產地皆與水有相當關係，因此可視爲水資源稅收。

在探討稅收時將簡論稅收歸屬、徵收方式、稅率、金額等四部分。透過這四部分，除可確定少府究竟掌有何種稅收之外，尚可探討這些稅的實際運作與徵收，這對後文探討山海池澤之稅地位時，有相當重要的意義。此四部分誠爲預期成果，部分收入因資料不足問題，恐怕無法完全說明此四部分。

一、鹽　稅

鹽可由海、池、鹽井等地中出產。鹽出於鹽井者，可見《水經注・江水注》所云：「江水東逕廣都縣，⋯⋯李冰識察水脈，穿縣鹽井」。[註4]鹽出於海者，則有《春秋左傳正義・昭公三年》載：「山木如市，弗加於山；魚鹽蜃蛤，弗加於海」。[註5]鹽出於池者，可據《山海經・北山經》記：「又南三百里，曰景山，南望鹽販之澤」，[註6]據考其澤即今之「解池」。[註7]據此以上種種可知鹽出產於多處地方，不必然爲海，亦可於鹽井、池中出產。這正說明漢代鹽產地數量應當不少，前漢即在國內三十七處地方設有鹽官，[註8]掌管產鹽業務。

[註4]　酈道元注，《水經注疏》（南京：江蘇古籍出版社，1989 年 6 月第一版），卷三十三〈江水一〉，頁 2755。
[註5]　楊伯峻編著，《春秋左傳注》（北京：中華書局，1990 年 5 月第二版），卷四十二〈昭公三年〉，頁 1235。
[註6]　《山海經》（臺北：三民書局，2004 年 1 月初版），卷三〈北山經〉，頁 75。
[註7]　李竹林著，〈古代解池及其經濟史略〉，《鹽業史研究》，1994 年第 4 期，頁 58。
[註8]　嚴耕望，《中國地方行政制度史秦漢地方行政制度》（臺北：中央研究院歷史語言研究所，1961 年），頁 196。

（一）鹽稅歸屬

　　鹽在夏、商時代相當重要，乃至決定國家政權之歸屬，〔註9〕而其所產生之相關利益亦相當重要，鹽稅甚至是漢代山澤稅三大收入之一。〔註10〕相對於此，鹽稅課徵起始時間相當早，〔註11〕在秦代已歸少府所轄，而於漢武帝後行專賣制，依《史記‧平準書》所云：「募民自給費，因官器作煮鹽，官與牢盆」，〔註12〕此為鹽正式走入專賣制的轉折點，由鹽稅改為專賣制時，孔僅、東郭咸陽所言：「山海，……皆宜屬少府，陛下不私，以屬大農佐賦」〔註13〕一語，可知鹽稅本屬少府稅收，而學界也因此多認為前漢鹽稅屬王室財政之一。〔註14〕鹽稅本屬少府幾為學界共識，未見有學者反對鹽稅本屬少府者。

　　鹽稅既本屬少府稅收，而後屬大司農管轄，可知鹽稅出現轉屬現象，《史記‧平準書》載：「元封元年，卜式貶秩為太子太傅。而桑弘羊為治粟都尉，領大農，盡代僅筦天下鹽鐵」，〔註15〕由此可知至遲在元封元年時鹽鐵稅已自少府轉至大司農。而據陳文豪研究，鹽稅自元狩元年起改屬大司農，似以孔僅、東郭咸陽等試圖將鹽鐵改由國家販賣為開端，至元封元年則是專賣制成熟。〔註16〕總之，鹽稅於前漢中期脫離少府稅收，而改納入大司農收入之中。

（二）鹽稅徵收方式

　　為探鹽稅對前漢政府之意義，則有必要細論其內容，諸如徵收方式與稅額

〔註9〕　馬新著，〈論漢武帝以前鹽政的演變〉，《鹽業史研究》，1996年第2期，頁5。

〔註10〕　馬大英即認為漢代山澤稅是由礦產稅、特產稅、鹽稅等三大類所構成。（馬大英著，《漢代財政史》（北京：中國財政經濟出版社，1983年4月第一版），頁99）

〔註11〕　據《周禮‧鹽人》所載：「鹽人掌鹽之政令，以共百事之鹽」（鄭玄注，《周禮注疏》（北京：北京大學出版社，1999年12月第一版），卷六〈鹽人〉，頁143），可知鹽人為天官冢宰屬官，平行於管「山澤之賦」的大府。而《周禮‧天官冢宰》載：「乃立天官冢宰。使帥其屬。而掌邦治。以佐王均邦國。治官之屬。……鹽人奄二人。女鹽二十人。奚四十人。……大府下大夫二人。上士四人。下士八人。府四人。史八人。賈十有六人。胥八人。徒八十人。」（鄭玄注，《周禮注疏》，卷一〈天官冢宰〉，頁6～15）可知鹽人不為大府屬官。鹽稅在當時可能已開始課徵。但因此處資料為《周禮》，爭議較大，因此僅置於註釋中。

〔註12〕　《史記》（北京：中華書局，1982年11月第二版），卷三十〈平準書〉，頁1429。

〔註13〕　《史記》，卷三十〈平準書〉，頁1429。

〔註14〕　孫翊剛著，《簡明中國財政史》（北京：中國財政經濟出版社，1988年12月第一版），頁38。

〔註15〕　《史記》，卷三十〈平準書〉，頁1441。

〔註16〕　參見陳文豪著，《漢代大司農研究》（臺北：中國文化大學史學研究所碩士論文，1986年），頁236。

等。前漢政府對鹽取得收入的方式，大體可分爲自由生產抽稅制、包商生產抽
稅制、專賣制等三種，〔註17〕各自在不同的時代運用。以下就依序說明此三種
收入方式之內容，而透過其徵收方式亦可說明鹽稅在地方究竟爲何官所收取。

自由生產抽稅制是政府放任人民經營，爾後再向經營者收取稅收。學界中
持此種觀點者有孫翊剛，〔註18〕但是他並未提出任何根據。此點或可由出土簡
牘補充，依張家山漢簡《二年律令・金布律》簡四三六所載「諸私爲菌（鹵）
鹽，煮濟、漢，及有私鹽井煮者，稅之」，〔註19〕此簡規定是對任何自行煮鹽者
收稅，簡上暨未限制煮鹽資格，因此當時應開放一般人民自由生產。漢初官方
應當另有自行生產鹽的機構，所以張家山漢簡《奏讞書》才會有「輸巴縣鹽」
〔註20〕狀況的出現，由官方生產者原則上不再收稅。在《後漢書・孝和孝殤帝
紀》中載：「（章帝）縱民煮鑄，入稅縣官如故事」，〔註21〕自此廢止武帝以下專
賣制度，恢復自由生產再徵稅的制度，後漢一代原則上即推行此種制度。〔註22〕
此種自由生產再徵稅制，政府負責收稅的單位史未明載，學者推測負責收稅官
員應當是各產地鹽官，〔註23〕除非有其他新資料，不然當以此說爲是。

其次是包商生產抽稅制。所謂的包商生產制，指生產權利原則上不對人
民開放，但廠商可用一定價格，向政府申請特許經營後，該廠商便可合法生
產經營。在政府方面，只要負責收取特許費，以及取締非法生產者即可。羅
慶康主張秦承西周封禁山澤，因此推行包商制。〔註24〕羅氏援引《說苑・臣

〔註17〕張傳璽認爲漢代此三種措施是有先後關係，即最早是包商制、武帝後的國營
專賣制、後漢的自由私營制，（參見張傳璽著，〈論秦漢時期三種鹽鐵政策的
遞變〉，《秦漢問題研究》（北京：北京大學出版社，1985年11月第一版），頁
221～248）似不認爲這些制度可能會同時存在。但就下文可知，漢政府即便
在漢初，亦應當有其生產鐵之單位，足以表示即便在張氏所稱包商時期，亦
有國營冶鐵單位。
〔註18〕見孫翊剛著，《簡明中國財政史》，頁38。
〔註19〕整理小組編，《張家山漢墓竹簡〔二四七號墓〕》（北京：文物出版社，2001
年第一版），頁192。
〔註20〕整理小組編，《張家山漢墓竹簡〔二四七號墓〕》，《奏讞書》，簡一八一，頁227。
〔註21〕《後漢書》（北京：中華書局，1965年5月第一版），卷四〈孝和孝殤帝紀〉，
頁167。
〔註22〕參見李竹林著，〈古代解池及其經濟史略〉，《鹽業史研究》（1994年4期），頁
59。李氏稱此爲「食鹽徵稅制」，但此一名稱無法反映稅收由誰負擔，故本文
不採用其名，後至曹操時改行專賣制。
〔註23〕馬大英著，《漢代財政史》，頁99。
〔註24〕羅慶康著，〈秦的鹽制管窺〉，《鹽業史研究》，1991年第3期，頁24。

術》所載：「秦穆公使賈人載鹽，徵諸賈人」〔註25〕一條資料爲證據，主張前漢在鹽專賣之前實行的是包商制。陳直亦主張西漢初期採行包商制，〔註26〕其援引《華陽國志》蜀郡臨邛縣條所云：「漢文帝時，以鐵銅賜侍郎鄧通，通假民卓王孫，歲取千匹，故王孫貨累巨萬億，鄧通錢亦盡天下」〔註27〕一文作爲證據，認爲「歲取千匹」就是包商所上的稅。這種制度施行於前漢推行專賣制之前爲主，但據簡牘資料，可知漢初有「私鹽井」，〔註28〕漢初既有私人鹽井，則人民向政府承包產鹽地的包商制不可能是漢初唯一的制度，包商制或許與自由生產制同時存在。至於包商制由誰負責收稅，學者並未特別討論，應當與自由生產抽稅制一樣由鹽官負責。

最後是專賣制，此爲前漢最重要的課取鹽稅方式。鹽的專賣制上起於秦，其制度是民間生產，再由官方收取、運輸、銷售，相關的生產器具由官方提供。〔註29〕此種制度雖云「國用饒給，而民不益賦」，〔註30〕人民沒有額外的課稅，但生活事實上卻反倒更苦，此因政府將鹽價抬高以謀取獲利。秦代的專賣，就導致：「秦賣鹽鐵貴，故下民受其困。」〔註31〕董仲舒稱：「（秦）鹽鐵之利，二十倍於古。……漢興，循而未改。」〔註32〕而就張家山漢簡資料言，漢初不當爲專賣制。故此處董仲舒雖言「漢興，循而未改」，貌似漢初實指武帝。《漢書‧張湯傳》顏師古云：「（張湯）籠羅其事，皆令利入官」，〔註33〕可見專賣制度替政府帶來豐美的稅收。由於鹽自專賣後不復屬少府稅收，因此其稅收單位此處不另討論，但應當仍由鹽官負責。

（三）鹽稅稅率與金額

決定鹽稅重要與否者是在其稅率與金額，其越多對漢政府重要性也就越大。至於鹽的實際稅率，長期以來缺乏資料，故難斷定。《史記‧貨殖列傳》

〔註25〕劉向著，《説苑今註今譯》（臺北：臺灣商務印書館，1988 年 9 月修訂版），卷二〈臣術〉，頁 58。

〔註26〕陳直著，《史記新證》（北京：中華書局，2006 年 4 月第一版），頁 196。

〔註27〕常璩撰，《華陽國志》（臺北：世界書局，1962 年 11 月初版），卷三〈蜀志〉，頁 79。

〔註28〕整理小組編，《張家山漢墓竹簡〔二四七號墓〕》，頁 192。

〔註29〕孫翊剛著，《簡明中國財政史》，頁 42。

〔註30〕《漢書》，卷二十四〈食貨志〉，頁 1186。

〔註31〕《漢書》，卷二十四〈食貨志〉，頁 1138。

〔註32〕《漢書》，卷二十四〈食貨志〉，頁 1137。

〔註33〕《漢書》，卷二十四〈張湯傳〉，頁 2641。

注載井鹽稅率：「其鹽四分入官，一分入百姓也」，〔註34〕羅慶康據此推算：

> 孝文時，如果每戶每年需鹽一四四升，按孝平時戶口一二三二萬戶
> 計算，全國需鹽十七億升。每升價若爲三點五錢，全每年鹽錢達五
> 九點五億錢，官府以 80% 收鹽稅，則收入達 47.6 億，爲少府庫錢的
> 3.6 倍。〔註35〕

羅氏計算認爲是百分之八十。羅氏更在其專著《西漢財政官制史稿》中，算出鹽稅高達 34,326,707,328 錢，〔註36〕可謂少府最大宗收入。但近年出土之張家山漢簡《二年律令・金布律》簡四三六載：

> 諸私爲鹵（鹵）鹽，煮濟、漢，及有私鹽井煮者，稅之，縣官取一，
> 主取五。〔註37〕

由此處簡文可知，只要報稅漢初人皆可以自行煮鹽，其稅率是官方取六分之一，民間取六分之五，稅率約百分之十六。〔註38〕若以此修正羅慶康推算，則鹽稅數目當爲九點五二億錢。再以漢元帝時財政相比，《漢書・何武王嘉師丹傳》載：「都內錢四十萬萬，水衡錢二十五萬萬，少府錢十八萬萬」，〔註39〕鹽稅此時已改屬大司農，若以羅氏推斷之四十七點六億收入推算，鹽稅一項就超過大司農所有收入，其可能性甚低；以張家山漢簡所定稅率計算，其金額占都內錢近四分之一較爲合理。此外相對於關稅多收現金，〔註40〕漢初鹽

〔註34〕《史記》，卷一百二十九〈貨殖列傳〉，頁 3260。

〔註35〕羅慶康著，〈漢初鹽業初探〉，《鹽業史研究》，1993 年第 3 期，頁 37。此外，黃今言研究指出，漢代成人用鹽量約每月三升，（黃今言著，《秦漢商品經濟研究》（北京：人民出版社，2005 年 3 月第一版），頁 41）若一家五口皆成人，則一家一年當用一百八十升。羅氏所用之一四四升，似爲考慮過家中幼兒使用量所得。

〔註36〕羅慶康著，《西漢財政官制史稿》（開封：河南大學出版社，1989 年初版），頁 83。

〔註37〕《張家山漢墓竹簡〔二四七號墓〕・二年律令・金布律》，簡四三六，頁 192。

〔註38〕王子今於其〈張家山漢簡《金布律》中的早期井鹽史料及相關問題〉（刊於《鹽業史研究》，2003 年 3 期，頁 23～26）一文中細探此六分之一稅率，指出敦煌漢簡一八六一簡或與此有關，亦認爲《新唐書・食貨志》所載「官取一，私取十」於此相似。

〔註39〕《漢書》，卷八十八〈何武王嘉師丹傳〉，頁 3494。當此之時，已推行鹽鐵專賣，對鹽已不復有「收稅」事實，因此以之比擬有其不當。然當鹽鐵專賣時，其收入當會更多，至少當等同於抽稅之時，因此仍可比之。

〔註40〕可參考整理小組編，《張家山漢墓竹簡〔二四七號墓〕》（北京：文物出版社，2001 年第一版），《算數書・狐出關》，簡三四至三五，頁 253。毛皮等物出關，所收之物皆爲現金。

稅疑收實物，此因當時鐵、鉛、丹等礦稅似皆收實物，〔註41〕鹽的課稅方式書寫法與這些礦物相同，因此鹽應當亦收實物。至於其課徵實物的原因，或許與漢政府本身亦須鹽資源有關。此外，由此種依收入多少決定稅額狀況可知，漢初並非採行包商制，而爲開放民間自由生產抽稅。

　　總之，漢代對於鹽稅有三種處理方式，其一爲專賣；其二是自由生產抽稅；其三爲包商生產。其中具有實質收稅意義的是自由生產制，另外二者則似政府自行營業收入，不當稱「稅」。至於自由生產稅率，據簡牘資料可知約百分之十六，其所收物品當爲實物。鹽稅主要產生來源爲水資源的海、池等，因此列爲水資源稅收，誠爲「山海池澤之稅」一環。

二、漁　稅

　　漁稅正如其字，是針對捕漁行爲所收之稅。此稅在周代已經存在，但至漢代重要性日增。前漢漁稅雖未設有「漁官」等專官管理，但各地有都水、雲夢、湖官、陂官等以「水」爲名的職官負責，其中都水數量甚多，〔註42〕這或可顯示漁稅在漢代有一定地位。由於漁稅資料較少，此處在探討時將會局部運用到後漢資料，以協助說明資料不足之處。

　　至於「漁稅」，漁業行爲可在海、池、澤等地運作，並非如「海租」一詞所示似乎只在海上運作。敦煌懸泉漢簡中之《四時月令詔條》有：

　　　　・毋□水澤，□陂池、□□。・四方乃得以取魚，盡十一月常禁。

〔註43〕

據此可知，水澤、陂池等都可產魚。由此亦可注意，「漁」、「鹽」的作業場所大致一樣，但兩者實質收稅方式與發展過程不同，因此極不適合將兩者簡稱

〔註41〕此依整理小組編，《張家山漢墓竹簡〔二四七號墓〕》，《二年律令・金布律》，簡四三七至四三八，頁192，鐵「五稅一」、鉛「十稅一」，丹砂更指明「月六斤九兩」。

〔註42〕如《漢書・百官公卿表》即載大司農下有「又郡國諸倉農監、都水六十五官長丞皆屬焉」（《漢書》，卷十九〈百官公卿表〉，頁731)，此處雖未言六十五官長丞中都水有多少，但其數量應相當可觀。關於水官負責漁稅問題，另見前漢郡國山海池澤諸職官考部分，其中已論及水官負責漁稅問題，此處不再贅述。

〔註43〕胡平生、張德芳編撰，《敦煌懸泉漢簡釋粹》（上海：上海古籍出版社，2001年8月第一版），〈四時月令詔條〉，頁一九四。《四時月令詔條》中以四季爲單位，詳細規定一年中不同時節那些活動可以進行或不得進行。然《四時月令詔條》似乎沒有強迫推行其規定，在簡中並未見到觸犯者會有何種處分。

爲「海稅」。

（一）漁稅歸屬

首先是漁稅可能在先秦開始課徵，[註44] 但詳細概況不明。不過，當時並不存在國家財政，[註45] 所有收入皆屬王室財政，因此即便其所屬單位並不確定，亦不影響其屬王室財政。

至漢代，因「山海池澤之稅」屬少府，據此學界多咸信漁稅亦屬少府。[註46] 其稅收固然屬少府，但在實際管理職官上，則較爲複雜。少府下有「海丞」，[註47] 其職掌目前尚未見於漢代文獻，顏師古註云：「海丞，主海稅也」。[註48] 顏氏雖未明言海稅爲何，這或可由「海租」說明，「海租」即是「漁稅」，蕭望之嘗言：「言往年加海租，魚不出」，[註49] 海租當即「漁稅」，蕭望之既言「往年加海租」，則在其之前漁稅必已存在。其可能是漢初時繼承前代制度後已有，海丞之設卻是在漢平帝時，其究竟由何官負責，則另於後文討論。

（二）漁稅徵收內容

鹽稅至漢代誠爲屬水稅收重要一環，但周代「川澤」之稅中的漁稅才是核心稅收，《周禮注疏》有釋云：

> 釋曰：山林川澤童枯則不稅者，山林不茂爲童，川澤無水爲枯。所

[註44] 《周禮注疏・廠人》釋文雖載：

凡取魚者，所有政令皆漁人掌之，以其知取之時節及處所。云：凡漁征入于玉府者，言漁征者，謂近川澤之民於十月獺祭魚之時，其民亦得取魚、水族之類，其中鬐骨之事堪飾器物者。所有征稅，漁人主收之，送入于玉府，以當邦賦也。（鄭玄注，《周禮注疏》，卷四〈廠人〉，頁103）

鄭司農釋云：「漁征，漁者之租稅，漁人主收之，入于玉府」（鄭玄注，《周禮注疏》，卷四〈廠人〉，頁103）則漁稅在周代由漁人所收，並屬玉府而非大府所轄。但其用途既爲「以當邦賦」，似又與大府所屬「邦中之賦」（鄭玄注，《周禮注疏》，卷六〈大府〉，頁154）相近，故其於周代從屬何機構仍有爭議。但《周禮》可靠度因爭議過大，故置於此處說明。

[註45] 陳秀夔著，《中國財政史》（臺北：正中書局，1968年10月臺初版），頁102。

[註46] 林甘泉主編，《中國經濟通史・秦漢經濟卷》（北京：經濟日報出版社，1999年1月第一版），頁683。喬玲在其《西漢賦稅制度研究》中認爲漁稅等出自江湖河海的收入都屬少府所轄。（喬玲著，《西漢賦稅制度研究》（南昌：南昌大學歷史系碩士論文，2006年），頁20）

[註47] 《漢書》，卷十二〈平帝紀〉，頁351。

[註48] 《漢書》，卷十二〈平帝紀〉，頁351。

[註49] 《漢書》，卷二十四〈食貨志〉，頁1141。

稅者，稅其有。今山林不茂則無材木，川澤無水則無魚鱉蒲葦，故

不稅之。〔註50〕

由此可知，川澤之稅主要在課徵漁稅，〔註51〕並未涉及鹽。長期以來，漁稅
研究由於資料限制，在研究上頗爲困難，此處將依有限資料盡可能探討漁稅
內容。

　　漁稅，顧名思義可知是針對漁業行爲所收的稅，並不是針對「魚」所收
之稅。正式的「漁稅」一詞至《續漢書》〔註52〕才首次見及，但漁稅實際起
源甚早，《周禮注疏・獻人》上有「漁征」，而這正是漁稅，可知周代已有漁
稅課徵。逮至春秋時代，齊國管仲更是積極發展漁稅。〔註53〕至於漁稅的具
體內容，魚屬於漁稅之部份當無疑問，但漁稅課徵是否以此爲限？值得探
討。漁業除了魚，尚有其他水產品如蝦、蟹等，可是漁稅關於魚的資料已相
當缺乏，遑論其他漁業產品，漁業活動中已難知悉如蝦、蟹等的課稅、運作
狀況。惟據賈公彥釋《周禮注疏・獻人》時云及「其民亦得取魚、水族之類」
〔註54〕一語，可知課稅項目實不限「魚」本身，一般「水族」符合「堪飾器
物者」亦需一併納稅。然此爲周代資料，漢代是否如此不得而知，但當可推
定不致差之太遠。故當可推斷「漁稅」所指爲針對魚類與各種水族動物課徵
的稅。

　　整體漁稅的徵收方式，可分爲兩個系統，一是官營系統；一是直接課稅系
統。官營系統乃國家經營，在漁稅中爲少數，前漢曾出現短暫的獨占官營。在
官營系統的運作模式中，可劃分爲兩類，第一類是公營魚池；第二類是公產公
銷。在公營魚池中，一如前文所述，武帝嘗於昆明池養魚至長安賣，〔註55〕此

〔註50〕鄭玄注，《周禮注疏》，卷七〈司書〉，頁167。

〔註51〕此處「川澤」既是漁稅代表，但大府收入中之「山澤之賦」據前文分析，可
　　　　知當不含漁稅。大府之「山澤之賦」爲何？恐需另文詳論，此亦非本文討論
　　　　核心，故暫不深論。

〔註52〕其文云：「有水池及魚利多者置水官，主平水收漁稅」（《續漢書》，志二十八
　　　　〈百官五〉，頁3625），此處水官即指都水。

〔註53〕《清朝續文獻通考・征榷十八》載：「管子以齊爲海王之國，饒魚鹽蜃蛤而歸
　　　　之官，卒霸齊國。中國宜略師其制，以收魚課」（劉錦藻纂，《清朝續文獻通
　　　　考》（臺北：新興書局，1963年10月新一版），卷四十六〈征榷十八〉，頁8009），
　　　　其中「饒魚鹽蜃蛤而歸之官」是否指官營不得而知，然清代「略師其制」是
　　　　「以收魚課」，則頗疑其亦爲「漁稅」。

〔註54〕鄭玄注，《周禮注疏》，卷四〈獻人〉，頁103。

〔註55〕劉歆撰，《西京雜記》（上海：上海古籍出版社，1991年12月第一版），卷一，

處不再贅述。漢武帝時嘗有官營獨佔漁業之舉：

> 又白增海租三倍，天子皆從其計。御史大夫蕭望之奏言：「故御史屬
> 徐宮家在東萊，言往年加海租，魚不出。長老皆言武帝時縣官嘗自
> 漁，海魚不出，後復予民，魚乃出。」〔註56〕

由此段引文可見，漢武帝嘗短暫推行官營獨占漁業，疑因成效不彰，故推行
不久，史籍對此記載頗少。

　　漁稅發展至戰國秦漢，收稅規範日嚴，秦「收水泉池澤之賦」，〔註57〕
雖有但書「無或敢侵削眾庶兆民」，〔註58〕卻已爲一種普遍稅。至漢代更規
定「凡郡縣……有水池及魚利多者置水官，主平水收漁稅」，〔註59〕在全國
普遍課漁稅。但加藤繁指出，漢代對漁利過少處多予免稅，一般地區都要課
稅。〔註60〕則此處普遍課稅，當限制在漁利達到一定程度者。民間漁稅在徵
收上，因爲不像鹽稅有政府提供器具，可以此估算有多少稅收，其課徵方式
最可能探自占方式。

　　至於漁稅在前漢時的徵收單位，據《續漢書・百官志》載：「有水池及魚
利多者置水官，主平水收漁稅」，〔註61〕這些水官有都水、雲夢、湖官、陂官、
洭浦等官。〔註62〕這些職官不一定屬於少府，如都水分見於大司農、少府、
水衡都尉，但是其稅收皆屬少府。林甘泉即認爲，大司農或許只負責漁稅徵
收，但由少府負責使用。〔註63〕

（三）漁稅稅率與金額

　　至於漁稅的稅率與金額，由於資料不足，在探討上較爲困難。況且漁稅
既然以魚類和各種水族動物爲主，則其具體稅率爲何亦是問題。政府課徵漁
稅之計算單位，特別是「魚」疑似以尾數、品種計算，而不以重量計算。魚

　　　　頁 1。
〔註56〕《漢書》，卷二十四〈食貨志〉，頁 1141。
〔註57〕呂不韋等著，《呂氏春秋》（上海：上海古籍出版社，2002 年 4 月第一版），卷
　　　　十〈孟冬紀〉，頁 523。
〔註58〕呂不韋等著，《呂氏春秋》，卷十〈孟冬紀〉，頁 523。
〔註59〕《後漢書》，志二十八〈百官五〉，頁 3625。
〔註60〕參見加藤繁著，〈漢代國家財政和帝室財政的區別以及帝室財政的一斑〉，《中
　　　　國經濟史考證》（北京：商務印書館，1959 年 9 月初版），頁 117。
〔註61〕《後漢書》，志二十八〈百官五〉，頁 3625。
〔註62〕關於這些職官的問題，在後文討論職官時，將另行專論。
〔註63〕林甘泉主編，《中國經濟通史秦漢經濟卷》，頁 683。

的計量單位，在《史記》上是以重量爲單位，如「水居千石」〔註64〕所指爲多達千石重的魚群，而不以尾數爲單位，《史記》集解亦云：「魚以斤兩爲計也」。〔註65〕在價格上，王仲犖於其《金泥玉屑叢考》自行計算魚價，對於《史記》部分一律以重量計價，如「石直二百」、〔註66〕「斤直二百」，〔註67〕表示魚價大約是在此數。以上諸條顯示，漢代魚似以重量爲計。然在《齊民要術》引《陶朱公養魚經》所載：「得鯉魚長一尺者一萬五千枚，三尺者四萬五千枚，二尺者萬枚。枚直五十，得錢一百二十五萬」〔註68〕一語，此處是以魚的數量、長度來計算與計價，正合於新居延漢簡。雖說魚長度不一，其價格卻一樣之事難以解釋，但觀其價格，亦近於新居延漢簡〈建武三年候粟君所責寇恩事〉中魚價之六十四錢，〔註69〕當較可信。〔註70〕

　　漁稅稅率計算基準雖疑以尾數爲單位，但由於資料過度缺乏，只見如「又白增海租三倍」〔註71〕等模糊之語，實在難以找出具體漁稅稅率，呂思勉即稱：「漁稅，歷代視之不甚重要，所以正史中關於漁業的記述較少」。〔註72〕魚稅多寡或可參考《三國志‧魏書‧王昶傳》所載：「會官稅魚，魚貴數倍」〔註73〕一語，可知漁稅相當的重，導致魚價貴數倍。若魚價爲寇恩時之六十

〔註64〕《史記》，卷一百二十九〈貨殖列傳〉，頁3272。

〔註65〕《史記》，卷一百二十九〈貨殖列傳〉，頁3273。

〔註66〕王仲犖著，《金泥玉屑叢考》（北京：中華書局，1998年8月第一版），頁5。

〔註67〕王仲犖著，《金泥玉屑叢考》，頁12。

〔註68〕賈思勰著，《齊民要術》（上海：上海古籍出版社，2006年12月第一版），卷六〈養魚〉，頁457。

〔註69〕甘肅省文物考古研究所等編，《居延新簡甲渠候官》（北京：中華書局，1994年第一版），頁209～210上之E.P.F.22.4至E.P.F.22.20號簡，此即〈建武三年候粟君所責寇恩事〉簡。此爰書重點是寇恩與候粟君因賣魚問題所起之糾紛，卻也透露了當時漁業概況。雙方論爭並非本文重點故不論，簡文中可見其販魚數量高達五千頭，預訂售價爲四十萬，平均每頭魚值錢八十，其實際售價則爲每頭魚錢六十四。

〔註70〕就今日習慣言，賣魚時，計算魚的重量當較爲「合理」，因爲魚有其壯肥美瘦，大小不一，價格倘以一概之，將無以區分。然在研究時，仍將以簡文所載爲準。其次，陶朱公爲東周人，而寇恩已是後漢早期人物，時間相差久遠，以兩者價格相比自然有其缺失與不精確處，但仍可參考。於此提出此一問題，以備參考。

〔註71〕《漢書》，卷二十四〈食貨志〉，頁1141。又「海租」即「漁稅」，可見蕭望之語：「言往年加海租，魚不出」（《漢書》，卷二十四〈食貨志〉，頁1141），可知海租與魚有關，當即「漁稅」。

〔註72〕呂思勉著，《中國通史》（出版資料不詳），頁207。

〔註73〕《三國志》（北京：中華書局，1982年7月第二版），卷二十七〈徐胡二王傳〉，

四錢，則漁稅當在百錢以上，才能「貴數倍」，惟此等數字仍過於模糊。目前可見之具體漁稅，只有《三國志・吳書・薛綜》所載：

> 又故刺史會稽朱符，多以鄉人虞褒、劉彥之徒分作長吏，侵虐百姓，彊賦於民，黃魚一枚收稻一斛，百姓怨叛，山賊並出，攻州突郡。〔註74〕

此為後漢末年，交州刺史朱符課魚重稅，魚稅竟高達每尾黃魚收稻一斛，百姓無法忍受，叛亂四起。其稅額過高，故無法引以說明漁稅正常情況，但可知收稅以魚尾數、品種為單位，不以總重量或每年固定金額收稅，此可用以管窺漢代漁稅制度。這也是目前漁稅稅率，少數可見之具體稅率。也因為缺乏漁稅具體稅率與每年漁獲量，因此無法計算漁稅的金額，只能確定有此稅存在。此外，另有學者認為漁稅所收的是實物而非金錢，〔註75〕其說自然亦有可能。

漁稅之減免似亦為漢政府救災措施之一。災荒時，漢政府會視狀況暫時停徵漁稅，以此作為災荒時的救難措施如：

> （永元九年六月）今年秋稼為蝗蟲所傷，皆勿收租、更、芻槀；若有所損失，以實除之，餘當收租者亦半入。其山林饒利，陂池漁採，以瞻元元，勿收假稅。〔註76〕

後漢在災荒後暫時開放人民自由漁採，而暫停漁稅既可作為救災措施，則其稅額應有相當數量，不然對人民實無具體幫助。

此外，據《三國志・魏書・王昶傳》可知漢末漁稅疑非每年皆收，而是依需求偶爾推行：

> （任）嘏，樂安博昌人。……遂遇荒亂，家貧賣魚，會官稅魚，魚貴數倍，嘏取直如常。〔註77〕

其中「會官稅魚」意即正逢政府對魚課稅，則之前應當沒有課稅，不然無需提及此事。漢代漁稅資料雖少，學者研究仍認為漁稅一直推行至後漢末，〔註78〕除因應災荒外，未見有中斷漁稅之事。此處有可能是該地之前漁利不多，故不

頁748。
〔註74〕《三國志》，卷五十三〈張嚴程闞薛傳〉，頁1252。
〔註75〕參見馬大英著，《漢代財政史》，頁102。
〔註76〕《後漢書》，卷四〈孝和孝殤帝紀〉，頁183。
〔註77〕《三國志》，卷二十七〈徐胡二王傳〉，頁748。
〔註78〕參見林甘泉主編，《中國經濟通史・秦漢經濟卷》，頁683。

收稅，至任嚻時開始收稅；亦有可能是曾經因某種原因在該地中斷收稅，之後才又恢復，現在難以提出定論。

　　總之，漁稅的課徵範圍是所有捕獲之水生動物。漁稅的具體稅率不明，但可推知相當的高，乃至魚本身價值的數倍以上。其收稅計算方式頗似寇恩賣魚時，是以頭數、品種來計稅，不採包稅或秤重制。漁稅官方雖曾介入生產乃至獨占過，但仍不爲漁稅核心。周代對漁稅只有局部課徵，戰國秦漢則改採普遍課徵，針對魚產多的地方收稅、置官，政府在必要時會以免漁稅救災。漁稅所出不外是海、池等有水可進行漁業活動之處，因此在稅收屬性分類上，漁稅宜同於鹽稅，俱爲水資源稅收。

　　水資源稅收是由鹽稅、漁稅兩類稅收構成，漢代山海池澤用詞水資源用字、用詞比例大增，或許即是反映漢代水資源稅收重要性大增，其中以鹽稅最爲重要，前漢中期以後，國家更將其收爲專賣。鹽稅自漢武帝後已轉屬大司農，少府部分漁稅似亦轉至水衡都尉，因此水資源稅收在漢武帝以後，其留在少府的比例大幅下降，但水資源稅對國家財政影響力則有日增趨勢。

第二節　土地資源稅收

　　「山海池澤之稅」中雖無地字，此處一如水資源稅收，取相關稅收中可共通概念分類。土地資源稅收下有礦業稅與林業稅，此類稅收之重要性，與水資源稅收不相上下，皆爲少府收入中重要的一部分。

　　探討土地資源稅收時，亦將探討其稅收歸屬、徵收方式、稅率、金額等四項，限於資料因素，部分項目可能無法說明。由其資料之多寡，其實也反映該稅收在漢代的重要性，重要性與資料多寡兩者當成正比。

一、礦業稅

　　此處所云礦業稅看似爲一種稅收，但所謂礦業稅，其實是包含金、銀、銅、鐵等稅。「礦」字在先秦與兩漢時代較少使用，偶見如「破礦得金，淘沙得金，揚灰終身，無得金者」〔註79〕之語，又據《說文解字》有：「礦，銅鐵樸石也。從石黃聲，讀若穬。丱，古文礦。」〔註80〕據此二語，則疑當時「礦」

〔註79〕劉向校，《關尹子》（北京：中華書局，1985 年北京新一版），〈六七〉，頁 46。
〔註80〕許慎著，《說文解字》（北京：社會科學文獻出版社，2005 年月第一版），卷九

專指礦物原石，尚不用於統稱所有礦產。由此亦可知，漢代並無「礦業稅」這種用詞。

漢代對於礦產則另有名詞稱呼，最常見之用字則爲「金」字。據《說文解字》云：

> 金，五色金也。黃爲之長。久薶不生衣，百鍊不輕，从革不違。西方之行。生於土，从土；左右注，象金在土中形；今聲。凡金之屬皆从金。〔註81〕

所謂「五色金」指的即是金、銀、銅、鐵等，則「金」才是所有金屬的總稱。但不論是「金」或「礦」，漢代皆不見「金稅」、「礦稅」等名目，漢代可見的是如銅稅、鐵稅等。因這些礦產屬性相近且任一單項稅收資料皆相當有限，若採銅稅、金稅、鐵稅等逐項討論將引起不便。因此，爲討論上的方便，將以今日礦業之概念討論，故以下將以礦業稅稱呼相關金、銀、銅、鐵等採礦稅。〔註82〕

（一）礦業稅歸屬

礦業稅的歸屬，或可由其早期起源論起。礦業稅確切起源今已難尋，但在周代礦業稅可能屬「山虞」負責。《周禮・卝人》云：

> 卝人掌金玉錫石之地，而爲之厲禁以守之。若以時取之，則物其地圖而授之，巡其禁令。〔註83〕

卝人屬地官司徒，既不隸於大府、玉府所屬之天官冢宰，其收入屬何人則不可知。周代另有「職金」一官，《周禮・職金》載：「職金掌凡金玉錫石丹青之戒令。……入其金錫于爲兵器之府，入其玉石丹青于守藏之府。……掌受士之金罰貨罰」，〔註84〕職金負責管理因處罰所得之金屬。賈公彥疏「玉石丹青于守藏之府」即「玉府」，〔註85〕因此卝人收入可能亦屬玉府。

至漢代，據《史記・平準書》載孔僅、東郭咸陽等言：「山海，天地之藏也，皆宜屬少府，陛下不私，以屬大農佐賦」，〔註86〕孔僅所言爲鐵，學者多

〈石〉部，頁 512。

〔註81〕 許愼著，《說文解字》，卷十四〈金〉，頁 784。

〔註82〕 馬大英則將此合稱爲礦產稅，可備爲一說。（馬大英著，《漢代財政史》，頁 99）

〔註83〕 鄭玄注，《周禮注疏》，卷十六〈卝人〉，頁 420。

〔註84〕 鄭玄注，《周禮注疏》，卷三十六〈職金〉，頁 953～954。

〔註85〕 鄭玄注，《周禮注疏》，卷三十六〈職金〉，頁 953。

〔註86〕 《史記》，卷三十〈平準書〉，頁 1429。

將鹽鐵一併視爲山澤稅之一，〔註87〕鐵稅既爲礦業稅的一環，因此除非其他礦產有特別之處，不然應當一併屬於山澤稅，從而在前漢初期屬少府。此外，礦業稅中之鐵稅，於元封元年前與鹽稅併轉屬大司農。〔註88〕

（二）礦業稅徵收方式

　　此處所謂的徵收方式，即是礦業稅的適用範圍、收稅方式，這或可由其課徵年代開始論起。礦稅的課徵年代，秦是在戰國開始課徵。加藤繁認爲，戰國時秦允許人民經營礦業，從中課取重稅。〔註89〕針對鐵，加藤繁指出：「（秦昭襄王三十五年至秦王政二十六年）在這期間，秦國沒有鹽鐵專賣制度的存在，鐵的製煉一任民間自由舉辦，這是毫無疑義的」，〔註90〕這說明礦稅早自戰國已經開始。部分學者如張弘等，主張秦統一前「國家獨占山林川澤之利，實行鹽鐵專賣，禁止民間私鑄貨幣」，〔註91〕若如張弘等言，則礦稅當遲在秦統一後才有。總之在秦統一之後，不論其稅制是包商制或自由經營制，〔註92〕皆可確定礦稅在漢代之前已經存在。

　　「山海池澤之稅」中關於「山」的稅收，礦稅誠爲其中一重要項目。但「礦稅」一詞仍過於空泛，在此則是探討何種物品可稱之爲「礦稅」，其次方能論及其稅率。礦稅所涉及之物品，可由東周時齊國對山林的管制看出一些端倪，《管子·地數》載：

> 山上有赭者其下有鐵，上有鉛者其下有銀。一曰：「上有鉛者其下有
> 鉒銀，上有丹沙者其下有鉒金，上有慈石者其下有銅金。」此山之

〔註87〕孫翊剛著，《簡明中國財政史》，頁38。馬大英則是自產地下手，認爲礦產稅出於屬皇室財政的山澤地區，因此其稅歸少府主管。（馬大英著，《漢代財政史》，頁99）

〔註88〕漢代鹽、鐵兩者政策大體一致，此處改屬大司農之狀況，俱見前文鹽稅討論。

〔註89〕加藤繁著，〈漢代國家財政和帝室財政的區別以及帝室財政的一斑〉，頁31。

〔註90〕加藤繁著，〈漢代國家財政和帝室財政的區別以及帝室財政的一斑〉，頁33。

〔註91〕張弘、朱紅著，〈試論秦統一中國前後的工商管理政策〉，《濟南大學學報（社會科學版）》，2001年第3期，頁32。張弘等主張秦統一前採行專賣制，其舉證如秦有鐵官等管理官員等。然而，張弘似乎將鐵官存在與專賣制畫上等號，缺乏深入討論。因此，似以加藤繁之觀點較佳。由於本文以漢代爲討論中心，對此將不深入討論。

〔註92〕此處包商制與自由經營制之爭論，其與鹽業狀況大致相同，鹽、鐵兩者學者多一起討論。不過據黃今言研究，漢代冶鐵業除專賣時期外，雖然說冶鐵需要大筆資金、技術，但是依然有許多的小冶鐵業者，（黃今言著，《秦漢商品經濟研究》，頁39～40）由此一情況言之，礦產稅是否有實行包商制恐怕仍不無疑問。

見榮者也。苟山之見榮者，謹封而爲禁。有動封山者，罪死而不赦。

有犯令者，左足入，左足斷，右足入，右足斷。〔註93〕

此段資料明示，凡山有鐵、銀、金、銅者視爲「山之見榮者」，從而「封山」管制這些資源。由此例可知，鐵、〔註94〕銀、金、銅是東周時國家納入掌控物品，當可視礦稅適用物品之一。而據張家山漢簡，漢初礦業稅的課稅物當有銀、鐵、鉛、金、丹等。〔註95〕另據《漢書・王莽傳》載：「工商能采金銀銅連錫登龜取貝者，皆自占司市錢府，順時氣而取之」，〔註96〕可知實際課稅項目有金、銀、銅、錫等。據以上二則資料，則漢代當有銀、鐵、鉛、金、丹、銅、錫等列入收稅範圍。其自然可能有另一種收稅方式，即是只要在山澤地區所出產之物統一收稅，不過自張家山漢簡針對不同礦物有不同稅率言，其實際收稅方式應非如此。

漢代礦稅特別是鐵礦，稅制約可分爲兩種類型，一是自由經營課稅制、二是專賣制。自漢武帝起，鐵由官方生產與販賣，〔註97〕此即爲專賣制的開始。至始元六年因鹽鐵會議罷關內鐵官，〔註98〕方局部免除專賣。元帝時有全面罷廢鐵官專賣事，但不過三年即復設鐵官。〔註99〕除鐵之外其他礦稅，

〔註93〕 管仲著，《管子新校》（北京：中華書局，2004 年 6 月），卷二十三〈地數〉，頁 1360。

〔註94〕 在《管子》中對鐵相當重視，如石小同於其〈《管子》對鐵的開發與經營管理〉（《管子學刊》，1994 年 4 期，頁 53～54）即說明管子對鐵業經營的政策。然觀余志勇於其〈略論先秦兩漢時代我國的用鐵程度〉（《西北第二民族學院學報（哲學社會科學版）》（1996 年 3 期），頁 69～76）一文中表示，戰國中期以前鐵在數量、品質上皆屬次要，因此《左傳》、《詩經》、《國語》、《史記》相關戰國中期前部分，沒有真正關於鐵器之資料。戰國中期以下，鐵才逐漸成爲重要資源。（余志勇，〈略論先秦兩漢時代我國的用鐵程度〉，頁 70～71）管仲身爲春秋時代之人，卻可認識到鐵，當懷疑此部分文字有後人僞託之嫌。即便如此，鐵等至戰國中期以下依然重要，這仍無礙於對礦稅適用物品的認識。爲免爭端，此處對《管子》說法稱爲東周，將不指明爲春秋或戰國。

〔註95〕 整理小組編，《張家山漢墓竹簡〔二四七號墓〕》，《二年律令・金布律》，簡四三六～四三七，頁 192。

〔註96〕 《漢書》，卷二十四〈食貨志〉，頁 1180。

〔註97〕 薛振愷著，〈試論漢武帝的斂財政策〉，《北京師範大學學報（社會科學版）》，1997 年第 4 期，頁 88。

〔註98〕 時桑弘羊等因儒生堅持，故上奏：「賢良、文學不明縣官事，猥以鹽、鐵爲不便。請且罷郡國榷沽、關內鐵官」（桓寬著，《鹽鐵論》（北京：華夏出版社，2000 年 5 月第一版），卷七〈取下〉，頁二三八），此處罷鐵官當指罷專賣事。

〔註99〕 史載：「元帝時嘗罷鹽鐵官，三年而復之」（《漢書》，卷二十四〈食貨志〉，頁

則不知其發展狀況。

　　礦業稅主要依照開採量課稅，至於政府如何得知開採量，據臧知非研究當是透過占租制，即自我申報。〔註100〕又如前文所引《漢書・食貨志》即云：「（王莽）工商能采金銀銅連錫登龜取貝者，皆自占司市錢府，順時氣而取之」，〔註101〕因此礦業稅的申報方式，應當即是採用自占制度，由業者自行申報。至於其申報、交稅之對象，鐵稅部分應當爲各地鐵官，〔註102〕在專賣時期則由鐵官自售。

（三）礦業稅稅率、金額

　　礦業稅之重要與否，亦是由其稅率、金額所決定。礦稅的課稅物品雖然可知，但是相關稅率資料原本相當缺乏，傳統史籍中僅可見大略資料如《華陽國志・蜀志》所載：

　　　　漢文帝時，以鐵銅賜侍郎鄧通，通假民卓王孫，歲取千匹，故王孫
　　　　貨累巨萬億，鄧通錢亦盡天下。〔註103〕

據此條資料礦稅疑似「歲取千匹」，其既爲每年定額且限定經營對象，則具有包商制意涵，但這只是鄧通自租給卓王孫，其金額當爲二人之約定，實不宜作爲漢代礦稅資料。除羅慶康自行計算礦業稅中之鐵稅金額，其總數額達240,000,000錢外，〔註104〕幾無其他資料。直至張家山漢簡《二年律令・金布律》出土後，詳細礦稅資料方得問世。

　　張家山漢簡揭示漢初的礦業稅內容，其課稅對象涉及兩方面，即提供礦場與採礦者皆需課稅。據《二年律令・金布律》簡四三七載：「租賣穴者，十錢稅一」，〔註105〕又據《說文解字》釋：「穴，土室也」，〔註106〕此處針對出

1176），至於昭帝時所廢關內鐵官是否一並復之，則尚待研究。

〔註100〕臧知非著，〈張家山漢簡所見西漢礦業稅收制度試析——兼談西漢前期「弛山澤之禁」及商人兼并農民問題〉，《史學月刊》，2003年第3期，頁28。占租即自占，是人民按自家狀況至官府據實申報，官府再以此作爲課稅依據。自占制度在漢代相當重要，兩漢推行不止。關於自占制度之詳細研究，可參閱吳昌廉師著，〈秦漢「自占」初探〉，《興大人文學報》，第三十四期（2004年6月），頁563～564。

〔註101〕《漢書》，卷二十四〈食貨志〉，頁1180。

〔註102〕可參考陳琮著，《中國上古財政史》（臺北：三民書局，1986年11月初版），頁82。

〔註103〕常璩撰，《華陽國志》，卷三〈蜀志〉，頁79。

〔註104〕羅慶康著，《西漢財政官制史稿》，頁83。

〔註105〕整理小組編，《張家山漢墓竹簡〔二四七號墓〕》，《二年律令・金布律》，簡四

租「土室」課稅，當即是指礦場，其稅率爲租、賣的十分之一。據《二年律令‧金布律》簡四三六—四三七所載：

> 采銀租之，縣官給橐（橐），□十三斗爲一石，□石縣官稅□□三斤。
>
> 其□也，牢橐，石三錢。租其出金，稅二錢。〔註107〕

此條資料顯示漢初對銀課稅，其稅率因缺字不明。由「□十三斗爲一石」一語言，斗爲容積單位、石爲重量單位，此處似將某特定之容積大小，定義爲一定之重量，再據此單位收稅。另據《二年律令‧金布律》簡四三七—四三八載：

> 采鐵者五稅一：其鼓銷以爲成器，有（又）五稅一。采鉛者十稅一。
>
> 采金者租之，人日十五分銖二。民私采丹者租之，男子月六斤六兩，
>
> 女子四斤六兩。〔註108〕

此處可見鐵礦開挖者收百分之二十的稅，再鑄造爲鐵器者又收百分之二十，開挖和鑄造是分開兩種稅。日後漢武帝之鐵器專賣，疑爲控制鑄造部分。鉛稅則爲十分之一。金稅、丹稅較爲特別，其是按照時間、人頭扣取定額稅，不依比例課取。漢初礦業稅率就簡文規定言，除金稅、丹稅、銀稅無從得知外，稅率未如傳統史籍所言一般，其實不高。就以上諸條可知漢初礦業稅的課稅物有銀、鐵、鉛、金、丹等。

礦業稅金額只有前述羅慶康所推論鐵稅部分的二億四千萬錢，而無其他相關資料可以討論，但仍可酌論其稅究竟是收何物。前述鄧通租其礦山給卓王孫，鄧通所收租金爲布匹，據《華陽國志‧蜀志》載：

> 漢文帝時，以鐵銅賜侍郎鄧通，通假民卓王孫，歲取千匹，故王孫
>
> 貨累巨萬億，鄧通錢亦盡天下。〔註109〕

此處雖呈現礦稅以有貨幣意義的布匹繳納，但鄧通與卓王孫兩者間是租賃關係，這即是民間租金，實不宜視爲礦業稅課稅代表。加藤繁則是認爲「少府的均輸是掌管在出產銅的地方收納銅，代替一般的租稅，而且把它轉運到京師的工作的。」〔註110〕據此，似可認爲礦業稅所收爲「礦物」等各種實際物

三七，頁192。

〔註106〕 許慎著，《說文解字》，卷七〈穴〉部，頁396。

〔註107〕 整理小組編，《張家山漢墓竹簡〔二四七號墓〕》，《二年律令‧金布律》，簡四三六～四三七，頁192。

〔註108〕 整理小組編，《張家山漢墓竹簡〔二四七號墓〕》，《二年律令‧金布律》，簡四三七～四三八，頁192。

〔註109〕 常璩撰，《華陽國志》，卷三〈蜀志〉，頁79。

〔註110〕 加藤繁著，〈漢代國家財政和帝室財政的區別以及帝室財政的一斑〉，頁64。

資，而不另收金錢，又據《鹽鐵論・禁耕》載：

> 故鹽冶之處，大傲皆依山川，近鐵炭，其勢咸遠而作劇。郡中卒踐
> 更者，多不勘，責取庸代。縣邑或以戶口賦鐵，而賤平其準。良家
> 以道次發儵運鹽、鐵，煩費，百姓病苦之。〔註111〕

官員課稅爲使自己方便，乃至向人民「賦鐵」。此處「賦鐵」倒不是因爲收礦
稅，而是以鐵來代替「賦」，迫使百姓交鐵。前述《二年律令・金布律》中有
「采鐵者五稅一」之語，似即是課取實物，其它如采金、采丹則確定取實物。

　　總之，礦業稅在前漢是一重要稅收，其亦屬少府收入之一。漢代並無「礦
業稅」一詞，實際上只有如金、銅、錫、鐵等各種金屬開採之稅收，其中鐵
稅武帝後改屬大司農。礦業稅亦可分爲自由販賣時期與專賣時期，專賣因不
復屬少府管轄，故此處不另討論。至於礦業稅稅率，除羅慶康提出鐵稅金額
外，只能得知按照不同礦物有不同稅率，礦場所有者與開礦者皆需課稅，而
其所收或許爲實物。

二、林業稅

　　前漢並無「林業」一詞，另有「林木」一詞，〔註112〕但因未見有可具體
稱呼相關伐木、採木等事業之名詞，故採用「林業」一詞以稱呼相關事業。
若以「斂野之賦」視之，周代是以其採集方式稱呼，單就名稱言實不可見與
林業的關係爲何，故此處不用。

　　林業稅亦爲土地資源稅收之一環，但是由於資料奇缺，因此其可討論者
較少。以下仍將略探其歸屬、課徵方式、稅率與金額，但恐怕可以說明之項
目較少。

（一）林業稅歸屬

　　漢代林業稅由於資料不多，因此難以確定其存在與否，因此在討論上呈
現只能推論之狀況。此處或可先論林業稅在周代之可能歸屬，從而探討漢代
林業稅之歸屬與發展。由《周禮・山虞》所載：

> 山虞，掌山林之政令，物爲之屬而爲之守禁。仲冬斬陽木，仲夏斬
> 陰木。凡服邦，斬季材，以時入之。令萬民時斬材，有期日。凡邦

〔註111〕桓寬著，《鹽鐵論》，卷一〈禁耕〉，頁35。
〔註112〕《史記》，卷四十四〈魏世家〉，頁1860。

> 工入山林而掄材，不禁。春秋之斬木不入禁。凡竊木者，有刑罰。
> 若祭山林，則爲主，而脩除且蹕。若大田獵，則萊山田之野，及弊
> 田，植虞旗于中，致禽而珥焉。〔註113〕

山虞職掌山林，所謂掌山林當以林政管理爲要。山虞負責決定山林開放時間，隸屬於地官司徒。林衡據《周禮‧林衡》載：

> 林衡，掌巡林麓之禁令而平其守，以時計林麓而賞罰之。若斬木材，
> 則受法于山虞，而掌其政令。〔註114〕

林衡職司林政管理，此或因「林政」不必然在「山」上運作，因此以林衡補充山虞職司所不足處。周代林政可能由山虞、林衡掌管，但因《周禮》資料可靠度問題，故只能備爲參考。林衡可用林木賞罰百姓，若言「罰」似可視爲林業稅收的一種，然林業稅依然不知屬誰，只可據「山澤之賦」屬大府推論周代林業稅當屬大府。周代又有「斂野之賦」，「委人，掌斂野之賦，斂薪芻，凡疏材、木材，凡畜聚之物」，〔註115〕此當爲正式林業稅，惜資料不多，無從論及其歸屬，可能同於林衡，其稅屬大府。

　　前漢是否有林業稅不明，加藤繁推估當有此項稅收，〔註116〕並論「林業稅」爲前漢少府稅收項目之一。前漢地方關於林業職官有「木官」，〔註117〕然其應當只是特定地區之林業管理官員，而非全國林業稅負責職官。前漢林業稅之屬少府，是由「山海池澤之稅」屬少府而推論，缺乏直接說明其從屬證據。

（二）林業稅徵收方式

　　漢代林業稅資料較少，因此在討論徵收方式上，其可論者較有限。林業稅收的課徵目標，最主要是人民對山林的利用。不過漢代政府亦會自行種植所需樹木，其較著名收入來源之一是漆樹，睡虎地秦簡《秦律雜抄》簡二〇至簡二一云：「髹園殿，貲嗇夫一甲，令、丞及佐各一盾，徒絡組各廿給。髹園三歲比殿，貲嗇夫二甲而法（廢），令、丞各一甲」，〔註118〕針對漆樹成立相關之漆園。

〔註113〕鄭玄注，《周禮注疏》，卷十六〈山虞〉，頁415～416。
〔註114〕鄭玄注，《周禮注疏》，卷十六〈林衡〉，頁417。
〔註115〕鄭玄注，《周禮注疏》，卷十六〈委人〉，頁407。
〔註116〕加藤繁著，〈漢代國家財政和帝室財政的區別以及帝室財政的一斑〉，頁30。
〔註117〕《漢書》，卷二十八〈地理志〉，頁1598。
〔註118〕整理小組編，《睡虎地秦墓竹簡》（北京：文物出版社，1990年9月第一版），〈秦律雜抄〉，簡二〇～二一，頁84。

　　針對林業稅的收稅物，前漢可能不細分林木種類，除漆樹等有特別經濟價值樹木外，一概以林木視之。睡虎地秦簡《秦律十八種・田律》簡四至五載：

> 春二月，毋敢伐材木山林及雍（壅）隄水。不夏月，毋敢夜草爲灰，
> 取生荔、麛𪉩（卵）殼，毋□□□□□毒魚鱉，置穽罔（網），到
> 七月而縱之。唯不幸死而伐綰（棺）享（椁）者，是不用時。〔註119〕

此律本在規定何時可伐木，可注意到秦代似不區分一般林木品種，顯示秦政府對林木當未細分。張家山漢簡《算數書》簡三二載：「三人共【買】材以賈」，〔註120〕此處只以「材」稱之。又據尹灣漢簡《東海郡下轄長吏不在署、未到官者名籍》載：「厚丘右尉周並三月五日市材」，〔註121〕亦不說明買何種「材」。頗疑漢代林業稅除漆樹等特別設園種植外，其收稅似不細分爲何種樹木。

　　對於林業稅究竟由誰課徵，或可由林業政策由誰負責來探討。陳業新主張將作少府是主管官員，〔註122〕細探陳業新所言，將作少府主要爲土木營建官員，兼及於道路旁植樹，這是否可視爲林業管理官員亦大有疑問。此外，據新居延漢簡 E.P.F. 22.53A 簡云：

> 建武六年七月戊戌朔乙卯甲渠障候　敢言之府書曰吏
> 民毋得伐樹木有無四時言・謹案部吏伐樹木〔註123〕

甲渠障候本職非爲林業官員，但相關林業管理措施，〔註124〕亦委其辦理。因

〔註119〕整理小組編，《睡虎地秦墓竹簡》，《秦律十八種・田律》，簡四～五，頁20。
〔註120〕整理小組編，《張家山漢墓竹簡〔二四七號墓〕》，《算數書・共買材》，簡三二，頁253。
〔註121〕連雲港市博物館等編，《尹灣漢墓簡牘》（北京：中華書局，1997年9月第一版），〈東海郡下轄長吏不在署、未到官者名籍〉，簡五正，頁97。
〔註122〕陳業新著，〈秦漢政府行爲與生態〉，《淮南師範學院學報》，2004年第4期，頁64。
〔註123〕甘肅省文物考古研究所等編，《居延新簡甲渠候官》（北京：中華書局，1994年第一版），簡 E.P.F 22.53A，頁212。
〔註124〕漢代林業稅資料缺乏，較難看出其完整樣貌。一般而言，資料的多寡大致與該稅收之重要性成正比，因此林業稅似較不重要。然而，漢代對於林業保護、管理等資料卻相當的多，在研究漢代林業政策上資料反倒較充足。如敦煌懸泉漢簡《四時月令詔條》有：「・禁止伐木。・謂大小之木皆不得伐也，盡八月。零落，乃得伐其當伐者」（胡平生、張德芳編撰，《敦煌懸泉漢簡釋粹》（上海：上海古籍出版社，2001年8月第一版），《四時月令詔條》，頁192）一條，張家山漢簡《二年律令・田律》有：「禁諸吏民徒隸，春夏毋敢伐材木山林，及進〈壅〉隄水泉，燔草爲灰，取產䴅（麛）卵殼（殼）；毋殺其繩重

此，或可懷疑地方當無專職林業官員，其相關職務由地方行政長官負責。所以，相關林業稅之課徵亦可能由其地方行政長官一併負責，但此點仍缺乏更具體史料支持。

由於林業稅資料過於缺乏，其稅課徵方式亦難以界定，以下只能由間接資料試圖探討。林業稅可能負責課徵職官，前述已知周代有「山虞」、「林衡」、「委人」，漢代則有「木官」。「山虞」、「林衡」、「委人」職掌皆據《周禮》所定，缺乏其他相關資料。「木官」則僅見於《漢書·地理志》中，況且並無其職掌說明，加藤繁稱「這裡所謂木官，恐怕就是掌管對邛來山地方砍伐的材木課稅的官吏」，〔註 125〕因此木官當是林業官員，〔註 126〕但恐怕不負責全國林業稅，此可另見後文職官部分。睡虎地秦簡《法律答問》簡一九三載：「可（何）謂『集人』？古主取薪者毆（也）」，〔註 127〕此已是少數可見關於林業

者，毋毒魚」（整理小組編，《張家山漢墓竹簡〔二四七號墓〕》，《二年律令·田律》，簡二四九，頁 167），漢代對於林業管理相當完整。

若將春秋戰國時代一併觀看，可發現相關林業保護政策於當時已成形。如余明於〈春秋戰國林政述要〉一文中表示，《管子》、《周禮》對林業有相當保護，大多只允許在特定時節可利用林木，凡犯禁者皆與重罰（余明著，〈春秋戰國林政述要〉，《自貢師範高等專科學校學報》，2003 年第 1 期，頁 27）。倪根金曾指出漢代「人們對林業的生態效益較之先秦時期有了更明確和廣泛的認識」（倪根金著，〈秦漢植樹造林考述〉，《中國農史》，1990 年第 4 期，頁 84），晁錯、貢禹、《淮南子》等都提出過保護林業主張（倪根金著，〈秦漢植樹造林考述〉，頁 84）。爾後更有林業的保護律令，如〈賊律〉、光武帝之「吏民毋得伐樹木」詔條（倪根金著，〈秦漢植樹造林考述〉，頁 91～92）。由此可知，漢代林政保護相當完備。

然而，林政保護既然如此完備，何以對林業相關稅收資料相當稀少，乃至無以肯定是否有林業稅之地步。豈是林業免稅？又或是民間根本沒有取得木材之機會？據前文所述，可知林業獲利可觀，漢政府會對其不課稅相當難以想像。據尹灣漢簡又可知當時官員猶至外「市材」，若向其他政府單位索取當不必「市」，因此當是向民間購買，民間當有在生產木材。漢代對林業稅資料稀少之緣由，或可另為專文討論。

〔註 125〕加藤繁著，〈漢代國家財政和帝室財政的區別以及帝室財政的一斑〉，頁 30。
〔註 126〕木官在漢代以下地位似較不重要，故文獻中可見者不多。在三代似有木官且其地位重要，據《春秋左傳注·昭公二十九年》載「故有五行之官，是謂五官，……木正曰句芒。杜注：『正，官長也』」（楊伯峻編著，《春秋左傳注》，〈昭公二十九年〉，頁 1502），故木正即木官。然此處之木官，當與漢代木官無涉，據孔穎達疏云：「木官之最長也」（李學勤主編，《春秋左傳正義》（北京：北京大學出版社，1999 年 12 月第一版），卷五十三〈昭公二十九年〉，頁 1506），三代之木官當為官員之首。
〔註 127〕睡虎地秦簡《法律答問》，簡一九三，頁 139。

官員之資料，其職務名稱既稱「主取薪者」，則疑尚有其他林業官員，主掌不同職務。前漢木官爲地方官員，若以鹽官、鐵官同一層級視之，此二者皆由郡管轄。〔註128〕若此，則林業稅當由郡所負責課徵。

（三）林業稅稅率與金額

由於林業稅資料奇缺，因此其稅率、金額極難討論。若先就稅率言，除加藤繁外，余明於其〈春秋戰國林政述要〉一文中亦主張有林業稅，提出齊國將「柴薪、建築木材、棺槨木材分別立爲三等租金，人民按租金交納即可入山采伐應用」，〔註129〕則東周時齊似有林業稅且按用途分，似自周代起林業稅已分三等。

另可據《管子・士農工商》試推漢代林業稅稅率，其將地力分爲幾個不同等級。首先是最低下的「地之無草木者，百而當一」、〔註130〕「地之不可食者，山之無木者，百而當一」，〔註131〕意即其地價值是一般田地百分之一，其稅亦應當是田地的百分之一。

這些林地之價值，取決於林地位於山中或平地。據載：「蔓山，其木可以爲材，可以爲軸，斤斧得入焉，九而當一。汎山，其木可以爲棺，可以爲車，斤斧得入焉，十而當一」，〔註132〕林業土地等級其判斷標準是在其可生產的林木品質上，可作爲棺木、車輛者土地價值約一般田地十分之一，可作爲車軸、薪材者爲九分之一。至於一般林地價值則較高，「林，其木可以爲棺，可以爲車，斤斧得入焉，五而當一」，〔註133〕林可用於造棺、造車者，其價值爲一般土地五分之一，爲同質量「汎山」兩倍。

《管子》將林業地力分爲以上數種，此是否暗指政府可依此爲課稅標準？不論其是否爲課稅標準，至少也是林業稅可能課稅依據。由《管子》所顯示的評量標準，政府是按其林地大小課稅，而不由其實際收穫量決定。

〔註128〕據《尹灣漢墓簡牘》簡二反載有伊盧鐵官等，鹽官長秩三百石（《尹灣漢墓簡牘》，頁84），同於同簡上鄉侯國之相。劉洪石主張，簡上所載鐵官、鹽官皆爲「都官」一種，正是簡一正所載：「縣邑侯國卅八縣十八侯國十八邑其廿四有堠都官二」，「都官」正屬郡下轄縣級單位（此說可見劉洪石著，〈漢代東海郡朐縣的海鹽生產和管理機構〉，《鹽業史研究》，2002年第1期，頁43～44）。

〔註129〕余明著，〈春秋戰國林政述要〉，頁28。

〔註130〕管仲著，《管子校注》，卷一〈乘馬〉，頁89。

〔註131〕管仲著，《管子校注》，卷一〈乘馬〉，頁89。

〔註132〕管仲著，《管子校注》，卷一〈乘馬〉，頁89。

〔註133〕管仲著，《管子校注》，卷一〈乘馬〉，頁89。

至於林業稅之總金額，由於缺乏資料所以無法說明。但倪根金據《史記‧貨殖列傳》所載：「居之一歲，種之以穀；十歲，樹之以木」〔註134〕一語，主張漢代「在大多數人眼中經營林業比經營糧食收益更大、更穩定」。〔註135〕再者，林甘泉等指出，漢代對林業需求極大，終至部分地區林業資源幾至消耗殆盡。〔註136〕由以上兩條可知，這首先說明漢代林業獲利甚多，其相關稅收金額應該不在少數。同時，由林業稅獲利頗多，漢代當無收田稅而不收林業稅之理，然此猶為推論，尚待日後其他出土史料強化。

林業稅是土地資源稅收的一環，漢代並無林業稅此一用詞，但因缺乏適當用詞，故引此用之。林業稅在漢代資料不多，研究上大量依靠周代資料，其或許屬於少府稅收之一。林業稅在課徵上，除少數如漆樹外，似統一收稅，其或許採以林地所在處決定稅率。林業稅似由地方行政官負責收取，顯無可能由木官負責。林業稅實際總金額多少不明，但自林業是漢代極重要產業之一言之，則其金額數量當不少。

所謂之土地資源稅，是由礦業稅、林業稅二者所構成，但值得注意，漢代並無「礦業」、「林業」此種用詞。此兩種稅收原則上皆屬少府，只有礦業稅中的鐵稅，日後轉屬大司農。不過礦業稅、林業稅除鐵稅資料較多外，其餘資料皆不多，這或許反映這些收入重要性並不高。山海池澤用詞中，土地資源用詞、用字比率的下降，似乎正是反映此一現象。

第三節　園池稅收

水、地類收入所指就是各種關於自然資源的稅收，然而部分收入並無法簡單分為水資源或土地資源。諸如少府之園池收入，其就兼具土地資源與水資源特色。在園池收入中，雖然如橘官〔註137〕的果園固然土地資源；但禁苑亦屬園池的一種卻同時涉及水、土地，《漢書‧東方朔傳》載：「今規以為苑，絕陂池水澤之利，……下奪農桑之業」，〔註138〕禁苑設置既「絕陂池水澤之利」又「奪農桑之業」，可知其同時涉及兩種資源，難以歸屬於其中一項，因此將

〔註134〕《史記》，卷一二九〈貨殖列傳〉，頁3271。
〔註135〕倪根金著，〈秦漢植樹造林考述〉，頁83。
〔註136〕林甘泉主編，《中國經濟通史‧秦漢經濟卷》，頁300。
〔註137〕巴郡朐忍、魚復有橘官（《漢書》，卷二十八〈地理志〉，頁1603）。
〔註138〕《漢書》，卷六十五〈東方朔傳〉，頁2849。

其獨立爲園池收入。〔註139〕

　　園池收入在討論上，將分爲縣與禁苑的關係、收入方式兩項說明，此因園池收入相關資料中以禁苑史料最多，因此可爲專文討論。至於相關園池收入之稅率、金額部分因爲資料不多，無法討論故不列出。此外，由於園池中有農耕使用，也因爲少府所掌公田資料不多，因此將少府所掌之公田一併置於此說明。

一、縣與禁苑的關係試探

　　「園池」是一泛稱名詞，如禁苑、牧師苑、橘園等皆是，故需限制討論範圍。此處「園池」只限與少府有關且提供政府收入者，〔註140〕其他如觀賞用之「園」、陵園等，不論屬少府與否，一概不予討論。爲說明禁苑與少府之關係，可由其維護、管理制度解析，從而探討其管理單位爲何。

（一）禁苑的維護

　　園池收入在周代已可能已經存在，但因缺乏更直接之史料，〔註141〕故由秦代開始討論。秦代苑囿已屬地方郡縣管理、維護，並非由中央政府所管理。據睡虎地秦簡《秦律十八種・徭律》簡一一九至簡一二〇載：

〔註139〕此外，馬大英認爲園池收入其實是官方收入，並非對民間課稅，因此不適宜稱爲稅。此點可見馬大英著，《漢代財政史》，頁105。

〔註140〕其他園池如牧師苑則屬太僕，牧師苑所生產物資爲供給軍事使用。牧師苑的問題可參看沈明得著，《漢代馬政研究》（臺中：國立中興大學歷史學系博士論文，2005年11月）。

〔註141〕據《周禮》所載，周代園池管理官有「場人」、「囿人」等，前者掌「園」、後者掌「苑」。如《周禮・場人》載：
　　場人，掌國之場圃，而樹之果蓏、珍異之物，以時斂而藏之。凡祭祀、賓客共其果蓏，享亦如之。（鄭玄注，《周禮注疏》，卷十六〈場人〉，頁424）
　　場人所掌「場圃」是種植果瓜等物，正同於「園，所以樹果也」（許愼著，《說文解字》，卷六〈口〉部，頁335），場人所轄正是漢代之園。囿人則掌「囿游」，《周禮・囿人》載：
　　囿人，掌囿游之獸禁，牧百獸。祭祀、喪紀、賓客，共其生獸死獸之物。（鄭玄注，《周禮注疏》，卷十六〈場人〉，頁424）
　　囿人所掌「囿游」以養獸爲主。場人、囿人皆屬地官司徒所轄，其所獲得之物多供祭祀、賓客使用，而《漢書・食貨志》云：「稅給郊社宗廟百神之祀，天子奉養百官祿食庶事之費」（《漢書》，卷二十四〈食貨志〉，頁1120），場人、囿人所轄收入既多用於祭祀之用，則與「稅」性質相近，這或即是其屬山澤稅的證據之一。但是漢代祭祀改由奉常負責，故只由周代制度難以判斷其與漢代少府的關係。此處因《周禮》之史料價值頗有爭議，故將其置於註釋中，以爲正文之參考。

縣所葆禁苑之傅山、遠山，其土惡不能雨，夏有壞者，勿稍補繕，

至秋毋（無）雨時而以繇（徭）爲之。〔註142〕

據此條資料可知禁苑由縣所負責養護，凡禁苑設施有損壞，即由所屬縣以「繇」修繕。在行政上，凡禁苑遭遇損壞狀況需向該所屬縣報告，《龍崗秦簡》簡三九即載：

· 禁苑嗇夫、吏數循行，垣有壞決獸道出，及見獸出在外，亟告縣。

〔註143〕

在苑嗇夫出缺時，其人事按律由縣官任命。因此，縣爲苑之直屬長官當無問題，正如睡虎地秦簡《秦律十八種·內史雜》簡一九〇所載：

除佐必當壯以上，毋除士五（伍）新傅。苑嗇夫不存，縣爲置守，

如廄律。〔註144〕

此條簡文顯示苑人事權操之在縣。由以上三條資料，可知縣轄有禁苑的維護責任、人事權、管理責任等，因此苑囿在秦代當歸縣所管轄。至於禁苑與少府關係爲何，只據秦代資料亦難以看出。劉信芳則提出秦代郡縣所轄園池，其來源是秦滅六國之後，所取得之禁苑，〔註145〕似認爲這些爲特例，其屬少府與否似不重要。

若針對禁苑的財政言，睡虎地秦簡《效律》即云：「司馬令史掾苑計，計有劾，司馬令史坐之，如令史坐官計劾然」，〔註146〕由此可知秦代在禁苑的帳目上，爲縣司馬所負責管理，其事務、財政管理既皆由縣所掌管，則當可認爲苑由縣所負責管理。

而前漢苑囿仍歸縣管理，如《鹽鐵論·園池》即載：「是以縣官開園池，總山海，致利以助貢賦，修溝渠，立諸農，廣田牧，盛苑囿」、〔註147〕《鹽鐵論·

〔註142〕整理小組編，《睡虎地秦墓竹簡》（北京：文物出版社，1990 年 9 月第一版），
《秦律十八種·徭律》，簡一一九～一二〇，頁 47。

〔註143〕中國文物研究所等編，《龍崗秦簡》（北京：中華書局，2001 年初版），簡三九，頁 89。

〔註144〕整理小組編，《睡虎地秦墓竹簡》，《秦律十八種·內史雜》，簡一九〇，頁 62。

〔註145〕詳見劉信芳著，〈西漢以前的禁苑及其管理〉，《江漢論壇》，1992 年第 4 期，頁 48。

〔註146〕整理小組編，《睡虎地秦墓竹簡》，《效律》，簡五五，頁 76。睡虎地秦墓竹簡整理小組主張所謂之「司馬令史」，即縣司馬。詳見整理小組編，《睡虎地秦墓竹簡》，頁 76。

〔註147〕桓寬著，《鹽鐵論》，卷三〈園池〉，頁 83。

園池》又云：「今縣官之多張苑囿、公田、池澤，公家有鄣假之名，而利歸權家」，〔註148〕此二條資料顯示苑囿在漢昭帝仍屬縣官管理、設立。《鹽鐵論・園池》又云：「先帝之開苑囿、池籞，可賦歸之於民，縣官租稅而已」，〔註149〕這顯示地方縣官似有禁苑財政權。雖然「縣官」所指為何尚有爭議，部分學者認為其並非是指地方郡縣的縣，而是少府財政的代名詞。〔註150〕但在張家山漢簡《二年律令・金布律》簡四二九至四三〇載：

> 官為作務，市及受租、質錢，皆為缿，封以令、丞印而入，與參辨券之，輒入錢缿中，上中辨其廷。質者勿與券。租、質、戶賦、園池入錢，縣道官勿敢擅用，三月壹上見金、錢數二千石官，二千石官上丞相、御史。〔註151〕

此處所言縣道官顯為地方郡縣的縣官，並非是少府財政代名詞，而縣官取得園池收入後不得擅用，需在三月時上報其金額於郡，郡再上報於中央丞相處。此處即明確指出縣負有禁苑的收納稅款、牟利等權，其所產生的利益概歸中央，地方不得置喙。

（二）禁苑的財政運作

園池的管理與其收入使用實為兩件分開的事，而這些收入是否屬少府則為第二層次問題。園池之管理蓋由縣負責，其經費是先上納至中央丞相處。針對園池收入的運用，由《史記・平準書》所云：「而山川園池市井租稅之入，……皆各為私奉養焉，不領於天下之經費」，〔註152〕可知園池收入屬於王室使用，亦即歸少府負責。惜《二年律令・金布律》只說明地方如何呈報帳目程序，並未說明實際款項是如何處置。因此園池維修、管理所耗經費，究竟為縣或少府經費支付恐無從討論。

然而園池收入上給丞相後如何處理問題，朱德貴於其〈論漢代國家財政與帝室財政管理體制——與加藤繁先生商榷〉一文中，引《二年律令・金布律》稱：

> 這裡的園池山澤之稅必須上報給郡守二千石官，進而上報給丞相、

〔註148〕桓寬著，《鹽鐵論》，卷三〈園池〉，頁84。

〔註149〕桓寬著，《鹽鐵論》，卷三〈園池〉，頁85。

〔註150〕劉德增、李珩著，〈「縣官」與秦漢皇帝財政〉，頁72～73。

〔註151〕整理小組編，《張家山漢墓竹簡〔二四七號墓〕》（北京：文物出版社，2001年第一版），《二年律令・金布律》，簡四二九～四三〇，頁190。

〔註152〕《史記》，卷三十〈平準書〉，頁1418。

御史，而不是「歸掌管宮中財政的少府主管」。這至少說明，漢初「山
海池澤之稅」也可以納入國家財政的管理範圍。這也就進一步證明
了漢初國家財政和皇室財政的劃分不是十分嚴格。〔註153〕

朱氏將園池收入帳目上報給丞相一事視同以供國用，從而主張漢初園池稅收
不供少府所用，似乎認為丞相收錢等同於大司農收錢。然朱氏卻忽略一點，
丞相本身並不是財政職官，因此不宜將丞相視為財政的最終使用者。對此，
錢穆嘗云：「少府掌管皇室經費，而少府屬於宰相，宰相可以支配少府，即是
皇室經濟也由宰相支配」，〔註154〕這正點出朱氏的缺失。國家財政乃由大司農
所轄，皇室財政則由少府負責，兩者皆屬九卿之列，宰相則統眾官。所以財
務匯報給丞相，其款項可能發給少府或大司農，朱氏則是將丞相等同於大司
農，似不把少府列為丞相屬官，從而得出值得商榷的結論。

少府掌管天下園池所得經費，至漢武帝元鼎二年增設水衡都尉，天下園
池不復只由一單位掌管，但對少府所掌園池收入影響有限。《漢書・百官公卿
表》載：

水衡都尉，武帝元鼎二年初置，掌上林苑，有五丞。屬官有上林、
均輸、御羞、禁圃、……又甘泉上林、都水七官長丞皆屬焉。〔註155〕

水衡都尉其職為管上林苑，至於全國其他各園池則不知其概況。加藤繁主張
除上林苑與其附近外之各園，依然屬於少府管轄。〔註156〕因此，終前漢一代
園池收入主要仍屬少府，只有部份改屬水衡都尉。

此外，少府在前漢尚轄一些公田，以供少府使用。漢代少府轄有一些公
田，如武帝從河東守建議開發當地渠田，後因河改道，「久之，河東渠田廢，
予越人，令少府以為稍入」，〔註157〕此處所謂之「令少府以為稍入」《史記集

〔註153〕朱德貴著，〈論漢代國家財政與帝室財政管理體制——與加藤繁先生商榷〉，
《江西師範大學學報（哲學社會科學版）》，第39卷第1期（2006年2月），
頁88。

〔註154〕錢穆著，《中國歷代政治得失》（臺北：東大圖書公司，1977年6月初版），
頁11。

〔註155〕《漢書》卷十九〈百官公卿表〉，頁735。

〔註156〕參見加藤繁，〈漢代國家財政和帝室財政的區別以及帝室財政的一斑〉，頁117。
不論全國園池收入屬誰，各苑主官大致一致，如上林苑由上林苑令所負責，前
漢時屬水衡都尉，後漢雖省水衡都尉，但上林苑令依然存在，《續漢書・百官志
三》即載：「上林苑令一人，六百石。本注曰：主苑中禽獸。頗有民居，皆主之。
捕得其獸送太官。丞、尉各一人。」（《後漢書》，志二十六〈百官三〉，頁3593）

〔註157〕《史記》，卷二十九〈河渠書〉，頁1410。

解》釋爲：「時越人有徙者，以田與之，其租稅入少府」。〔註158〕少府公田的
另一來源，則是漢武帝時行告緡錢時所沒收田地，據《史記‧平準書》載：「乃
分緡錢諸官，而水衡、少府、大農、太僕各置農官，往往即郡縣比沒入田田
之」，〔註159〕此處少府是眾多取得沒收田的職官之一，其並非是專門提供給少
府，可知公田確爲少府收入之一。

　　總之，前漢園池收入屬少府甚爲明確。然而其管理與稅收當分爲兩層次
處理，就管理言是由縣所維護、支配、收納；至於財務則需上報中央，其相
關所得不得擅用，但園池維護經費究竟由此支出，或者由縣政府給予則不明。
部份園池收入，則在日後改屬水衡都尉管轄。

二、園池稅收的課徵

　　據前文可知，前漢禁苑雖然在行政上不屬少府，但是其稅收確屬少府收
入之一，其次則當探討其收入課取方式。然而因爲漢代園池稅收資料相當有
限，其可以討論者不多。但隨《龍崗秦簡》出土，大幅補充秦代園池資料，
因此園池收入有相當部分，即以秦制試探漢制，以補漢代資料之不足。以下
再分爲園池稅收的來源物品、收入形態兩方面討論。

（一）園池稅收的來源

　　園池稅收的來源有幾類，分別有民間狩獵、果園、植物園、農耕使用等
四個收入來源。這些收入部分是向民間收取，如狩獵是開放園池、禁苑供人
民狩獵，政府再從中收稅。至於果園等，則除開放民間採集外，其主要目的
爲提供政府自用。

　　就狩獵言，其狩獵對象可分爲走獸和飛禽兩種。針對走獸獵捕部分，爲
有限制開放，如《龍崗秦簡》簡二七載：「諸禁苑爲奧（墻），去苑卌里，禁
毋敢取奧（墻）中獸，取者其罪與盜禁中【同】☒」，〔註160〕此條是針對無牆
禁苑的規定。簡二八則云：「諸禁苑有奧（墻）者，□去奧（墻）廿里毋敢每
（謀）殺□……敢每（謀）殺……☒」，〔註161〕此條則是有牆禁苑規定。查以
上二者，可知秦代規定禁苑周圍一定距離內禁止獵取野獸，可知禁苑仍有一

〔註158〕《史記》，卷二十九〈河渠書〉，頁1411。
〔註159〕《史記》，卷三十〈平準書〉，頁1436。
〔註160〕中國文物研究所等編，《龍崗秦簡》，簡二七，頁82。
〔註161〕中國文物研究所等編，《龍崗秦簡》，簡二八，頁83。

定限制。除距離外，連動物品種似乎都有限制，《龍崗秦簡》簡三三載：「鹿一、麕一、麋一、麀一、狐二，當（？）完爲城旦舂，不□□□」，〔註162〕此簡疑似規定凡獵取這些動物者，將完爲城旦舂，刑罰已相當重。

相對於限制何種動物不得捕捉，也有規定那些動物可以獵捕，簡三四即規定：「然。∠取其豺、狼、貛、貉〈貈〉、狐、貍、穀、□、雉、兔者，毋（無）罪」，〔註163〕禁苑中部分動物是允許獵捕的，這些動物大多是小型且無特別經濟價值者。簡三二更允許捕捉有害動物，簡文云：「諸取禁中豺狼者，毋（無）罪」，〔註164〕豺、狼等掠食性動物皆可自由捕捉。在獵捕時間上，《秦律十八種·田律》載：「邑之紤（近）皂及它禁苑者，麛時毋敢將犬以之田」，〔註165〕按整理小組解釋爲禁止在幼獸繁殖時去捕獵，〔註166〕若此則代表一般日子可以捕獵。

至於飛禽，政府亦是在有限制條件下，允許民眾獵捕。在平日是禁止獵捕鳥類的，《龍崗秦簡》簡三一云：「諸弋射甬道、禁苑外卅（？）里（？）轂（繫），去甬道、禁苑□」，〔註167〕此處明言，距禁苑一定距離內之鳥類是禁獵的。但在候鳥季節鳥類則允許獵捕，簡三〇即云：「時來鳥，黔首其欲弋射奐獸者勿禁。□」，〔註168〕可見禁苑呈季節性開放獵鳥。〔註169〕

禁苑園池收入物品，除前述動物之外，猶有各種農作物。秦漢時代關於各

〔註162〕中國文物研究所等編，《龍崗秦簡》，簡三三，頁85。
〔註163〕中國文物研究所等編，《龍崗秦簡》，簡三四，頁86。觀簡三四與簡三三，可發現簡三三云捕二「狐」、「貍」等處城旦舂，簡三四卻云取狐、貍等無罪，除非律令訂定出現矛盾狀況，則二者之一必有問題，然因缺乏前後文故無法看出。此處頗疑簡三四「然。」之前當有其他文字，或爲在某種條件下可以捕這些動物，惜不得見其文字。
〔註164〕中國文物研究所等編，《龍崗秦簡》，簡三二，頁85。
〔註165〕整理小組編，《睡虎地秦墓竹簡》，《秦律十八種·田律》，簡五～七，頁20。
〔註166〕整理小組編，《睡虎地秦墓竹簡》，頁21。
〔註167〕中國文物研究所等編，《龍崗秦簡》，簡三一，頁84。
〔註168〕中國文物研究所等編，《龍崗秦簡》，簡三〇，頁83。
〔註169〕關於動物獵捕部分，其季節性特徵明顯。據《逸周書·文傳》載：「山林非時不升斤斧，以成草木之長，川澤非時不入網罟，以成魚鱉之長，不麛不卵，以成鳥獸之長。」（孔晁注，《逸周書》（北京：中華書局，1985年北京新一版），卷三〈文傳解第二十五〉，頁58～59）可知周代已依時節保護禁苑，王子今亦主張：「苑囿校獵都在冬季，當是因爲此時禽獸肥腯而草木蕭條」（王子今著，〈東漢洛陽的“上林”〉，《洛陽工學院學報（社會科學版）》，2001年第4期，頁13），王氏更突顯季節性特徵。此處季節開放問題，涉及禁苑園池所謂之「禁」爲何，這於後文另有專論，此處暫不贅述。

種植物園數量不在少數，特別是水果以及其相關果園。蔬果在漢代相當常見，如《史記・貨殖列傳》載有：「安邑千樹棗」、「燕、秦千樹栗」與「蜀、漢、江陵千樹橘」等，〔註170〕就字面言這些蔬果種植規模想必相當龐大。加藤繁即云：「園本來是指種植樹木，特別是種植果樹，而周圍圍有牆垣的場所，但後來也把種植瓜瓢蔬菜的土地并稱爲園。」〔註171〕少府本身有果丞，《漢書・平帝本紀》載：「果丞，掌諸果實也」，〔註172〕各種水果之管理即占少府之一丞，可見水果必有一定之重要性。前漢橘園數量不少，如有「橘柚之園」，〔註173〕此外在蜀郡胊忍、魚腹等地各有橘官，〔註174〕橘官當即是負責橘園。

　　除果園之外，漢政府尚有不少植物園，這些植物園多具經濟價值，不過多見於漢簡，傳統文獻較少記載。目前可見之園有漆園、苟園、置所屬園等，《秦律雜抄》簡二〇－二一載：「鬃園殿，貲嗇夫一甲，令、丞及佐各一盾，徒絡組各廿給。鬃園三歲比殿，貲嗇夫二甲而法（廢），令、丞各一甲」，〔註175〕此條資料揭示漆園行政組織具有相當規模，其地位自然不低。漢代漆園數量當不在少，如《史記・貨殖列傳》載有：「陳、夏千畝漆」，〔註176〕此處漆園用其佔地大小，而不使用漆樹數量多寡形容，其數量應相當可觀。至於居延地區的園似有相當數量，然其屬何機關管理則未知，此處暫時視同園池。新居延漢簡簡 E.P.T. 52.573 三載有園：

　　　　☑☑兩乚

　　　　☑千五百苟園取橐卩〔註177〕

此處「園」爲何不明，因苟意爲「艸」，〔註178〕故只能視爲植物園一環。居延地方似有單位自行管轄之園，該園物產提供自身使用，如新居延漢簡簡 E.P.T. 52.173 載：「☑☑呑遠置園中苃腐敗未以食☑」，〔註179〕該園似爲呑遠置自有

〔註170〕以上三則引言俱見《史記》，卷一百二十九〈貨殖列傳〉，頁 3272。

〔註171〕加藤繁著，〈漢代國家財政和帝室財政的區別以及帝室財政的一斑〉，頁 42。

〔註172〕《漢書》，卷十二〈平帝本紀〉，頁 351。

〔註173〕《史記》，卷六十九〈蘇秦列傳〉，頁 2245。

〔註174〕《漢書》，卷二十八上〈地理志上〉，頁 1603。

〔註175〕整理小組編，《睡虎地秦墓竹簡》，《秦律雜抄》，簡二〇～二一，頁 84。

〔註176〕《史記》，卷一百二十九〈貨殖列傳〉，頁 3272。

〔註177〕甘肅省文物考古研究所等編，《居延新簡甲渠候官》《居延新簡》，簡 E.P.T. 52.573，頁 115。

〔註178〕許慎著，《說文解字》，卷一〈艸〉部，頁 52。

〔註179〕甘肅省文物考古研究所等編，《居延新簡甲渠候官》《居延新簡》，簡 E.P.T. 52.173，頁 103。

之園，並供自身使用。值得一提，除植物園出產植物外，一般禁苑似亦有樹木等植物出產，《龍崗秦簡》簡三八即載：「諸取禁苑中枱（柞）、械、椑、楢產葉及皮☐」，〔註180〕此資料係針對利用禁苑中樹木的規定，惜簡文殘斷，不得見其詳細規定，但可知禁苑確有出產樹木。

這些園在必要時，亦可提供農耕地已供人民使用，成爲漢政府救災政策之一。《漢書・元帝紀》載：「（初元二年）水衡禁圉，宜春下苑、少府佽飛外池，嚴籞池田，假以貧民」，〔註181〕這些園池用地皆可爲耕地使用。至於少府所轄有之公田，或亦與此種方式提供人民使用。

（二）園池税收的收入方式

據前文雖可知園池收入的幾個主要來源，但仍可論其收入取得之方式。就前文可知，園池、禁苑等管制雖然嚴密，但並非如部分學者所謂園池只是「以確保君王們的祭祀、宴享、游樂之需」，〔註182〕相反地，禁苑會對民眾開放，這也是園池收入的來源之一。周伯棣即認爲政府開放人民在園池中自己採集收税，或者將園地出租至民間收「假税」。〔註183〕

據前文可知，禁苑在地方實由縣所管理。在收入上，園池似可提供貢賦、租税等。《鹽鐵論・園池》載：「是以縣官開園池，總山海，致利以助貢賦，修溝渠，立諸農，廣田牧，盛苑囿」，〔註184〕縣官似可自行新設園池，且園池存在目的正是爲「助貢賦」。這種由縣官負責取園池收入之制度，至少是自漢武帝時開始，《鹽鐵論・園池》所載：「先帝之開苑囿、池籞，可賦歸之於民，縣官租税而已」〔註185〕一語，正說明園池收入實由地方負責收納。〔註186〕所謂「可賦歸之於民」，當是指園池在必要時提供給農民免費耕作，至於「租

〔註180〕《龍崗秦簡》，簡三八，頁 89。

〔註181〕《漢書》，卷九〈元帝紀〉，頁 281。

〔註182〕詳見劉信芳著，〈西漢以前的禁苑及其管理〉，《江漢論壇》，1992 年第 4 期，頁 47。

〔註183〕周伯棣著，《中國財政史》（上海：上海人民出版社，1981 年 2 月第一版），頁 108。

〔註184〕桓寬著，《鹽鐵論》，卷三〈園池〉，頁 83。

〔註185〕桓寬著，《鹽鐵論》，卷三〈園池〉，頁 85。

〔註186〕喬清舉所注釋之《鹽鐵論》於頁 86 注「縣官租税而已」一條時，釋爲「朝廷只收税即可」，此論點似以少府直轄園池所得結論。據前文可知，早自秦代以降，地方園池、禁苑之養護已由縣所負責，據睡虎地秦簡亦可見園池税收由縣負責。因此，似可將「縣官」依其字面釋爲縣政府。

稅」則疑指動物獵捕等非農業生產稅，水果、植物園等亦疑屬之。〔註187〕至於果園，則未見到向外開放之具體資料，但周伯棣認爲果園有開放民間採集而收稅，〔註188〕馬大英則認爲是園方會將水果出售，〔註189〕兩者皆因史料不足，無法斷定。

　　荒年時政府的救災措施，特別是開放園池部分，可用於說明園池平日可能取得收入方式。將園池用於救助災荒，早自秦代已有，據《韓非子・外儲說右下》載：「秦大飢，應侯請曰：『五苑之草蔬菜橡棗栗足以活民，請發之。』」，〔註190〕此處救災爲無代價之發放，應此無法推知平日是否收稅。然據《漢書・元帝紀》載：「關東今年（初元元年）穀不登，民多困乏，其令郡國被災害甚者毋出租賦，江海陂湖園池屬少府者，以假貧民，勿租賦」，〔註191〕漢元帝命開放園池與貧民，由「勿租賦」一語，疑平日園池可對外開放並收「租賦」。漢元帝「勿租賦」一舉，正應對《鹽鐵論》中之「可賦歸之於民」一語。〔註192〕

　　前述涉及獵捕的「稅」，雖知當有該項收入存在，但金額多寡則罕見於史籍中。據《龍崗秦簡》簡三七載：「盜死獸直（值）賈（價）以閒（關）□……」，〔註193〕此條資料顯示秦代禁苑中若動物被盜獵，其所造成損害之價值會參考某特定地區的價格，稅收或是採類似方式運作。馬大英則解讀桓寬的「少府所領園地作務之八十三萬萬」，〔註194〕爲「少府所領園地作務之入，十三萬

〔註187〕據《後漢書・和帝紀》載：「（永元五年）二月戊戌，詔有司省減內外廄及涼州諸苑馬。自京師離宮果園上林、廣成圃悉以假貧民，恣得采捕，不收其稅。」（《後漢書》，卷四〈和帝紀〉，頁 175）此處指出「悉得采捕，不收其稅」，將「采捕」與「稅」相聯，正可相對於「可賦歸之於民」中之「賦」與「農耕」相聯一例。由此當可推知，「稅」大致因非農業行爲所得，「賦」則是因農業行爲所得。

〔註188〕周伯棣著，《中國財政史》，頁 108。

〔註189〕馬大英著，《漢代財政史》，頁 104；不過馬氏是針對全體園池下此定義，認爲各園會將產物出售，並非只有果園會出售。

〔註190〕韓非著，《韓非子》（臺北：三民書局，1997 年 11 月初版），卷十四〈外儲說右下〉，頁 525。

〔註191〕《漢書》，卷九〈元帝紀〉，頁 279。

〔註192〕以園池當耕地開放人民耕種救災後漢亦有，如《後漢書・安帝紀》載：「癸巳，詔以鴻池假與貧民」（《後漢書》，卷五〈安帝紀〉，頁 212）。《後漢書・安帝紀》又載「己巳，詔上林、廣成苑可墾辟者，賦與貧民」（《後漢書》，卷五〈安帝紀〉，頁 213）等，此處「賦與貧民」一語，似採租給貧民而非無償提供。

〔註193〕中國文物研究所等編，《龍崗秦簡》，簡三七，頁 88。

〔註194〕桓譚著，《新論》（上海：上海人民出版社，1967 年 6 月），卷中〈譴非第六〉，頁 22。引文中「漢宣以來」，據《太平御覽》所轉引則爲「漢定以來」，（李

萬」，進而解釋成園池收入一項即高達十三萬萬，其無異認爲少府收入全部都來自園池，故此說恐怕值得商榷。〔註195〕

　　總之，前漢園池並非只供皇室使用，不論平日或災荒時皆對人民開放。人民主要在園池中從事打獵、農耕等活動，政府對此行爲收稅、賦。漢政府又兼營果園、植物園，一般植物園似提供當地政府所需，果園用途則不明，或供政府使用、或賣水果謀利。至於園池實際獲利多少恐難知悉，其稅收計算方式或許是參照關卡之價格而定。關於園池收入屬性問題，因園除提供動物、水果、農田外，前述漁業稅中之官營漁業部分亦屬園池，園池實具土地資源、水資源兩種特性，故宜納爲地、水兼具稅收。

　　園池收入因兼具水、地特性，因此適合獨立爲一類。園池收入則明顯具有由地方管理、維護，但由中央單位負責使用其收入的特性，而其中央歸屬單位爲少府，爾後部分轉給水衡都尉。園池收入的實際內容，即是政府有限開放人民至禁苑狩獵、耕種，還有政府自行出售、使用水果或其他植物。園池收入因爲資料較少，故多靠秦代資料說明，這或說明漢代園池稅收之重要性有限。

第四節　小　結

　　前漢少府收入種類眾多，其中之鹽稅、漁稅、礦業稅、園池收入、林業稅、告緡沒入之田皆屬利用自然資源所得收入。這些屬於自然資源之收入，可依照這些收入的特性，再分爲水資源、土地資源與兼具二者特色的園池收入。此處所論者爲以上各收入之歸屬、金額大小、徵收方式，除可揭示前漢少府的財政運作外，尚可討論少府究竟倚重何種稅收，這可用於與少府人、物類收入相比，以斷定這些水、地稅收之重要性。

　　少府所轄的自然資源稅，有水資源、土地資源與兼具二者特色的園池收入。第一是水資源稅收，有鹽稅、漁稅等，這些稅收多涉及海、池等，故宜

　　昉等撰，《太平御覽》（上海，上海書店，1985 年 12 月），卷六百二十七〈賦斂〉，頁 8），加藤繁研究時似採《太平御覽》本，此處從上海人民出版社之《新論》原本。

〔註195〕關於稅收金額問題，可見後文討論少府總收入部分，一般多認爲少府收入不過十三億至十八億，其中水資源、土地資源、人口、物品等項目極多，馬氏所估一項等同於少府全部收入，故可能性不高。關於馬氏所論，見氏著，《漢代財政史》，頁 105。

稱水資源稅收。第二是土地資源稅收，有礦業稅與林業稅等，這些收入多涉及山、平地等屬於陸地者，故稱此爲土地資源稅收。最後是兼具土地資源、水資源特性者，主要是園池收入，此外由於園池多提供耕種功能，故告緡沒收之田一併列入；一般園池、禁苑大多相當廣大，如上林苑等有山、有池，實兼具地、水兩種不同地理區域，故稱其兼具兩者特色。

水資源稅收可分爲鹽稅、漁稅兩部分，此二者的出產原則上是以水爲主，其中以鹽稅最重要。在鹽稅部分，鹽自古以來爲國家重要資源，周代已有鹽政官員。鹽稅前漢早期屬少府管理，漢武帝以下改屬大司農。鹽稅課徵方式早期有包商制、自由經營課稅制與專賣制。漢武帝以下只行專賣制，至後漢章帝方廢專賣制改行自由經營課稅制。傳統史籍所載稅率爲八成，而張家山漢簡所載稅率爲百分之十六，總收入據估可達九點五二億錢。鹽稅既出於海、池之中，兩者皆屬水資源，故宜列入水資源稅收。

在漁稅部分。涉及漁業管理官員周代已有。漁稅於前漢屬少府，漢武帝以下少府部分漁稅改屬水衡都尉，但少府仍有海丞等漁業官員。漁稅自周代已有，課稅目標是一切因漁業行爲所得產品。漢代漁稅課稅標準，特別是魚，疑似以「尾數」、品種爲主，而非總重量多寡。在稅額上，史籍少數可見幾條稅率多只言「數倍」，此種數倍稅率爲罕見狀況，並非常態。前漢對漁稅課徵方式有數種，其一是漢政府自營魚池，販賣漁獲牟利；其次是針對民營漁池課稅。漁稅在荒年時會予以減免，成爲漢政府救災手段一種。其次，漁稅只在有一定利潤以上處才會收，似乎並非是有漁收就課。

還有土地資源稅收，其由礦業稅、林業稅所構成，其中以礦業稅最爲重要，其中包含鐵稅。至於礦業稅，其起源亦可上溯至周代。前漢初期礦業稅屬少府，自漢武帝以降，礦業稅中之鐵轉屬大司農，銅疑似屬水衡都尉。漢代並無「礦業」一詞，近似者有統稱金屬礦藏之用詞爲「金」，但爲討論方便此處採今日「礦業」之用詞。礦業稅課徵物品多爲有價值之金屬，如鐵、銀、金、銅、丹沙等。礦業稅課徵始自秦代，傳統文獻所載稅率爲支付一定金額的包商制，簡牘所見爲不同金屬有不同稅率。在收取稅收時，透過從業人士自占方式，並疑似收取實際礦物作爲稅收。

林業稅爭議則較多，周代已有林業官員。加藤繁主張前漢少府亦掌林業稅，並指木官職責就是掌林業稅。然現尚未見相關資料，可得出木官屬少府之結論，此處似因少府「掌山海池澤之稅」從而推論林業稅亦由其所掌。林

業稅課徵內容資料相當缺乏，大約是針對經營林木資源課稅，戰國時齊國對不同用途之樹課不同稅率。林業稅之課稅可能採林地大小而算，然此尚有待商榷。其稅收可能由郡等地方單位管理，再上報於中央。此外，漢代亦無林業一詞，此處為方便說明起見，故用林業一詞。

至於兼具水、地特色的則為園池稅收，此因其面積廣大，多含有水、地特色的地理範圍。此外，少府所屬之部分公田，因園池亦對外提供農地，且少府公田資料不多，故一併置於此處說明。園池、禁苑收入可上溯至周代，秦代以下管理機構較為明確。園池、禁苑收入屬少府，在地方則是由縣管理。在帳務報告過程中，園池收入會先上報於丞相，似再由此轉至適當機構。部分禁苑於漢武帝後改屬水衡都尉，少府仍掌非京師地區禁苑。園池並非只供皇室使用，不論平日或災荒時皆對人民開放。人民主要在園池中從事打獵、農耕等活動，政府則對此行為收稅。漢政府又兼營果園、植物園，一般植物園似提供當地政府所需，果園用途則不明，或供政府使用、或賣水果謀利。至於園池實際獲利多少恐難知悉，其稅收計算方式或許是參照市價而定。

觀以上五大項收入，其中以鹽稅較具明確之金額。礦業稅收則稅率較清楚，實際收入多少則不明。漁稅稅率則較模糊，可約略推知其收入方式。林業稅則收入方式與稅率皆模糊，難以進一步研究。園池稅收項目極多，但究竟取得多少收入仍難推估，部分學者所言十三億可信度不高。至於稅收記載較不詳者，是否正如呂思勉所言漢政府對其「不甚重視」才會如此？此點有待商榷。但值得注意一點，鹽稅一項即達九億多錢，其他如鐵稅即便沒有如此多，也不至相差過遠，此處收入應該相當可觀。

第四章　前漢少府所掌人、物類稅收

　　前文已述前漢少府所掌之水資源、土地資源收入，其中包含鹽稅、漁稅、礦業稅、林業稅與園池收入等出於自然環境的收入，這些與「山海池澤」一詞的本義正相符合。然而除前述諸項收入外，少府尚有口賦、戶賦、獻費、獻物、酎金、關稅、市稅、酒稅等收入，〔註1〕此等收入明顯不是基於自然資源而產

〔註1〕　羅慶康則另提出有所謂「工稅」之收入，認爲這是工官所掌管的稅收，其所據出自《後漢書・百官志》云「有工多者，置工官，主工稅物」一句，陳文豪先生則採用羅氏一說。然羅氏自己亦承認，所謂工官掌工稅之史料只存於後漢，目前前漢並無任何提到工稅之史料，更遑論有工稅是否存在、稅率、稅額之證據。羅氏卻說因爲後漢繼承前漢制度，後漢既然有工稅，則前漢也應當有，只是沒有任何相關史料可以證明。(參羅慶康著，《西漢財政官制史稿》(開封：河南大學出版社，1989年初版)，頁84)
黃今言提出漢代手工業發達，各種相關工業數量頗多。工官就是來管理這些手工業者，再據《後漢書・百官志》說工官負責收工稅。然而，黃今言所提出各種工之中，有銅工與各種金屬鍛鍊之工，這究竟屬礦業稅或工稅？黃氏並未說明。惟黃氏亦承認，工稅由於資料奇缺，幾乎無法說工稅存在的時代、稅率爲何。(參黃今言著，《秦漢賦役制度研究》(南昌：江西教育出版社，1988年4月第一版)，頁166~167)
至於馬非百，更在所著〈秦漢經濟史資料（七）租稅制度〉引《鹽鐵論・本議》所載：「方今商工市井之利未歸於民。古者之賦稅於民也，因其所工，不求所拙，農人納其穫，女紅效其功」，認爲這就是工稅明證，(馬非百著，〈秦漢經濟史資料（七）租稅制度〉，《食貨半月刊》，第3卷第9期（1936年4月1日），頁18)可是未見其提出任何說明，此說恐怕仍需商榷。
今直羅氏之說實過於冒險，嚴耕望先生於氏著《中國地方行政制度史・秦漢地方行政制度》一書中，亦用及同一條史料，嚴先生則引《續漢書・百官志》云「有工多者，置工官，主工，稅物」(嚴耕望著，《中國地方行政制度史・秦漢地方行政制度》(臺北：中央研究院歷史語言研究所，1961年)，頁194)，

生，實不宜稱爲「山海池澤之稅」。這正是說明少府收入實不止於「山海池澤」最重要的一點，此等收入之重要性，恐怕絲毫不遜色於水資源、土地資源收入。

這些不屬於水資源、土地資源類之稅收，則可分爲人口稅收、物品類稅收兩大類。在現代財政學的概念中，已有「對人稅」與「對物稅」之概念，「對人稅」即是針對人所收，如所得稅；「對物稅」則針對物品收，如銷售稅、財產稅。〔註2〕若將此一概念帶入少府所轄之口賦、戶賦、獻費、獻物、酎金、關稅、市稅、酒稅等收入中，正可將其分爲人口稅收、物品類稅收兩大類，人口稅收有口賦、戶賦、獻費、酎金，物品類稅收有獻物、關稅、市稅、酒稅。若能釐清這些收入的金額與歸屬，對理解少府的財政運作將有重大助益，亦可解決部分收入長期以來不確定之問題。

以下即分爲人口稅收、物品類稅收兩大類分別探討各項稅收，針對各項稅收，將再探討其歸屬、徵收方式、稅率與金額。然而，由於部分項目資料相當缺乏，恐怕無法充分說明此四項，將另依其狀況說明。

第一節　人口稅收

首先是人口稅收，此類稅收特色即是針對「人」而收，在漢代即是具有人頭稅性質者。前述少府非自然稅收中，口賦、戶賦、獻費、酎金等四項，其收稅根據皆是按人頭數量而定，其徵收與否至多只參考其年齡，故爲人口稅收。

以上四類人口稅收，因其資料多寡不一或有其存在與否爭議，如口賦、戶賦兩者即置於一處說明。以下將探討這些收入的起源、歸屬、課徵方式、金額等四項，此外因人口稅收多爲固定金額，故不存在稅率問題。至於部分資料不全之收入，則恐怕無法完成此四項，只能依其現存資料說明。

據此則工官當管「工」，順便對某些物品抽稅，似無所謂的「工稅」存在。姑不論嚴、羅二氏所主張之意見孰是孰非，即便工稅眞的存在，由於在前漢並無任何資料留存，其稅率、稅額皆不明，連究竟是否屬少府稅收亦不知，實無法探討工稅，故在此將略而不論。若就屬性分類言，如果工稅存在，其分類當爲屬物。

〔註2〕參見劉永憲編著，《財政學原理》（臺北：凱侖出版社，1993 年增訂版），頁242。此外，前文所述水資源、土地資源稅收，若將其分類，皆可視爲對物稅的一種。因此，所謂「山海池澤」稅收嚴格上講只是對物稅的一種，少府只有人口稅收、物品類稅收。本文則是基於取源於「自然」之概念，將對物稅劃分爲水資源、土地資源還有與自然無關之對物稅，此處爲方便起見，簡稱與自然無關之對物稅爲物品類稅收。

一、口賦兼論戶賦

口賦、戶賦皆是漢代少府的收入之一，其中口賦是一種針對人民普遍課徵的稅，其影響範圍爲全國人民，因此相關的研究資料也較爲充分。至於戶賦，其存在與否長期爭議不止，更遑論其實際稅收內容，直至近年簡牘資料的出土，方確定存在，因此其可論者自然較爲有限。

（一）口賦起源與歸屬

口賦又名口錢，〔註3〕這是少府除山海池澤等自然稅之外，另一重要稅收。但此一稅收卻因爲秦代算賦名爲口賦，故易引起誤會。口賦乃對全國人民普遍課徵，其影響深遠，則其起源不可不探。再者，其經費之歸屬究竟屬誰？亦需加以說明。此處對口賦的說明將以說明其歸屬與形態爲主，其他部分暫不討論。

口賦之起其來已久，周代已有口賦之徵，戰國時更形重要。〔註4〕秦代已有口賦，秦代民謠即云：「渭水不洗口賦起」，〔註5〕秦有口賦之收當無疑問。然秦之口賦與漢代口賦二者實不相同，兩者金額不同、適用對象不同，兩者不過是名稱相同。事實上漢代「算賦，秦時名口賦」，〔註6〕意即秦之口賦至

〔註3〕 在一般的實際稅收上似多用口錢一名，口錢之用可見於《漢舊儀》「年七歲以至十四歲出口錢」（衛宏，《漢舊儀》，卷下，頁五，收於孫星衍集，《漢官六種》（臺北：臺灣中華書局，1981 年 10 月臺三版））、《漢書・貢禹傳》：「民產子三歲則出口錢」（《漢書》（北京：中華書局，1962 年 6 月第一版），卷七十二〈王貢兩龔鮑傳〉，頁 3075。）、鳳凰山漢簡簡四背載「鄭里二月七十二算算十錢七百廿正偃付西鄉佐賜口錢卩」（裘錫圭著，〈湖北江陵鳳凰山十號漢墓出土簡牘考釋〉，《文物》，1974 年第 7 期，頁 50）等。單就《漢舊儀》、《漢書・貢禹傳》所載可知其所指必爲口賦，當可推論鳳凰山漢簡所言亦指口賦。特別值得一提的是，高敏認爲口賦其實是口錢與算賦的合稱，因此口賦不宜通同爲口錢，兩者存有差距。（參見高敏著，〈秦漢賦稅制度考釋〉，《秦漢史論集》（河南：中州書畫出版社，1982 年 8 月第一版），頁 68）此處則因學界多稱口賦，且將口賦、口錢兩者通同，爲方便起見故用口賦一詞，也在此特別列出高氏之見。

〔註4〕 口賦本課於不事生產之人、工商從業人員，後反倒成政府向人民課重稅之工具。可參見黃天華著，〈論秦代賦稅結構及其沿革〉，《廣東社會科學》，2000 年第 6 期，頁 41。黃氏蓋採《周禮・地官・載師》所載：「凡不毛者裏布：凡田，不耕者出屋粟；凡民，無職事者出夫家之征」一條，指此爲當時收口賦根據。然觀此條史料實無口賦之名，不知從何得其結論。然口賦之起已久當無疑問，由於與本文主題關係較少，故暫不討論。

〔註5〕 董說著，《七國考》（北京：中華書局，1985 年），卷二〈秦食貨〉，頁 121。

〔註6〕 伊敏著，〈人頭稅與兩漢人口數量的變化〉，《青海師範大學學報（哲學社會科學版）》，2006 年第 4 期，頁 47。林甘泉則持近於伊敏之看法，認爲「從漢武帝起出現的向三歲以上未成年人徵收的人頭稅，仍用原先的「口錢」之名，

漢改名爲算賦，漢算賦繼承秦口賦之實質內容。至於漢代口賦，則是漢另外創設的稅收，因此漢口賦與秦代、戰國口賦無涉，〔註7〕秦代口賦於漢改稱算賦。由於秦口賦與漢口賦實不相同，況且本文以前漢爲討論重心，故將不討論秦口賦的相關問題。

秦口賦至漢改稱爲算賦，但秦卻另有名爲「算」的賦。此據《漢書‧晁錯傳》曰：「今秦之發卒也，有萬死之害，而亡銖兩之報，死事之後不得一算之復」，〔註8〕此條資料中之「一算之復」，林甘泉主張即是秦的算賦。〔註9〕然林氏亦承認，由於秦「算」資料過少，無從說明其與口賦關係。〔註10〕此說目前惟見林氏主張，難以確定其眞實度，酌列於此以供參考。但可確定此秦代「算」賦，其當停止實行或改名於秦代或漢初，至漢代方能將秦的口賦改稱爲算賦。

至於漢代口賦、算賦兩者之具體差異則有兩點，分別在其適用範圍與金額上。據《漢舊儀》載：「又令民男女年十五以上至五十六出賦錢，人百二十爲一算，以給車馬」，〔註11〕此處說明算賦金額爲一百二十錢，〔註12〕負擔年齡爲十五至五十六歲。至於口賦，亦依《漢舊儀》載：「年七歲以至十四歲出口錢，人二十三。二十錢，以食天子」，〔註13〕可知口賦金額二十三錢，負擔年齡爲七至十四歲，即是對未成年人的課稅。算賦與口賦之分，即是一個是對成年人所收且金額較多，另一個則是對未成年者所收且金額較少。

漢代口賦之始，因爲資料缺乏無法確定，大約是隨漢而有。據《漢書‧高帝紀》載：「（四年）八月，初爲算賦」，〔註14〕由於口賦與算賦關係密切，故頗

而成年人的人頭稅則稱作"賦算"、"賦錢"。」（林甘泉，《中國經濟通史秦漢經濟卷》（北京：經濟日報出版社，1999年1月第一版），頁669）伊、林二人觀點較爲相近。

〔註7〕 沈振輝似認爲隨著口賦改稱爲算賦，漢代一度沒有課徵口賦，直至漢武帝時方再度開徵口賦。（沈振輝著，〈少府官制考析〉，《江西師範大學學報（哲學社會科學版）》，1998年第2期，頁54～55）然此當非事實，據下文可知漢初即已新創「口賦」，武帝時爲擴張適用範圍，並非是武帝新創。

〔註8〕 《漢書》，卷四十九〈晁錯傳〉，頁2284。

〔註9〕 林甘泉，《中國經濟通史秦漢經濟卷》，頁667。

〔註10〕 林甘泉，《中國經濟通史秦漢經濟卷》，頁668。

〔註11〕 衛宏，《漢舊儀》，卷下，頁五，收於孫星衍集，《漢官六種》。

〔註12〕 林甘泉則據鳳凰山漢簡，主張算錢實不止一百二十錢，甚至可見收五百錢者。林氏懷疑所謂一百二十錢是漢武帝之後才形成之定制。（見林甘泉，《中國經濟通史秦漢經濟卷》，頁674至675）

〔註13〕 衛宏，《漢舊儀》，卷下，頁五，收於孫星衍集，《漢官六種》。

〔註14〕 《漢書》，卷一上〈高帝紀上〉，頁46。

疑當時一併實行。伊敏提出「漢代向不足十五歲的未成年人徵收口錢二十三錢的制度始于漢武帝。……到漢元帝時，因貢禹的建議方改爲七歲」、〔註15〕林甘泉則表示「從漢武帝起出現的向三歲以上未成年人徵收的人頭稅，仍用原先的『口錢』之名」，〔註16〕此二說似有道理。然據《漢舊儀》所載：「（二十三錢）其三錢者，武帝加口錢，以補車騎馬」，〔註17〕若自武帝起始課，則無云武帝「加」口錢之理，逕云元帝時「減」三錢即可。既云「加」，則勢必已經有口賦才能「加」，故口賦當非武帝時首創。〔註18〕馬大英則懷疑口賦是漢初獻費之殘餘，然其說卻未見根據何在，何以普遍對所有人民收的獻費會變成只對少年收的口賦，只有其個人懷疑，缺乏其他資料支持。〔註19〕

　　據前文可知，漢武帝時對口賦有重要改革。武帝所改革者，爲擴大口賦適用範圍與增加金額，從而擴張口賦收入之總金額。李劍農認爲漢武帝所改者只有金額，在武帝之前亦爲三至十四歲交口賦。〔註20〕但據《漢書·貢禹傳》載：

> 禹以爲古民亡賦算口錢，起武帝征伐四夷，重賦於民，民產子三歲
> 則出口錢，故民重困，至於生子輒殺，甚可悲痛。宜令兒七歲去齒
> 乃出口錢，年二十乃算。〔註21〕

由貢禹強調「重賦於民」之根據爲「民產子三歲則出口錢」，其唯一合理解釋是武帝將口賦適用範圍擴張至三歲，原本適用年齡不明，禹貢建議改爲七歲，這正反映武帝在適用範圍上的增加。前述《漢舊儀》所載：「（二十三錢）其

〔註15〕伊敏，〈人頭稅與兩漢人口數量的變化〉，頁47～48。

〔註16〕林甘泉，《中國經濟通史秦漢經濟卷》，頁669。

〔註17〕衛宏，《漢舊儀》，卷下，頁五，收於孫星衍集，《漢官六種》。

〔註18〕學者如孫翊剛亦認爲口賦在武帝之前已有，並非是武帝新創。參見孫翊剛主編，《中國賦稅史》（北京：中國經濟出版社，2003年12月第一版），頁72。錢穆先生亦反對口賦始於武帝一說，惟錢先生未指出秦口賦與漢口賦之差異，然口賦不起於武帝當無問題（參見錢穆著，《秦漢史》（臺北：東大圖書公司，1957年4月初版），頁167）。此外《全漢文》中收有〈定口賦詔〉一文（嚴可均編，《全漢文》，卷一〈定口賦詔〉，頁3，收於楊家駱主編，《全上古三代秦漢三國六朝文》（臺北：世界書局，1969年8月三版）），查該文實爲載獻費之文，將於後文討論，故不在此討論。

〔註19〕關於馬大英的說法，見馬大英著，《漢代財政史》（北京：中國財政經濟出版社，1983年4月第一版），頁65。

〔註20〕參見李劍農著，《先秦兩漢經濟史稿》（臺北：華世出版社，1981年12月臺初版），頁261。

〔註21〕《漢書》，卷七十二〈王貢兩龔鮑傳〉，頁3075。

三錢者，武帝加口錢，以補車騎馬」，〔註22〕則表明武帝額外課徵三錢以補軍費。至於《說文解字》釋貲字時，云「漢律：民不繇，貲錢二十二」，〔註23〕此處「不繇」當即指十四歲以下未達繇役年齡之兒童，而「漢律」當指武帝之後的法律。

武帝所訂三至十四歲納口賦錢之規定，由於對民間負擔過重，至元帝時即行修改。此肇因於前述貢禹所云「宜令兒七歲去齒乃出口錢，年二十乃算」，〔註24〕元帝遂「令民產子七歲乃出口錢」，〔註25〕縮小口賦適用範圍。至於金額部分則未變更，直至後漢都爲二十三錢。〔註26〕

口賦於漢代屬少府所轄，這原則上已爲學界共識，〔註27〕其理由可由幾方面推知。據《漢書‧昭帝紀》如淳注曰：「漢儀注民年七歲至十四出口賦錢，……二十錢以食天子」，〔註28〕由其「二十錢以食天子」可知爲少府收入。錢穆先生亦主張口賦屬於少府，更以《淮南子‧氾訓論》所載之：「秦之時，……入芻稿。頭會箕賦，輸於少府」〔註29〕一語，作爲口賦本屬少府之依據。〔註30〕錢先生所舉秦代口賦即漢代算賦，漢算賦已屬大司農，〔註31〕但在秦仍名口賦時則屬少府。

此處需補充一點，口賦原則上雖屬少府，但其金額並非全供少府使用。《漢

〔註22〕 《漢舊儀》，卷下，頁五，收於孫星衍集，《漢官六種》。
〔註23〕 許慎，《說文解字》（北京：社會科學文獻出版社，2005年月第一版），卷六〈貝〉部，頁340。此處「二」疑爲「三」之誤。
〔註24〕 《漢書》，卷七十二〈王貢兩龔鮑傳〉，頁3075。
〔註25〕 《漢書》，卷七十二〈王貢兩龔鮑傳〉，頁3079。
〔註26〕 參見林甘泉，《中國經濟通史秦漢經濟卷》，頁675～676。
〔註27〕 部分學者如陳琮則認爲口錢屬於國家收入，（見陳琮著，《中國上古財政史》（臺北：三民書局，1986年11月初版），頁128）但未見其提出爲何口錢爲國家收入之根據，其用以說明口錢存在之資料，即是《漢書‧昭帝紀》如淳注文，其上即言口錢「以食天子」，陳氏之判斷不知所據何在。陳氏或因口賦爲「賦」之一種，故認爲屬國家收入。
〔註28〕 《漢書》，卷七〈昭帝紀〉，頁230。
〔註29〕 劉安著，《淮南子集釋》（北京：中華書局，1998年10月第一版），卷十三〈氾論訓〉，頁942。
〔註30〕 參見錢穆著，《秦漢史》，頁166。
〔註31〕 此據陳文豪著，《漢代大司農研究》（臺北：中國文化大學史學研究所碩士論文，1986年），頁175～179，又見錢穆著，《秦漢史》，頁一七七。然未見明言算賦屬大司農之史料，至多如《漢舊儀》所云：「人百二十爲一算以給車馬」（衛宏，《漢舊儀》，卷下，頁五，收於孫星衍集，《漢官六種》），此處或由軍費由大司農支出原故，從而斷定算賦屬大司農。

舊儀》即云：「（二十三錢）其三錢者，武帝加口錢以補車騎馬」，〔註32〕車騎馬為軍費開銷，此類開銷本當用大司農經費，此處則用少府經費，為武帝時首創。〔註33〕至於究竟是口賦屬少府與大司農共轄，抑或是少府取得收入後再按數目撥經費給大司農則不得而知，口賦大部分經費屬少府則無疑問，故當可排除大司農取得收入後再撥給少府之可能。

漢代口賦實質是自漢代開始，雖然口賦秦代已有，然其內容、適用對象實為漢代算賦。算賦、口賦皆是一種人頭稅，但在金額、適用年紀上有所不同。漢代口賦始徵年代不明，但當在武帝之前，其原本金額疑為二十錢，原適用年紀不明。自武帝始改為三至十四歲，收二十三錢。元帝時再改為七至十四歲，仍收二十三錢。口賦屬少府所轄，然部分金額撥為大司農所用軍費，其中漢政府內部財政制度尚有待了解。

（二）口賦課徵與金額

口賦既如前文所述為少府職掌，其金額多寡與課徵方式則為第二階段所需探討問題。口賦金額之多寡，影響口賦在少府收入中的地位，從而說明山海池澤之稅對少府的意義。就課徵方式言，將決定口賦收入的屬性，從而可以說明口賦究竟是否屬山海池澤之稅的一環。

口賦之課徵方式是針對人頭課稅，是為一種人頭稅，凡漢所轄人民，符合規定範圍者必納此稅。據《漢舊儀》載：「算民，年七歲以至十四歲出口錢，人二十三」，〔註34〕此處指出其收錢範圍為七歲至十四歲，每人收二十三錢。據前文可知，此為漢元帝以後制度，不宜以此逆推過去制度，至於武帝改革之前的原制只知起始年齡不是七歲、〔註35〕金額為二十錢外，〔註36〕其他部分無從得知。至於十五歲以上則改收算賦，不屬口賦範圍。此處雖僅收二十

〔註32〕衛宏，《漢舊儀》，卷下，頁五，收於孫星衍集，《漢官六種》。

〔註33〕如前文所見，武帝時又將鹽、鐵等本屬少府經費轉屬大司農（見《史記》（北京：中華書局，1982年11月第二版），卷三十〈平準書〉，頁1429）。口賦中之三錢是否於此時一起增加尚不可知，只知口賦部分轉屬大司農並非特例。

〔註34〕衛宏，《漢舊儀》，卷下，頁五，收於孫星衍集，《漢官六種》。

〔註35〕《漢書・貢禹傳》既云：「令民產子七歲乃出口錢，自此始」（《漢書》，卷七十二〈王貢兩龔鮑傳〉，頁3079），武帝改為三歲始課之前舊制則不可探，只能初估當非七歲，但必大於二歲。

〔註36〕此據《漢舊儀》所云：「其三錢者，武帝加口錢以補車騎馬」（衛宏，《漢舊儀》，卷下，頁五，收於孫星衍集，《漢官六種》），其二十三錢既然有三錢為武帝所加，則原額當為二十錢。

三錢，但對當時百姓言已甚爲沉重，〔註37〕甚至造成「至於生子輒殺」〔註38〕的社會問題。

　　口賦既爲人口稅，則其稅額多寡受人口數量影響甚大。《漢書・地理志》載：「（平帝元始二年）民戶千二百二十三萬三千六十二，口五千九百五十九萬四千九百七十八」，〔註39〕此爲王莽主政時期所普查人口數，其中雖可能有部分誤差，〔註40〕但尚在合理誤差範圍中，前漢末人口已近六千萬誠爲共識。基於《漢書・地理志》所載漢代人口數，錢穆先生表示若七歲至十四歲人口佔全人口五分之一，取二十錢可得二億四千萬，三歲至十四歲人口佔三分之一則得四億。〔註41〕錢先生替三至十四歲範圍收稅計算，若再額外收三錢則再多六千萬錢；則以七至十四歲範圍多收三錢，可多收三千六百萬錢。因此，以平帝時人口爲基準，武帝時口賦錢可達四億六千萬，元帝以下則二億七千六百萬。〔註42〕至於武帝之前，由於始課口賦年紀不明、人口數不明，故無法推算。

　　鳳凰山漢簡的出土，對口賦研究相當重要，此因其上載有口賦史料，說明部分口賦實際徵收狀況。鳳凰山漢簡簡四正載：「市陽二月百一十二算＝十錢千一百廿正偃付西鄉佐賜口錢卩」，〔註43〕此處所收口錢以算爲單位，至於是否一人一算則不可知，算錢按月收納且其金額偏高，〔註44〕至於口錢是否一年只收一次且金額爲十錢則不可知。鳳凰山漢簡簡四尚載：「鄭里二月七十

〔註37〕《鹽鐵論・未通》即載：「田雖三十，而以頃畝出稅，樂歲粒米狼戾而寡取之，凶年饑饉而必求足。加之以口賦更繇之役，率一人之作，中分其功。農夫悉其所得，或假貸而益之。是以百姓疾耕力作，而饑寒遂及己也」（桓寬著，《鹽鐵論》（北京：華夏出版社，2000 年 5 月第一版），卷三〈未通第十五〉，頁94），這些人頭稅對於當時百姓爲相當沉重負擔。

〔註38〕《漢書》，卷七十二〈王貢兩龔鮑傳〉，頁 3075。

〔註39〕《漢書》，卷二十八下〈地理志下〉，頁 1640。

〔註40〕林甘泉在其《中國經濟通史秦漢經濟卷》中表示，此一數字比《漢書・地理志》自己所載各郡國人口總和 5767 萬餘人多了近二百萬人，且又較皇甫謐所載略異。認爲這些雖有些微差距，但不必過度追求某一數據。（林甘泉，《中國經濟通史秦漢經濟卷》，頁 121）

〔註41〕參見錢穆著，《秦漢史》，頁 167。

〔註42〕由於前漢人口統計數目僅見平帝時，遠較後漢十二次爲少（此數據見林甘泉主編，《中國經濟通史秦漢經濟卷》，頁 123。林氏採《續漢書》、《帝王世紀》、《晉書》等計次）。因此，在推斷離平帝時代越遠者越不準確。

〔註43〕裘錫圭著，〈湖北江陵鳳凰山十號漢墓出土簡牘考釋〉，頁 50。

〔註44〕參見林甘泉，《中國經濟通史秦漢經濟卷》，頁 673。

二算＝十錢七百廿正偃付西鄉佐賜口錢尸」，〔註45〕併鄭里觀之，口錢似於二月徵收，鳳凰山漢簡上其他月份則無收口錢跡象。至於口錢在繳納上，此二簡說明口錢在課徵時，由里正付給鄉佐，由此推測或由里正直接向各家收，再向上繳納。其實際收納是透過地方行政體系進行，而非少府自行派人收稅。

漢代口賦沉重，故政府亦屢有減免之舉。昭帝元服時，下詔：「毋收四年、五年口賦」，〔註46〕此時特別免除口賦。又昭帝元平元年時，又下詔：「天下以農桑為本。日者省用，罷不急官，減外繇，耕桑者益眾，而百姓未能家給，朕甚愍焉。其減口賦錢」，〔註47〕再度減免口賦，此次無法確定是制度性的自此減低口賦，還是暫時減免。〔註48〕漢政府雖有數次減免口賦，然除元帝時外，皆未就制度面上減少口賦金額。

口賦終前漢皆屬少府經費，至於其比例，可據《漢書・王嘉傳》所載：「孝元皇帝奉承大業，溫恭少欲，都內錢四十萬萬，水衡錢二十五萬萬，少府錢十八萬萬」〔註49〕一條言。顏師古表示此為：「言不費用，故蓄積也」，〔註50〕則十八萬萬非少府一年經費，乃數年所存。以口賦元帝之後每年可收二億七千六百萬言，約佔此處積蓄之一成五。若十八萬萬盡為口賦錢，約六至七年可存至此數。

據以上可知，所謂口賦原則上為人介於七歲至十四歲者皆需出錢，按人頭課稅，此一年齡範圍依時代而有所不同。在課徵稅收時，並不涉及任何山海池澤之物，純以「人」為標準。因此，口賦可謂人口稅收之代表，其課徵目的與手段都是因為「人」，況且其所收稅收皆為貨幣，無涉於山澤之物，故口賦與山海池澤之稅無涉甚明。

口賦乃針對未成年者而收，其年齡主要為七至十四歲間，其金額自武帝以下為二十三錢，武帝前為二十錢。口賦總金額約為二億七千萬至四億六千

〔註45〕裘錫圭著，〈湖北江陵鳳凰山十號漢墓出土簡牘考釋〉，頁50。

〔註46〕《漢書》，卷七〈昭帝紀〉，頁229。

〔註47〕《漢書》，卷七〈昭帝紀〉，頁232。

〔註48〕周伯棣似乎認為幾次減低口賦金額，都是制度性減少口賦金額，因此口賦確切者只有漢武帝之前的二十錢，武帝的二十三錢，其他各代因減免幅度不一或史未明文，因此無法估算其金額。（參見周伯棣著，《中國財政史》（上海：上海人民出版社，1981年2月第一版），頁92）不過此僅為周氏一人之說，此處從舊說。

〔註49〕《漢書》，卷八十六〈何武王嘉師丹傳〉，頁3494。

〔註50〕《漢書》，卷八十六〈何武王嘉師丹傳〉，頁3495。

萬左右，其一年之收約佔元帝積蓄數年少府錢中之一成五。此外，口賦對百姓負擔其實頗大，以致「生子輒殺」，鳳凰山漢簡所載金額略有不同，口賦金額或許高於史籍所載，政府偶有減免口賦之舉。

（三）戶賦簡論

漢代少府似另有一「戶賦」收入，然而此收入爭議極多，連是否存在此一收入亦眾說紛紜，這即顯示其資料相當稀少，其爭議自然不止。由於新出土簡牘中有「戶賦」相關資料，則其存在當可確定，只是其存在型式可能略有不同。雖然學者仍有不少爭議，此處將先行探討「戶賦」相關問題，並提出「戶賦」若存在可能相關稅率。由於「戶賦」資料稀少，難以自成獨立討論，故置於「口賦」之後并論。

討論「戶賦」，必先解決其存在與否問題，若其根本不存在，則無討論之必要。在近代簡牘出土之前，戶賦存在與否之爭端已相當多。「戶賦」一詞於漢代史籍中僅見於《漢書・蕭望之傳》所載：「今有西邊之役，民失作業，雖戶賦口斂以贍其困乏，古之通義，百姓莫以為非」，〔註51〕此處似明言有「戶賦」這稅收的存在。另有《史記・貨殖列傳》所載：「封者食租稅，歲率戶二百」〔註52〕一條，這也被解釋為戶賦稅率。在《漢書・高帝紀》中應劭則針對漢高祖所詔「非七大夫以下，皆復其身及戶，勿事」一語，作出「不輸戶賦也」〔註53〕的解釋。在傳統史籍上，漢代除此之外更不可見有所謂「戶賦」存在之根據，因此引發學者諸多討論。

羅慶康認為「戶賦」據前引二條史料，即足以說明漢代有戶賦存在，並列入少府主要收入之一。〔註54〕然而由於「戶賦」資料過少，且前述二條史料解讀上，按其方法不同，不必然可得出漢代有戶賦的結論。若仔細審視前述蕭望之所謂之「戶賦口斂」，應只是形容戶、口需納賦、斂，用以說明當時賦稅極重，況且實際上亦無所謂「口斂」一稅，則「戶賦」是否存在恐怕疑問不少。因此學者如馬端臨即認為「抑無此賦也」，〔註55〕這稅可能根本不存在。事實上，前述應劭釋「皆復其身及戶」為「戶賦」，其所釋可能有誤，如

〔註51〕《漢書》，卷七十八〈蕭望之傳〉，頁3276。
〔註52〕《史記》，卷一百二十九〈貨殖列傳〉，頁3272。
〔註53〕以上二條俱見《漢書》，卷一下〈高帝紀下〉，頁54～55。
〔註54〕羅慶康著，《西漢財政官制史稿》，頁81。
〔註55〕馬端臨著，《文獻通考》（杭州：杭州古籍出版社，2000年1月第二版），卷十〈戶口〉，頁106。

淳及顏師古則認爲其所指爲縣役，並非戶賦。〔註56〕「戶賦」存在與否問題，若據舊資料言，極難認定有戶賦之存在，直至簡牘資料出土後爭議更大。

　　戶賦至近年則因簡牘出土，一併揭示相關史料後，其中有數條關於戶賦存在與否之極重要資料，戶賦問題遂開啓新的討論空間。據睡虎地秦簡《法律答問》簡一六五載：

> 可（何）謂「匿戶」及「敖童弗傅」？匿戶弗䌛（繇）、使，弗令出
> 戶賦之謂殹（也）。〔註57〕

此處似說明秦代有所謂「戶賦」之存在，且戶賦之存在形態似乎是相對於繇、使等勞動工作外，百姓所需負擔的義務之一，若僅據此猶無法確定「戶賦」是各種稅收之代名詞，或實際有此稅收。直至張家山漢簡出土，其中《二年律令‧田律》簡二五五載：

> 卿以下，五月戶賦出十六錢，十月戶出芻一石，足其縣用，餘以入
> 頃芻律入錢。〔註58〕

此簡更進一步說明「戶賦」存在，其具體指出戶賦於每年五月繳納金錢十六錢，有其具體金額與徵收方式，至此幾可確定戶賦存在。再據張家山漢簡《二年律令‧金布律》簡四二九－四三〇所載：

> 官爲作務、市及受租、質錢，皆爲䀉，封以令、丞印而入，與參辨
> 券之，輒入錢䀉中，上中辨其廷。質者勿與券。租、質、戶賦、園
> 池入錢縣道官，勿敢擅用，三月壹上見金、錢數二千石官，二千石
> 官上丞相、御史。〔註59〕

此簡本在說明漢初稅款要如何收納，再述及其上報方式。此處亦明言戶賦當自縣、道官一路上報至中央，其明言戶賦收取後之處理方式，且顯非其他稅收之代稱，戶賦之存在更加肯定。睡虎地秦簡與張家山漢簡，二簡誠爲補充戶賦資料的最主要來源。

　　由於歷來戶賦史料奇缺無比，因此戶賦究竟屬何官之收入，目前缺乏史

〔註56〕《漢書》，卷一下〈高帝紀下〉，頁55。
〔註57〕整理小組編，《睡虎地秦墓竹簡》（北京：文物出版社，1990年9月第一版），《法律答問》，簡一六五，頁132。
〔註58〕整理小組編，《張家山漢墓竹簡〔二四七號墓〕》（北京：文物出版社，2001年第一版），《二年律令‧田律》，簡二五五，頁168。
〔註59〕整理小組編，《張家山漢墓竹簡〔二四七號墓〕》，《二年律令‧金布律》，簡四二九～四三〇，頁191。

料說明。唯據《史記·貨殖列傳》所載：「封者食租稅」〔註60〕一條，若以「而山川園池市肆租稅之入，自天子以至封君湯沐邑，皆各爲私奉養，不領於天子之經費」〔註61〕概念言，戶賦亦爲私奉養一種，則在天子所轄地區之戶賦，則當屬天子私奉養官員少府所轄。這種解讀方式尚在可接受範圍，然而此一觀點目前只見少數學者主張，〔註62〕猶未見其他學者主張戶賦屬少府，甚至有學者認爲不屬少府收入之一，〔註63〕但由稅收繳送過程將戶賦與園池收入、市租等持同一處理標準，如縣、道官「勿敢擅用」這些收入，而此二收入皆屬少府，這似暗示戶賦亦當屬少府稅收。因此，目前可推知戶賦當歸少府收入，但是其歸少府之理由，則無法自傳統史籍中探得。

　　若戶賦確實存在，則其所課金額亦需論及。前引《史記·貨殖列傳》中即提及：「歲率戶二百」，〔註64〕這說明戶賦金額爲每年二百錢。另據前引張家山漢簡《二年律令·田律》簡二五五，則戶賦金額當爲每年十六錢。羅慶康即基於《史記·貨殖列傳》中所述每戶每年二百錢，認爲戶賦總金額當爲61,168,100 錢。〔註65〕若以張家山漢簡戶賦金額修正羅氏算氏與其錯誤之戶口數，則戶賦金額爲 48,932,248 錢，若逕以平帝元始二年戶口數乘上十六錢，則其總金額爲 195,728,992 錢。由於此金額與羅氏計算相差甚大，頗疑羅氏所

〔註60〕　《史記》，卷一百二十九〈貨殖列傳〉，頁 3272。
〔註61〕　《漢書》，卷二十四上〈食貨志〉，頁 1127。
〔註62〕　羅慶康著，《西漢財政官制史稿》，頁 81。陳文豪先生在整理少府收入時，其主要參考來源之一即是羅慶康一書，然陳文豪先生不將戶賦列爲少府收入，似亦反對羅慶康此說。又如周伯棣其認爲戶賦是作爲封君酬勞存在，因此屬私奉養一環。（周伯棣編著，《中國財政史》，頁 97）
〔註63〕　高敏則據張家山漢簡《二年律令·金布律》簡四二九～四三○，主張戶賦直接交給國家，所以不是私奉養。（參高敏著，〈關于漢代有“戶賦”、“質錢”及各種礦產稅的新証——讀《張家山漢墓竹簡》，《史學月刊》，2003 年第 4 期，頁 121）然而交給丞相是否就等同交給國庫？這一問題已於討論園池收入時論及，此處不再復述。此處其實只能說明爲繳至中央，並未說明究竟是交給少府或大司農，故等同無解。
〔註64〕　《史記》，卷一百二十九〈貨殖列傳〉，頁 3272。
〔註65〕　羅慶康，《西漢財政官制史稿》，頁 82。其戶口數爲平帝元始二年時數目，羅氏算氏爲 1233362×200×1/4＝61168100。其中之 1/4，羅氏說明爲漢初天子所轄只占全部郡國四分之一，認爲這些是上於中央少府的金額。事實上，據《漢書·地理志》所載平帝元始二年戶口數爲千二百二十三萬三千六十二，（《漢書》，卷二十八下〈地理志下〉，頁 1640）羅氏戶口數似乎有錯。今若代爲修正，則在漢初戶賦當爲 611,653,100 錢。若排除羅氏所加的四分之一限制，則此金額當爲 2,446,612,400 錢。

言戶賦與秦、漢簡牘中的戶賦爲二種不同稅收。

　　戶賦若眞存在，據前文可知，由於其收稅方式乃按戶口計算，其課稅目的亦是針對戶口而存，而戶口自然是由人所構成，實爲人頭稅的一種，因此宜爲人口稅一環。此稅既然爲純人口稅，與口賦相似，實不涉及山海池澤，其所收亦爲錢，不屬自然資源稅甚明。

　　即便隨著簡牘資料出土，戶賦存在與否爭議反倒更形擴大，而非得出一有效共識。羅慶康只以前述傳統史籍模糊記載，即認爲戶賦存在一說，以今日觀點言實過爲簡單。反對戶賦存在之學者，如高敏早自 60 至 70 年代即已反對，針對新出土簡牘資料，高敏認爲其中之「戶賦」爲口錢、算賦的一種徵收形態，而非眞有戶賦一稅。〔註66〕黃今言亦認爲，睡虎地秦簡中之戶賦，其實就是當時口賦；而漢代封君之戶賦，就是土地稅，並非有所謂戶賦之存在。〔註67〕又如朱德貴，他則是認爲漢初所謂之戶賦，其徵收方式就是訾算，似乎爲後世訾算原型。〔註68〕至於支持戶賦存在者，除前述羅振康外，尚有于振波。但于振波認爲，除張家山漢簡外，其他過去文獻中所謂之戶賦並不存在，不宜將其與張家山漢簡的戶賦混淆，〔註69〕此即根本上否認羅氏所言戶賦之存在。至於張家山漢簡中所見戶賦，除漢初外則不復可見。

　　綜觀以上，實以于振波觀點較爲可取，張家山漢簡既云戶賦，則在當時就有戶賦存在，此種戶賦並非是羅慶康所言之戶賦。至於其他學者所言，縱使戶賦日後演變爲口錢、算賦、訾算，在當時就是名爲戶賦，此皆無礙口賦存在之事實。至於羅慶康所提觀點，其可靠性則尚有待考慮，其他一般傳統文獻中之戶賦，頗疑並不存在。

〔註66〕參高敏著，〈關于漢代有"戶賦"、"質錢"及各種礦產稅的新証——讀《張家山漢墓竹簡》〉，頁 121～122。

〔註67〕黃今言，《秦漢賦役制度研究》，頁 206~207。此外，鄭學檬等認爲秦代口賦其實就是戶賦，其意見大約黃今言相似，但卻未提出其立論根據爲何，逕引前述睡虎地秦簡《法律答文》簡一六五，謂其上戶賦即是口賦，理由爲何皆未說明。(參見鄭學檬主編，《中國賦役制度史》(上海：上海人民出版社，2000 年 9 月第一版)，頁 27) 因此，將鄭氏一說置於此，不置正文中，以備參考。

〔註68〕朱德貴著，〈張家山漢簡與漢代戶賦制度新探〉，《學術論壇》，2006 年第 6 期，頁 153。

〔註69〕于振波著，〈從簡牘看漢代的戶賦與芻稾稅〉，《故宮博物院院刊》，2005 年第 2 期，頁 155。

二、獻　費

　　獻費是少府的另一種收入，獻費僅於漢初曇花一現，以下即不復見其相關資料。此即導致獻費資料相當稀少，可論者相當有限。獻費乃對各郡國徵收，其收稅準則是百姓口數。此處將說明獻費之歸屬單位、課徵金額、分類屬性與對少府重要性，此決定獻費在少府收入中的意義與價值。此外，獻費徵收標準爲人頭計稅，各郡國按人口數上交，是爲人口稅收一環。

（一）獻費的起源與歸屬

　　獻費之起源難以確定，在漢代首次出現。據《漢書・高帝紀》載：「欲省賦甚。今獻未有程，吏或多賦以爲獻，而諸侯王尤多，民疾之。令諸侯王、通侯常以十月朝獻，及郡各以其口數率，人歲六十三錢，以給獻費」，〔註70〕此爲獻費在史上之首見，亦是後世討論獻費存在與否之最重要根據。

　　前述資料雖顯示漢代有「獻費」存在，但獻費究竟爲何則爭論不止，《漢書・高帝紀》言及獻費關鍵乃是「各以其口數率，人歲六十三錢」，〔註71〕馬端臨認爲是「據四年算賦減其半也」，〔註72〕意即獻費就是算賦，部分學者亦採相似看法。〔註73〕另有一說主張獻費爲獨立稅收與其他稅收無涉，范文瀾、金毓黻等皆採此種觀點。〔註74〕近人梁向明則反對獻費等同算賦，指漢初已規定人民納百二十錢，又云「獻未有程」不合理，因此獻費不會是算賦。〔註75〕梁氏主張

〔註70〕《漢書》，卷一〈高帝紀〉，頁70。
〔註71〕《漢書》，卷一〈高帝紀〉，頁70。
〔註72〕馬端臨著，《文獻通考》，卷十〈戶口〉，頁106。
〔註73〕如賀昌群（氏著，〈秦漢間封建土地所有制形式與秦末農民起義的關係〉，《漢唐間封建土地所有制形式研究》（上海：上海人民出版社，1964年9月第一版），頁76）、勞榦先生、蒙文通（氏著，〈中國歷代農產量的擴大和賦役制度及學術思想的演變〉，《四川大學學報》，1957年第2期，頁62）等三位先生，皆認爲獻費即是算賦。其中如勞先生，逕將獻費納於算賦之中，並未多加說明。（見勞榦著，《秦漢史》（臺北：中國文化大學出版部，1986年11月新二版），頁120）此外，《全漢文》則將漢高祖此條詔令命名爲「定口賦詔」（嚴可均編，《全漢文》，卷一〈定口賦詔〉，頁3），似認爲此六十三錢爲口賦，然未云憑何資料定此篇名。
〔註74〕范文瀾的說法可見於氏著《中國通史簡論》（范文瀾著，《中國通史簡論（上）》，頁95，收於氏著，《范文瀾全集》（石家莊：河北教育出版社，2002年11月第一版））；而金毓黻之說可見氏著〈"民數"與漢代封建政權〉（金毓黻著，〈"民數"與漢代封建政權〉，《中國史研究》，1979年第3期，頁62）一文。
〔註75〕參見梁向明著，〈漢代"獻費"性質辨析〉，《固原師專學報》，1995年第2期，頁63。

所謂之獻費，乃地方收百二十錢後上繳其中之六十三錢至中央，實爲獻費之部分。〔註76〕事實上，梁向明之說亦非新創，相似的說法有鄧之誠，而鄧氏說法已爲范石軒所譯文章反對，〔註77〕范氏認爲獻費當爲算賦之外的稅收。梁氏認爲若額外再加六十三錢對百姓太重，且日後又見不到相關獻費之稅收，從而主張獻費不是一種獨立稅收。〔註78〕然梁氏立論依據並不堅固，對百姓負擔可能太重並不足以說明不會有這一稅收，且日後未見相關資料，亦有可能是施行不長等其他原因，恐難即據此以推論獻費是不是獨立稅收。主張獻費即算賦者，則未見其所據何在，只逕云獻費即算賦。董平均即針對各家說法一一反駁，主張獻費即是《漢書‧高帝紀》上所云諸侯上於漢室的奉獻。〔註79〕綜觀之，既然《漢書‧高帝紀》上所云爲獻費，且無其他證據可證明獻費實爲其他收入代稱，除日後有其他證據外，宜依史籍所載，認爲獻費乃獨立稅收爲佳。

關於獻費在漢代施行年代問題，則因獻費資料相當稀少甚難定出其起、迄年代。目前除高祖十一年所頒關於獻費之詔令外，不復見任何文獻記載。近人如加藤繁，亦表示尚不清楚以錢當「獻物」繳於中央的制度是否通行於漢代一代。〔註80〕事實上，除確定此制度成於高祖十一年之前，且至高祖十一年尚且實行外，連呂后時是否仍有此一制度亦不知。此外，另有學者認爲文帝前元二年六月所詔「令郡國無來獻」，〔註81〕槪指停止獻費，但類似說法未見其他學者採用，其「獻」似當指獻物而非獻費，故文帝停獻費說，只得備爲一說。〔註82〕

至於「獻費」屬何官管理，查《漢書‧高帝紀》所載：「令諸侯王、通侯常以十月朝獻，及郡各以其口數率，……以給獻費」，〔註83〕此條資料並

〔註76〕參見梁向明著，〈漢代"獻費"性質辨析〉，頁64。
〔註77〕可見范石軒譯，〈漢代之徭役及人頭稅〉，《食貨半月刊》，第三卷第七期（1936年3月1日），頁40。另見鄧之誠著，《中華二千年史（卷一）》（北京：中華書局，1983年6月新一版），頁258。
〔註78〕參見梁向明著，〈漢代"獻費"性質辨析〉，頁63。
〔註79〕董氏針對獻費頗有討論，其對前人討論資料掌握詳密，並依其觀點分類，對於探討獻費研究史助益良多。參見董平均著，《出土秦律漢律所見封君食邑制度研究》（哈爾濱：黑龍江人民出版社，2007年4月第一版），頁379～384。
〔註80〕見加藤繁著，吳杰譯，〈漢代國家財政和帝室財政的區別以及帝室財政的一斑〉，《中國經濟史考證》（北京：商務印書館，1959年9月初版），頁59。
〔註81〕《漢書》，卷四〈文帝紀〉，頁114。
〔註82〕參見董平均著，《出土秦律漢律所見封君食邑制度研究》，頁384。
〔註83〕《漢書》，卷一〈高帝紀〉，頁70。

未明言獻費歸於少府，加藤繁遂認爲這屬帝室收入。而少府底下有太官，太官本職顏師古注云：「太官主膳食」，〔註84〕太官下卻有獻丞。《漢書‧張湯傳》載有：「勃舉太官獻丞陳湯」〔註85〕一段，蘇林釋此云：「獻丞，主貢獻物也」，〔註86〕獻費既爲「獻」的一種，則獻費當屬少府所掌。然此處獻丞，在陳湯本傳中卻爲「獻食丞」，〔註87〕熊鐵基、安作璋兩人所撰之《秦漢官制史稿》說明雖以獻丞爲主，補充以獻食丞，但在列表說明太官屬官時，則不將獻丞與獻食丞列入，〔註88〕熊氏、安氏或許因難以界定獻丞本職而作此處理。況且，太官既爲膳食官，則有獻食丞屬正常之事，〔註89〕若掌貢獻物反較難理解。

涉及獻費之官員，除太官模糊不清外，尚有其它官員主持這些稅收。《漢官儀》即載：「尚書郎四人⋯⋯一人主錢帛貢獻委輸」，〔註90〕尚書郎既掌貢獻，獻費屬「獻」的一種自當屬尚書郎，且獻費收錢正是此處尚書「主錢帛」之範圍。而尚書整個機構就行政上言爲少府屬官，〔註91〕加上前述太官職掌，獻費當屬尚書或太官之一，因此獻費當屬少府稅收。是「獻費」爲前漢少府稅收項目之一。

獻費僅見於高祖時，其資料過少無以說明，可知當非算賦之一部分。少府太官中雖有獻丞一職，蘇林亦釋爲「掌貢獻物」，然獻丞似又爲獻食丞，太官只可推測或許與獻費有關。獻費既歸少府所轄尚書令掌管，故當爲少府收入之一。

〔註84〕《漢書》，卷十九〈百官公卿表〉，頁732。

〔註85〕《漢書》，卷五十九〈張湯傳〉，頁2654。

〔註86〕《漢書》，卷五十九〈張湯傳〉，頁2654。

〔註87〕《漢書》，卷七十〈傅常鄭甘陳段傳〉，頁3007。

〔註88〕見安作璋、熊鐵基著，《秦漢官制史稿》（濟南：齊魯書社，2007年1月第一版），頁185、207。

〔註89〕馬永嬴於其所著〈"大官之印"與西漢的太官〉（《考古與文物》，2006年第5期）一文中即認爲獻丞是獻食丞的別稱。（〈"大官之印"與西漢的太官〉，頁78）

〔註90〕應劭著，《漢官儀》，卷上，頁十五，收於孫星衍集《漢官六種》（臺北：臺灣中華書局，1981年10月臺三版）。

〔註91〕由於尚書爲皇帝近臣，其權力在武帝之後日漸偏大，勢逼丞相，更非少府所可過問。勞榦先生於其〈秦漢九卿考〉中即云「然漢世尚書令早已略同公卿，非少府所能過問矣」（勞榦著，〈秦漢九卿考〉，《大陸雜誌》，第15卷第11期（1957年12月15日），頁2）。

（二）獻費的課徵與金額

獻費承上文可知，其屬少府所有。然獻費究竟所收何物？且其收稅方式為何？其金額多寡？以上諸點皆是界定獻費在少府收入中所占地位時所需理解的。其次，這些稅收究竟是否算是山海池澤之稅亦需說明，以上種種問題都有待解決。獻費由於資料過於缺乏，其可說明部分則較為有限。

「獻費」據前述《漢書‧高帝紀》載：「令諸侯王、通侯常以十月朝獻，及郡各以其口數率，人歲六十三錢，以給獻費」，〔註92〕此處一如口賦，以人頭為計稅單位，至於是否有如口賦有繳納年齡範圍，還是所有年齡皆需繳納則不可知。諸侯、郡國皆按照人口繳納獻費，並以十月送至中央。〔註93〕梁向明認為，「所獻之數額，則是按地方各郡國所轄人口，在每人每年120錢的算錢中，上繳63錢」，〔註94〕亦即獻費事實上為算賦之一部分，梁氏的主張並未提出具體根據且有其他學者反對，故於此備為一說。

獻物與獻費則略有不同，顏師古注「獻費」云：「諸侯王賦其國中，以為獻物，又多於郡，故百姓疾苦之」，〔註95〕將「獻費」視同「獻物」，然二者實為不同之物。此二者之差異，其最明顯特徵是獻費交錢，獻物則以繳納實物為主。

關於總金額問題，獻費既收六十三錢，據前述口賦時所查平帝時人口五千九百五十九萬四千九百七十八人計，則獻費錢將達三十七億五千四百四十八萬之譜，高祖時人口自然沒有如此之多，以其半數計仍有十八億七千七百萬，金額相當可觀。

關於獻費的稅收屬性，「獻費」是因為諸侯、郡國有戶口而課徵，課徵目的是這些戶口，並以人口計稅估算其金額多寡，並無其他因素可以影響獻費多寡，因此誠為人口稅收。獻費既以人為中心，則不當稱為「山海池澤之稅」。

獻費為按照人頭課稅，其金額為六十三錢，但究竟為算賦之全部、部分或為獨立稅則眾說紛紜，此處酌以史料只稱獻費，而列為獨立稅收。獻費若

〔註92〕《漢書》，卷一〈高帝紀〉，頁70。

〔註93〕漢承秦制，前漢早期以十月為一年之始，直至漢武帝太初曆方行改曆。漢制，九月、十月是地方向中央上計月份（見吳昌廉師著，《兩漢計偕考》（臺北：蘭臺出版社，1996年9月初版），頁18），獻費或趁上計時隨上計簿一併送至中央，兩者有何關係則尚不明。

〔註94〕梁向明，〈漢代"獻費"性質辨析〉，頁64。

〔註95〕《漢書》，卷一〈高帝紀〉，頁71。

眞爲獨立稅收，其稅收金額十分可觀，若無繳納年齡等限制，則獻費多於口賦。此外，獻費依其屬性爲屬人稅收，並非自然資源稅的一種。

三、酎　金

　　酎金是漢代諸侯重要負擔之一，其收入屬少府所轄，對漢政府言亦不無小補。然爲說明酎金在少府收入中屬何種屬性，則有必要自其課徵方式等說明才能釐清。此外，猶需探討酎金之起源，以說明其是否與山海池澤之稅有任何關係，亦以此試論其是否當屬山澤之稅。酎金屬少府之確切根據爲何，其金額多寡，這些皆決定酎金在少府收入中的地位。

（一）酎金起源與歸屬

　　酎金首見於漢代，然「酎」這個制度起源卻相當早，周代已見「酎」制。據《禮記集解・月令》載：「是月也，天子飲酎，用禮樂」，〔註96〕鄭玄注云：「酎之言醇也，謂重釀之酒也。春酒至此始成，與羣臣以禮樂飲之於朝，正尊卑也」。〔註97〕《呂氏春秋》亦載：「是月也，天子飲酎，用禮樂」，〔註98〕其月爲「孟夏」，據高誘注云：「孟夏，夏之四月也」。〔註99〕就制度上言，所謂之「酎」即是天子在每年四月夏季初始時，與朝中大臣共飲酒以正尊卑。因此「酎」本意即是中央宣告地位尊卑的政治儀式，其政治意味濃厚。在實例上，諸如《春秋左傳・襄公二十二年》即載有鄭國朝於晉國並「見於嘗酎」，〔註100〕當時鄭國即無異於晉國之下屬。

　　據前可知，「酎」本爲一種飲酒儀式。漢代除納酎金外，一如先秦有相關之飲酎制度。《漢舊儀補遺》載其制云：「皇帝唯八月飲酎，車駕夕牲，牛以絳衣之。皇帝暮視牲，以鑑燧取水於月，以陽燧取火於日，爲明水火。左

〔註96〕孫希旦撰，《禮記集解》（北京：中華書局，1989年2月第一版），卷十六〈月令第六之二〉，頁447。

〔註97〕鄭玄注，《禮記注疏》（臺北：新文豐出版，2001年6月初版），卷十五〈月令〉，頁308。

〔註98〕呂不韋著，陳奇猷校釋，《呂氏春秋新校釋》（上海：上海古籍出版社，2002年4月第一版），卷四〈孟夏紀〉，頁一八九。

〔註99〕呂不韋著，陳奇猷校釋，《呂氏春秋新校釋》，卷四〈孟夏紀〉，頁一八九。

〔註100〕楊伯峻編著，《春秋左傳注》（北京：中華書局，1990年5月第二版），〈襄公二十二年〉，頁1067。有一事需特別提及，即周伯峻主張「嘗酎」事在「夏正七月」，（見楊伯峻編著，《春秋左傳注》，〈襄公二十二年〉，頁1067）此與《呂氏春秋》所載不同。

祖，以水沃牛右肩，手執鸞刀，以切牛毛血薦之，而即更衣巾，侍上熟，乃衽之」，〔註101〕酎在漢代已爲重要典禮，酎的要務之一是皇帝飲酒。酎的第二點是宗廟祭酒，再據《漢舊儀補遺》載：「八月先夕饋殽，皆一太牢，酎祭用九太牢」，〔註102〕此次所上太牢爲全年最多，正可說明酎祭在典禮中的重要性。簡而言之，酎是漢庭一年中相當重要的祭典，當月之祭祀所受重視程度亦爲全年最高。

酎金既以酎爲名，則其與酎之關係密不可分。據《漢儀》載：「酎金律，文帝所加，以正月旦作酒，八月成，名酎酒。因合諸侯助祭貢金」，〔註103〕酎金制當始於漢文帝之時，〔註104〕其理由正是命其協助酎祭。但《史記・孝文本紀》集解卻云：「正月旦作酒，八月成，名曰酎。酎之言純也。至武帝時，因八月嘗酎會諸侯廟中，出金助祭，所謂『酎金』也」，〔註105〕酎金於此反成自武帝開始，不自文帝始。此處以《漢儀》時代早於《集解》，且若採《集解》酎金出於武帝時，將無法解釋《漢儀》所言酎金律爲何，故採《漢儀》謂酎金起於文帝之說。

酎制在周代已是一政治性舉措，而酎金制度爲諸侯納黃金至漢中央助祭，其制看似爲漢中央謀取收入的一種方法，然實有更深政治意圖於其中。據《漢書・武帝紀》載元鼎五年時：「列侯坐獻黃金酎祭宗廟不如法奪爵者百六人，丞相趙周下獄死」，〔註106〕於此次事件中失爵者有諸如韓說、〔註107〕趙破奴等，〔註108〕百餘侯皆在此次免侯。雖說「飲酎受金，小不如斤兩，色惡，王奪戶，侯免國」〔註109〕似乎只是這些諸侯違制不按律繳納，但元鼎五年罷百六侯，錢

〔註101〕衛宏撰，《漢舊儀補遺》，卷下，頁三〜四，收於孫星衍集，《漢官六種》（臺北：臺灣中華書局，1981 年 10 月臺三版）。

〔註102〕衛宏撰，《漢舊儀補遺》，卷下，頁四，收於孫星衍集，《漢官六種》。

〔註103〕丁孚撰，《漢儀》，卷一，頁一，收於孫星衍集，《漢官六種》（臺北：臺灣中華書局，1981 年 10 月臺三版）。

〔註104〕杜勁松於其〈關於西漢多黃金原因的研究〉一文中主張，酎金未必是自文帝時開始課徵，認爲文帝時只是制定課徵標準，則之前可能仍有課徵。見氏著，〈關於西漢多黃金原因的研究〉，《中國史研究》，2003 年第 4 期，頁 62。然此說目前只見於杜勁松一文，故列於注中以備參考。

〔註105〕《史記》，卷十〈孝文本紀〉，頁 437。

〔註106〕《漢書》，卷六〈武帝紀〉，頁 187。

〔註107〕《漢書》，卷一百一十一〈將軍驃騎列傳〉，頁 2944。

〔註108〕《漢書》，卷一百一十一〈將軍驃騎列傳〉，頁 2945。

〔註109〕衛宏撰，《漢舊儀》，卷下，頁三，收於孫星衍集，《漢官六種》。

穆先生認爲是漢武帝不滿諸侯不助擊南越，引爲藉口罷諸侯，並非有何定制；〔註110〕郭獻功則認爲這是漢政府打擊諸侯的手段之一。〔註111〕由錢、郭二氏說法可知，酎金制度本身政治意味是大過其少府收入的意義，其收入多寡恐非重點。

至於酎金歸何官所屬，據《史記・平準書》載：「至酎，少府省金」，〔註112〕又據《後漢書・禮儀志》引漢金布令言：「皆會酎，少府受」，〔註113〕酎金既由少府省、受，則可知酎金當爲少府收入之一。酎金雖涉黃金，然酎祭卻屬禮制，此本非財政官員所轄，應當屬奉常負責，〔註114〕何以屬少府則不明。陳文豪指出，「禮儀亦可視爲少府之職」，〔註115〕並指出少府掌管禮儀例證，故只能知道少府確轄部分禮制，然其緣由不明，與奉常間如何畫分亦不明。是「酎金」爲前漢少府稅收項目之一。

酎金本出酎祭，酎祭早自周代已存，其主要目的是展現諸侯間長幼次序，其政治性目的相當明顯。至漢代，酎祭仍爲相當重要祭典。至漢文帝以下，正式命令諸侯上酎金於漢中央以協助祭典，其主要目的依然爲政治性手段，而非替少府增加收入，如漢武帝於元鼎五年，利用此爲藉口趁機鏟除諸侯，其表面即是以酎金作爲藉口。漢代酎金是交至少府處，然酎祭爲禮儀，何以不上至掌管禮儀之奉常則不可知。

〔註110〕見錢穆著，《秦漢史》，頁164。錢先生所主張的觀點，似在《史記・平準書》中可見其根據，據載，「齊相卜式上書曰：『臣聞主憂臣辱，南越反，臣願父子與齊習船者往死之。』天子下詔曰：『卜式雖躬耕牧，不以爲利，有餘輒助縣官之用。今天下不幸有急，而式奮願父子死之，雖未戰，可謂義形於內。賜爵關內侯，金六十斤，田十頃。』布告天下，天下莫應。列侯以百數，皆莫求從軍擊羌、越。至酎，少府省金，而列侯坐酎金失侯者百餘人。乃拜式爲御史大夫。」（《史記》，卷三十〈平準書〉，頁1439。）就此處語法言，列侯因酎金失侯根本原因就是不願替國家服務，更以列侯失侯、卜氏拜官彰顯這一事實，錢先生根據當出於此。

〔註111〕見郭獻功著，〈漢代的"酎金"與"酎金案"〉，《商丘師範學院學報》，第20卷第3期（2004年），頁78。

〔註112〕《史記》，卷三十〈平準書〉，頁1439。

〔註113〕《後漢書》（北京：中華書局，1965年5月第一版），志第四〈禮儀志〉，頁3104。

〔註114〕《漢書・百官公卿表》載：「奉常，秦官，掌宗廟禮儀，有丞」，（《漢書》，卷十九上〈百官公卿表上〉，頁726。）據此條可知相關禮儀活動皆本由奉常所掌。

〔註115〕陳文豪著，《漢代九卿研究》（臺北：中國文化大學史學研究所博士論文，1993年），頁234。

（二）酌金課徵方式與金額

酌金雖屬政治性制度，但仍涉及相關課徵方式、金額等實際財政措施，因此仍需略探其概況。在此亦將約略說明酌金之稅收屬性，從而說明酌金實不屬自然資源稅。以下將依課徵方式、金額大小與其特性等點說明之。

前文已述及酌祭於八月舉辦，酌金原則上於同時繳納。據《漢舊儀》載：「侯、王歲以戶口酌黃金，獻于漢廟，皇帝臨受獻金以助祭」，〔註116〕酌金目的既為助祭，則當在酌祭之時或之前繳交，不然即無「助」之意義。因此，酌金大體於八月時或之前交至少府處。其頻率則當為每年一次且其儀式比照上計，《漢舊儀補遺》載：「皇帝會諸侯酌金廟中，以上計儀設九賓陪位也」，〔註117〕此處並無說明較遠之王、侯是否如上計時遠郡三年一上計而三年納一次酌金，〔註118〕故其細節無法得知。但是，酌祭本為政治手段，乃至成為打擊諸侯工具，與地方回報政情不同，故頗疑不分遠近年年皆需至中央繳納酌金，從而削弱諸侯力量。

酌金乃按「戶口酌黃金」，至於酌金實際的課徵方式與標準，則當見《續漢書・禮儀志》注所引漢律《金布令》云：

> 皇帝齋宿，親帥羣臣承祠宗廟，羣臣宜分奉請。諸侯、列侯各以民口數，率千口奉金四兩，奇不滿千口至五百口亦四兩，皆會酌，少府受。又大鴻臚食邑九眞、交阯、日南者，用犀角長九寸以上若瑇瑁甲一，鬱林用象牙長三尺以上若翡翠各二十，準以當金。〔註119〕

此處即明云酌金繳納標準。其繳納金額為黃金四兩之倍數，每千人四兩，不滿千人者採四捨五入計算，在少數地方准以特產代替。黃金四兩若以黃金一斤值萬錢算，則約二千五百錢，平均每人二點五錢，其金額並不算多。這些黃金對漢中央言是只對諸侯收，不對百姓課徵，酌金對諸侯的意義其金額多寡應較不重要，而是政治目的較大。

至於酌金的總金額數，目前只得用漢平帝元始二年人口數與諸侯國數來統計，前漢其他時期則缺乏資料無法統計。據加藤繁統計，當時諸侯王凡二

〔註116〕衛宏撰，《漢舊儀》，卷下，頁三，收於孫星衍集，《漢官六種》。
〔註117〕衛宏撰，《漢舊儀補遺》，卷下，頁四，收於孫星衍集，《漢官六種》。
〔註118〕關於三年一上計，可見羅慶康著，《西漢財政官制史稿》，頁347。
〔註119〕《後漢書》，志第四〈禮儀志〉，頁3104。在《全漢文》中，則云此條資料為〈酌金律〉，似認為與《金布令》有別。（見嚴可均編，《全漢文》，卷二〈文帝二〉，頁7）

十國，當納 24780 兩黃金，至於列侯所納總數目則當與諸侯王差不多。〔註120〕杜勁松則代加藤繁訂正，指諸侯王當納 25576 兩黃金，至於侯國凡二百四十一國，認爲其收入爲諸侯王三分之一，二者相加爲 2131.4 斤黃金。〔註121〕諸侯王所當繳黃金數量問題較少，至於列侯國與縣、道同級，平帝元始二年時，「縣邑千三百一十四，道三十二，侯國二百四十一」，〔註122〕縣道侯計有千五百八十七。若漢代人口平均分佈，以平帝元始二年 59594978 人計，則二百四十一侯國當有 9050018 人，酎金數當爲 36200 兩，然侯國卻有不過鄉大小者，〔註123〕故這只能供參考，不宜作爲定論。若以加藤繁所計列侯與諸侯王差不多，則其換算爲錢達四億九千五百六十萬錢；若以杜勁松所估，則酎金共爲二千一百三十一萬四千錢；依筆者對列侯人口數簡單估計，則酎金達六億零九百八十萬。此處僅杜勁松提出其算法，故以下酎金金額將採杜勁松一說。

據張家山漢簡〈金布律〉簡四二七、四二八則述及漢初在需要繳交黃金時，可以用錢代替，其簡文云：

> 當入金，欲以平賈（價）入錢，……各以其二千石官治所縣十月金
> 平賈（價）予錢，爲除。〔註124〕

該簡本在說明百姓、官府間當用黃金時，若黃金不夠可用當地二千石官所在地黃金十月的價格代繳。但是在酎金中，既有「飲酎受金，小不如斤兩，色惡，王奪戶，侯免國」〔註125〕一條，則此處必納實際的黃金，不然銅錢當無「小不如斤兩，色惡」等問題。此外，據張家山漢簡〈錢律〉簡一九七載：「金

〔註120〕 見加藤繁，〈漢代國家財政和帝室財政的區別以及帝室財政的一斑〉，頁 61。此種計算方式另可見周伯棣一書（周伯棣著，《中國財政史》，頁 125）。

〔註121〕 見氏著，〈關於西漢多黃金原因的研究〉，頁 62。

〔註122〕 《漢書》，卷二十八下〈地理志下〉，頁 1640。

〔註123〕 觀尹灣漢簡，載漢代東海郡資料，在木牘一正雖云：「縣邑侯國卅八、縣十八、侯國十八、邑二，其廿四有堠都官二。」（連雲港市博物館等編，《尹灣漢墓簡牘》（北京：中華書局，1997 年 9 月第一版），頁 77）縣、邑、侯雖列同級，但在木牘二反上，侯國則有如建鄉、山鄉等，（連雲港市博物館等編，《尹灣漢墓簡牘》，頁 83～84）這些即是鄉侯國。在行政上這些侯國或許與縣同級，但在實際人口、土地上恐怕是與鄉同級。嚴耕望先生於其《中國地方行政制度史秦漢地方行政制度》中，亦表示前漢侯國在行政上同等於縣，但實際上大小卻在縣、鄉之間，至後漢小者更只有亭。（見氏著，《中國地方行政制度史秦漢地方行政制度》，頁 49）

〔註124〕 整理小組編，《張家山漢墓竹簡〔二四七號墓〕》，《二年律令‧金布律》，簡四二七、四二八，頁 190。

〔註125〕 衛宏撰，《漢舊儀》，卷下，頁三，收於孫星衍集，《漢官六種》。

不青赤者，爲行金」，〔註126〕其意指金未參銅、鉛者。〔註127〕然未云其成份規定，酎金所規定之「色惡」則更模糊，懷疑採比一般行金更嚴標準。由此可知，酎金的徵收標準甚高且不可以銅錢代替，則其徵收本意當在對付地方諸侯，而不是謀取收入。

據以上所云酎金課徵方式，宜將其納入屬人稅收。蓋酎金乃因酎祭而出，酎祭是爲宣示上下次序之典禮，無涉於山海池澤。其次，酎金收納標準與口賦相似以人口爲主，人口越多者金額越高，但由諸侯王、列侯所納，因此無涉於山海池澤。諸侯所納酎金既以所轄人口爲標準，整個儀式皆針對人所創，則酎金宜稱人口稅收。

酎金乃諸侯對漢中央所負之義務，其金額爲每千口黃金四兩。金額不高，但是列侯、諸侯王等不得如張家山漢簡〈金布律〉所規定的得用錢代替黃金，且其黃金按驗標準似嚴於〈錢律〉對行金的按驗標準。因此，懷疑酎金本意爲對付諸侯，故其收入部分則非要點。此外，由於酎金課徵標準爲人口，故酎金誠爲人口稅收之一環。

人口稅收是由口賦、戶賦、獻費、酎金等四項所組成，此類稅收皆以人頭計算其金額多寡，其徵收對象就是人，因此列爲屬人稅收。此類稅收與水資源、土地資源、物品等稅收關係較低，可謂自成一格。人口稅收具「賦」之特色，但其在漢代皆屬少府而非大司農。也因爲水資源、土地資源稅收在前漢後期漸轉屬其他職官，這導致的結果即是越至前漢晚期，人口稅收佔少府的收入比例越高。

第二節　物品類稅收

其次爲物品類稅收，此類稅收主要特色是針對「物品」收稅，且不涉及人。至於實際上作爲稅收所交物品爲何，則與稅收分類無關，並非是物品類稅收就收貨物。此處物品類稅收包含關稅、市租、酒稅、獻物等四類不同收入，其中除獻物外皆是針對人民課徵，而獻物則是針對郡國諸侯課徵。此外，前述水資源、土地資源的山澤稅，實亦爲物品類稅收之一，因爲這些皆是針

〔註126〕整理小組編，《張家山漢墓竹簡〔二四七號墓〕》，《二年律令・錢律》，簡一九七，頁159。
〔註127〕見拙稿，〈漢初的「行金」與「行錢」〉，《中興史學》，第12期（2006年6月），頁8。

對「物品」而收的稅，但以其與自然資源有關故獨立爲一類，此處之物品類稅收爲與山澤等自然無關之稅收。

關稅、市租、酒稅、獻物等收入，這些收入在少府收入整體中比例較少。其原因不外是資料不足，無從細探其收入，更遑論探討其收入對前漢政府的意義。然其資料雖然不多，但已足以說明其是否與山海池澤之稅有關、以及其與少府財政運作之關係，故仍值得討論。

一、關　稅

關稅是少府四種次要收入中資料較多者，其是針對商業行爲而產生的稅收，並屬於少府。至於欲探關稅屬性爲何，則有自其來源探討之必要，其次則試探其課徵方式。透過這些方式將可說明關稅實非自然資源稅，又可說明關稅在少府收入中的意義。但是由於資料有限，以下將無法如少府其他收入一樣說明其金額，這是研究關稅時的瓶頸。

（一）關稅的起源

關稅就制度面言，似在周代出現。據相關周代制度史籍所載，如《周禮・大府》載：「關市之賦，以待王之膳服」，〔註128〕似乎關稅已是周代定制，且經費已專門提供給王室私用。又據《孟子・公孫丑上》載有：「關，譏而不征，則天下之旅皆悅」，〔註129〕此處顯示在孟子的年代，關稅已成爲令商人頭痛的問題。

關於西周時期的關稅，雖然夏金梅、張波兩人認爲此時關稅不過是對未交稅商品與違禁品的罰款，不是政府重要收入，〔註130〕但關稅已在西周時出現則無問題。〔註131〕至於關稅的全面實施，則至春秋時才正式開始，這與當時各國分立有相當關係。〔註132〕據《左傳・文公二年》載：「仲尼曰：『臧文

〔註128〕鄭玄注，《周禮注疏》（北京：北京大學出版社，1999 年 12 月第一版），卷六〈大府〉，頁 154。此處所云關市之賦，爲關稅與市租的合稱。

〔註129〕《孟子》（收於朱熹集註，《四書集註》（臺北：學海出版社，1988 年 6 月）），卷三〈公孫丑上〉，頁 236。

〔註130〕夏金梅、張波著，〈西周至秦漢關稅收入增長原因分析〉，《延安大學學報（社會科學版）》，2005 年第 5 期，頁 96。

〔註131〕陳秀夔即認爲關稅出現於西周。參見陳秀夔著，《中國財政史》（臺北：正中書局，1968 年 10 月臺初版），頁 139。

〔註132〕參見陳秀夔著，《中國財政史》，頁 139。持此類說法者，似亦有持關稅自春秋時代才開始者，如周伯棣。（見周伯棣著，《中國財政史》，頁 106）

仲其不仁者三，……下展禽、廢六關、妾織蒲，三不仁也。』」，〔註133〕王肅注：「六關，關名。魯本無此關，文仲置之以稅行者，故爲不仁。」〔註134〕夏、張二氏則認爲，「這是在境內領地上設關的最初的記載」，〔註135〕這是關稅第一次直接出現在文獻上。又據《左傳・文公十一年》載：「宋公於是以門賞耏班，使食其征」，〔註136〕孔穎達疏云：「門，關門；征，稅也」，〔註137〕黃今言據此條資料認爲，關稅自春秋時代已經出現，〔註138〕不過這不排斥關稅於西周時代已存在說法。

　　關於關稅在漢代的發展，學者間爭議不少，其爭執重心是在漢代關稅究竟是於何時開徵。先據《史記・貨殖列傳》所載：「漢興，海內爲一，開關梁，弛山澤之禁，是以富商大賈周流天下，交易之物莫不通」，〔註139〕此處明言漢初開放關卡，使天下商人得以四處貿易，這表示當時免除關稅。〔註140〕又據《漢書・文帝紀》：「（十二年）三月，除關無用傳」，〔註141〕黃今言認爲這是免稅的再宣示，〔註142〕然王剛則認爲這是暫停收稅，認爲文帝之前不知何時恢復收稅。〔註143〕至景帝前元四年時，「復置諸關用傳出入」，〔註144〕王剛、

〔註133〕楊伯峻編著，《春秋左傳注》，〈文公二年〉，頁525。此處「廢」據惠棟注，古字其字與「置」相通（李學勤主編，《春秋左傳正義》（北京：北京大學出版社，1999年12月第一版），卷十八〈文公二年〉，頁496），意即置六關。

〔註134〕楊伯峻編著，《春秋左傳注》，〈文公二年〉，頁525。

〔註135〕夏金梅、張波，〈西周至秦漢關稅收入增長原因分析〉，頁97。

〔註136〕楊伯峻編著，《春秋左傳注》，〈文公十一年〉，頁583～584。

〔註137〕李學勤主編，《春秋左傳正義》，卷十九下〈文公十一年〉，頁536。楊伯峻則反對此爲關稅，認爲是城門口的稅，其認爲當時分別有關稅與門稅，兩者是分開不同稅收，此處爲門稅。（楊伯峻編著，《春秋左傳注》，頁584）楊氏之說固然有其根據，但周代有門稅之徵目前惟見楊氏提出，且若收門稅，則任一商旅自甲城至乙城則必收兩次稅以上，其對商旅影響程度恐怕遠過關稅，其可能性恐怕有待商榷。

〔註138〕黃今言，〈秦漢末業稅問題的探討〉，《江西師範大學學報（哲學社會科學版）》，1985年第1期，頁31。

〔註139〕《史記》，卷一百二十九〈貨殖列傳〉，頁3261。

〔註140〕參見黃今言著，〈秦漢末業稅問題的探討〉，頁31。周伯棣即認爲秦有關稅，但在漢高祖廢止，直至漢武帝時再重新課徵。（周伯棣著，《中國財政史》，頁106）孫翊剛則補充漢初是爲了恢復商業而暫停關稅，至武帝才恢復課徵。（孫翊剛著，《簡明中國財政史》（北京：中國財政經濟出版社，1988年12月第一版），頁38～39）

〔註141〕《漢書》，卷四〈文帝紀〉，頁123。

〔註142〕黃今言著，〈秦漢末業稅問題的探討〉，頁31。

〔註143〕王剛著，〈漢代關稅問題再探討〉，《南都學壇》，2003年第1期，頁18。

黃今言皆認為漢代於此時恢復收關稅。〔註145〕此外，《史記‧魏其武安侯列傳》尚載：「欲設明堂，令列侯就國，除關，以禮為服制，以興太平」，《索隱》注曰：「謂除關門之稅」，〔註146〕林甘泉認為這表示武帝初期尚有免關稅。〔註147〕林甘泉、孫翊剛、呂思勉等則據《漢書‧武帝紀》所載：「（太初四年）徙弘農都尉治武關，稅出入者以給關吏卒食」〔註148〕一文，主張漢代關稅約在武帝時復課或始課。〔註149〕此處皆有一共通點，即武帝以下已有關稅，所爭執者為前漢初期演變狀況。

細觀以上學者所爭論史料，當可從中理出幾點肯定的觀點。第一，若政府實行「除關」，關本身已不存在，則關稅必然無法存在，但這無法確認之前是否有關稅存在。因此，漢文帝時、武帝初年關稅必然不存在。第二，漢初「開關梁」是否能用以說明免稅則有問題，此處亦有可能是自禁止通行改為可以通行，此處並非是「除」關梁，況且在收關稅狀況下，富商大賈依然可以周流天下，故漢初究竟是否有關稅，則非《史記‧貨殖列傳》所載可以說明。第三，置關不能與收關稅劃上等號，要收關稅必先有關，然不能反推為有關就有關稅。〔註150〕總之，以最保守角度言，文帝時、武帝初無關稅，太初四年以下已有關稅，其他時期如高祖至呂后與景帝時期，則尚不可知。

（二）關稅的歸屬與其徵收方式

〔註144〕《漢書》，卷五〈景帝紀〉，頁143。
〔註145〕王剛說法可見氏著，〈漢代關稅問題再探討〉，頁18。黃今言一說，則見氏著，〈秦漢末業稅問題的探討〉，頁31。
〔註146〕《史記》，卷一百七〈魏其武安侯列傳〉，頁2843。然在《漢書‧田蚡傳》載同一事時，服虔則注云：「除關禁也」（《漢書》，卷五十二〈竇田灌韓傳〉，頁2379），不認為這是除關稅。認為這是除關稅者目前以林甘泉為主。
〔註147〕林甘泉主編，《中國經濟通史‧秦漢經濟卷》，頁687。
〔註148〕《漢書》，卷六〈武帝紀〉，頁202。
〔註149〕林甘泉認為漢代復課關稅年代必早於此事，據其考證當於武帝元狩四年之前。（參林甘泉主編，《中國經濟通史‧秦漢經濟卷》，頁687）孫翊剛的說法，則見氏編，《中國賦稅史》，頁78；孫氏只表示武帝時已見收稅事跡，認為景帝時恢復關卡但意不在收稅。呂思勉一說，則見氏著，《呂思勉讀史札記》（上海：上海古籍出版社，2005年11月第一版），頁612；呂思勉反對《索隱》前釋武帝初期除關稅，認為漢代至太初四年始課關稅。
〔註150〕陳秀夔認為漢初設關的目的主要是檢查商旅，其以治安為目的，至於收入則非其考量範圍，（陳秀夔著，《中國財政史》，頁139）周伯棣亦是持此觀點。（周伯棣著，《中國財政史》，頁106）陳、周二氏之說正可說明，關的存在不能等同於關稅亦存在，只有關不存在，關稅必然亦不存在。

　　關稅最主要的討論重點是其課徵年代，這也是在有限的資料下少數可說明的問題。關稅歸屬較少論爭，但因關稅其資料有限，難以說明其稅率、金額，因此與關稅歸屬共置一處說明。

　　至於關稅在漢代屬何職所轄，則缺乏明確資料，近代學者多逕認關稅屬於少府，〔註151〕卻未云其根據。若據「稅出入者以給關吏卒食」〔註152〕一語，只能確定關稅提供關卡的人事費用，無法確定其稅屬何機關負責。〔註153〕史籍明云關稅屬少府者，目前僅見《急就篇》顏師古注所云：「少府管池澤之稅及關市之資，以供天子」，〔註154〕其明言關稅屬少府。若以關稅用途言，查諸史籍如《周禮‧大府》載：「關市之賦，以待王之膳服」，〔註155〕天子膳服於漢代屬少府所職，若至漢代關稅仍用於此項開支，則當屬少府收入。另一種可能是因市租屬少府關係而將關稅一併屬之，其確切原因則不可知。此處從顏師古所云，以關稅屬少府，是「關市之資」爲前漢少府稅收項目之一。

　　關稅其徵收方式，簡而言之爲貨物通過關卡時所納的稅，〔註156〕然其詳細運作方式則有待說明。就張家山漢簡《算數書》與《九章算術》言，其涉及關稅的例題皆是在「出關」時課稅，〔註157〕此處無法得知「出關」、「入

〔註151〕如羅慶康於氏著《西漢財政官制史稿》中，逕將關稅列爲少府收入，卻未云其根據爲何。（參氏著，《西漢財政官制史稿》，頁 85）又如陳文豪，在《漢代九卿研究》中，亦直接將關稅視爲少府收入。（參氏著，《漢代九卿研究》，頁 228）

〔註152〕《漢書》，卷六〈武帝紀〉，頁 202。

〔註153〕陳秀夔似因關稅用於提供守關官兵費用，從而將關稅視爲國家收入，（陳秀夔著，《中國財政史》，頁 157）不過此說只有陳氏一人提出，未見有其他學者提出相似看法。馬大英亦認爲關稅只供守關人員使用，但不將其視爲一般國家收入，將其列爲專門基金。（馬大英，《漢代財政史》，頁 78）

〔註154〕史游著，顏師古注，《急就篇》（長沙：岳麓書社，1989 年 1 月），卷四，頁 298。

〔註155〕鄭玄注，《周禮注疏》，卷六〈大府〉，頁 154。

〔註156〕而今日之關稅則是針對貨物通過國境課稅，具有保護國內產業之意涵，前漢則是在國內收稅，似乎只重視關稅增加政府收入的機能。關於現代關稅課徵方式與內容，可另見李超英著，《財政學概要》（臺北：五南圖書出版公司，1982 年 11 月五版），頁 96。

〔註157〕針對於《九章算術》各例題，可見《九章算術‧衰分》第 3 題、（劉徽註，《九章算術校證》（臺北：九章出版社，2002 年 11 月一版），卷三〈衰分〉，頁 214）《九章算術‧均輸》第 15、27、28 題。（劉徽註，《九章算術校證》，卷六〈衰分〉，頁 347、362、363）張家山漢簡《算數書》則可見簡三四〈狐出關〉、簡三六〈狐皮〉等，以上皆以「出關」時課稅。

關」與「過關」有何差別，只知這些關稅是在關卡直接課稅。另有學者指出關稅似在發放關傳時，由關嗇夫負責記錄貨物乃至課稅。〔註158〕此外，貨物過關種類極多，關卡本身大多直接收錢偶爾收實物以充稅收，不然如米、布等交實物尚易解決，其他如牛、馬等豈能分割部分收實物，因此當以收錢為主。〔註159〕

關於關稅稅率問題，則有多位學者討論。若對《九章算術》中涉及關稅之例題統計，可得出有二分之一、三分之一、四分之一、五分之一、六分之一、七分之一與十分之一等七種稅率，且每出一關就收一次稅，多者累計至百分之八十三。〔註160〕張家山漢簡《算數書》所載〈狐出關〉、〈狐皮〉兩條，雖有關稅金額卻沒有商品物價，因此無以說明稅率多少。但針對關稅是否會依商品不同而有差異，依《算數書・狐出關》所載：「狐、貍、犬出關，租百一十一錢。犬謂貍、貍謂狐：而皮倍我，出租當倍戈（哉）」〔註161〕、《算數書・狐皮》：「狐皮卅五戈（裁）、貍皮廿五戈（裁）、犬皮十二戈（裁）偕出關，關并租廿五錢，……并賈為法，以租各乘賈為實」，〔註162〕由以上二條計算方式，可知其以商品售價按比例分擔關稅，則其稅率必然相同，這似可確定漢代關卡只收特定稅率，而不再細分不同商品之稅率。至於漢代一般關稅稅率，王剛、黃今言、王亞春等，主張漢代稅率為百分之十；〔註163〕夏金梅、張波則補充，戰國時關稅約百分之二，至後漢已為百分之十。〔註164〕因此，漢代稅率一般而言是百分之十，但這並非絕對，其間會依時代、地區不同而有所波動。

雖然關稅稅率可約略推估，但是基於資料的缺乏，故無從計算關稅金額。

〔註158〕 參王剛著，〈漢代關稅問題再探討〉，頁16～17。另據新出土張家山漢簡，漢代確有於關卡登記出入物資的現象，如《二年律令・津關令》簡四九三載：「□、制詔御史，其令諸關，禁毋出私金□□。或以金器入者，關謹籍書，出復以閱，出之。籍器，飾及所服者不用此令」（整理小組編，《張家山漢墓竹簡〔二四七號墓〕》，《二年律令・津關令》，簡四九三，頁206），此處即明言各關需登記出入的黃金。

〔註159〕 關於關稅收錢問題，可見王剛，〈漢代關稅問題再探討〉，頁19。

〔註160〕 可另參見王剛著，〈漢代關稅問題再探討〉，頁19。

〔註161〕 《算數書》簡三四〈狐出關〉，頁253。

〔註162〕 《算數書》簡三六、三七〈狐出關〉，頁254。

〔註163〕 分見王剛著，〈漢代關稅問題再探討〉，頁19；黃今言著，〈秦漢末業稅問題的探討〉，頁32；王亞春著，〈漢代關稅小考〉，《山西大學學報（哲學社會科學版）》，1997年第3期，頁76。

〔註164〕 夏金梅、張波著，〈西周至秦漢關稅收入增長原因分析〉，頁98～99。

如漢代關的總數，至今仍屬不明，〔註 165〕這已使關稅無法計算。其次，漢代國內的商業流動量亦無從得知，無法了解到底有多少貨物或其金額會通過關卡，即便關的總數可以推知，依然無法計算關稅金額，這是關稅計算的第二層難題。再者，成於漢代的《九章算術》中有一例題云及：

今有人持米出三關，外關三而取一，中關五而取一，內關七而取一，餘米五斗。〔註 166〕

此條資料顯示，漢代的關似分有內、中、外三種不同層級，並且配合著不同稅率。這除顯示漢代關制的複雜外，更增加研究漢代關稅總額的困難，如除需知道漢代關總數外，尚需知道各關的層級。正因為關稅總額實無從統計，進而影響到關稅重要性。

關稅的重要性為何，可由幾個方面來看。馬非百認為，就史料上言，關稅在武帝時出現「然以後又無從考見，可見關稅在當時，尚非重要賦稅之一」，〔註 167〕認為漢代關稅並不重要。近代學者如夏金梅、張波等，則認為自西周到秦漢，政府透過關稅分享商業利潤，遂不斷調高稅額，從而提升了關稅的重要性。〔註 168〕就夏、張二氏所言，由於關稅多寡與貨物通過量有關，若關稅的金額越高，正可表示漢代國內商業活動的繁盛。王亞春卻認為，這是政府「重農抑末、安土重農之意」，〔註 169〕若依王氏所言，這反成政府對付商業的手段。觀諸家說法，馬非百先生所指史料缺乏當與重要性有關，此點固然不錯，然漢代與先秦輕商思想已現，乃至恥於言及經濟活動；〔註 170〕因此，只能說關稅未如鹽、鐵般重要，不宜稱其不重要。夏、張二氏所言當為正確方向，王氏所主張抑商一說不可忽視，然在稅率僅一成的狀況下，對商業影響相當有限，故就目前資料言仍無法決定夏、張二氏或王氏所主張，何者正確。由於關稅會重覆課徵，在此尚待對全國總關數的統計與分佈狀況說明，若可統計出以上二者，當能解決此問題。

觀諸以上關稅來源與徵收方式，可知針對物品通過關卡所課之稅，其課稅準則是該商品之原始物價。在所課徵的物品上，除部分如米、布收實物之

〔註 165〕羅慶康著，《西漢財政官制史稿》，頁 85
〔註 166〕劉徽註，《九章算術校證》，卷六〈均輸〉，頁 362。
〔註 167〕馬非百，〈秦漢經濟史資料（七）租稅制度〉，頁 18。
〔註 168〕參夏金梅、張波，〈西周至秦漢關稅收入增長原因分析〉，頁 99。
〔註 169〕王亞春，〈漢代關稅小考〉，頁 76。
〔註 170〕參彭信威著，《中國貨幣史》（上海：上海人民出版社，1988 年），頁 93～94。

外，大多直接收錢。關稅本意既是在分享商人的收入，也是針對貨品收稅，其衡量標準亦是該商品物價，關稅實為物品類稅之一。王亞春已指出，關稅本意不在對人收稅，〔註171〕觀漢代關稅例證，對商品收稅時，似不在意貨物是否出自山海池澤，一律收稅，因此不宜屬山海池澤等自然稅收。

　　總之，關稅發展起自周代，戰國時期發展更盛。至漢代，文帝與武帝早期不收關稅，高祖、惠帝、呂后與景帝時是否有收關稅，其爭議仍大，武帝中期以下關稅已正式確立。關稅一般咸信認為屬於少府，然缺乏漢代史料直接證明，此處以周代制度延伸至漢代，以用途言關稅屬少府。關稅是在「出關」時收，原則上以收錢為主，其稅率一般為百分之十。至於關稅重要與否則有多種觀點，然因缺乏關鍵史料，故無法說明。

二、市　租

　　漢代少府尚掌有市井收入，所謂市井收入實由兩種同以「市」為名的收入所構成，即市籍稅與市場稅。所謂之市籍，乃針對擁有特定戶籍的人課徵；至於市租，即為今日所稱之營業稅。由於資料缺乏，在此只試探市井收入的大略演變、歸屬、徵收方式、稅額與分類屬性等，此處重點在市井收入的意義上，其他部分如「市」的來源，則因與主題無關，故暫不討論。

（一）市租的起源與歸屬

　　市租的起源甚早，目前所見最早之市租史料，約在春秋時代。劉向《新序》載晉平公言：「吾門下食客者三千餘人，朝食不足，暮收市租；暮食不足，朝收市租，吾尚可謂不好士乎」，〔註172〕在此明言當時已有收市租，雖不明其具體收市租方式，但可知春秋時市租必已存在。市租的形成可能早於春秋時代，因《商君書》載：「故曰欲農富其國者，境內之食必貴，而不農之徵必多，市利之租必重，則民不得無田」，〔註173〕莊瑢逸認為商鞅時的秦

〔註171〕王亞春，〈漢代關稅小考〉，頁76。
〔註172〕劉向著，《新序》（臺北：臺灣古籍出版社，1997年10月初版），卷一〈雜事一〉，頁34～35。
〔註173〕朱師轍撰，《商君書解詁定本》（臺北：河洛圖書出版社，1975年3月臺景印初版），卷五〈內外第二十二〉，頁83。此處商君即指商鞅，而此書成於漢代之前，咸信非商鞅本人親著，應由後人整理商鞅思想而成。（蔣禮鴻撰，《商君書錐指》（北京：中華書局，1986年4月第一版），頁1～4）

必先已有市租，才能加重市租，不然應該稱爲開始課稅。〔註174〕莊氏一說甚爲正確，至於市租的正確起源，目前無法探明。

在漢代市租依然持續發展，其發展當超過春秋、戰國時代，似爲針對兩種不同事物所課徵之稅。第一是針對有市籍者所課之稅，據《漢書·何武王嘉師丹傳》載：「武弟顯家有市籍，租常不入，縣數負其課」，〔註175〕何顯家所納之稅，其課徵緣由爲其家有市籍，此當具有戶籍稅性質。繳納市租取得市籍，其主要功用是獲得在市場中擺攤與通行之權力，〔註176〕至於實際上是否有從事商販亦不影響此稅課徵與否，〔註177〕其亦被稱爲市場管理稅。〔註178〕

漢代市租除了前述市籍稅之外，尚有針對營業行爲所課之稅。如《漢書·食貨志》載：「除其販賣租銖之律」，顏師古注云：「租銖，謂計其所賣物價，平其錙銖而收租也」，〔註179〕據此可見租稅是針對營業所課之稅。又據《管子·幼官》載：「市賦百取二」，〔註180〕其稅既採抽成方式，則當爲營業稅無誤，而不能爲一種戶籍稅。因此，如莊瑢逸則認爲市租所指即爲營業稅。〔註181〕就此可知，所謂之市租，至少由兩種不同性質之收入所構成。

從上所見，市井收入在秦漢時代實際上爲兩種稅收，但是在名稱上卻都稱爲市租，因此長期以來造成學界困擾。其最主要說法正是營業稅與市籍稅兩種，〔註182〕如高敏、冷鵬飛、馬大英、莊瑢逸、孫翊剛等主張市租是營業稅、交易稅，〔註183〕王剛則認爲市租爲市場管理稅，〔註184〕羅慶康、陳秀夔主張市租

〔註174〕莊瑢逸，《秦漢市制探微》（臺中：國立中興大學歷史學系碩士論文，2001 年），頁 59。

〔註175〕《漢書》，卷八十六〈何武王嘉師丹傳〉，頁 3482。

〔註176〕參王剛著，〈漢代“市租”新探〉，《中國社會經濟史研究》，2000 年第 4 期，頁 88。

〔註177〕參陳秀夔著，《中國財政史》，頁 169。

〔註178〕王剛，〈漢代“市租”新探〉，頁 90。

〔註179〕《漢書》，卷二十四〈食貨志〉，頁 1176～1177。

〔註180〕管仲著，《管子校注》（北京：中華書局，2004 年 6 月第一版），卷三〈幼官第八〉，頁 158。

〔註181〕莊瑢逸著，《秦漢市制探微》，頁 58～64。

〔註182〕據王剛統計，他整理出主要有手續費、房屋稅、貨物稅與地租等四種說法。（王剛著，〈漢代“市租”新探〉，頁 88）王氏似乎反而漏掉市籍部分，不過他自己最後結論即認爲市租是屬於一種市籍稅。

〔註183〕參見高敏著，〈秦漢賦稅制度考釋〉，頁 93；冷鵬飛著，〈漢代“市租”考〉，《中國史研究》，1996 年第 3 期，頁 163；馬大英著，《漢代財政史》，頁 82～90；莊瑢逸，《秦漢市制探微》，頁 58～64；尚可見於孫翊剛，《簡明中國

爲一種市籍稅。﹝註185﹞以上各學者固然有其觀點，並提出相當資料說明。正因爲如此，其另一種可能即是兩種說法都成立，正如林甘泉、黃今言等認爲市租其實包含多種稅收，除營業稅外另有市籍稅，﹝註186﹞即雖同名，實爲二稅。

　　至於市租在漢代屬何官所轄，其問題較關稅簡單。據《漢官儀》載：「山澤魚鹽市稅少府以給私用」，﹝註187﹞此處初步說明市租屬少府收入。又據《史記・平準書》云：「而山川園池市井租稅之入，自天子以至于封君湯沐邑，皆各爲私奉養焉，不領於天下之經費」，﹝註188﹞其費既可供天子私奉養，則當入於少府。但是，少府雖有市租收入，市租卻未必交給少府。﹝註189﹞據《史記・張釋之馮唐列傳》載有一段馮唐與漢文帝間的對話，馮唐云：「今臣竊聞魏尚爲雲中守，其軍市租盡以饗士卒，出私養錢，五日一椎牛，饗賓客軍吏舍人，是以匈奴遠避，不近雲中之塞」，﹝註190﹞市租確實是私養錢，但未必只上於少

﹝註184﹞ 王剛，〈漢代"市租"新探〉，頁 91。
﹝註185﹞ 羅慶康本人並未明言市租爲何，但羅慶康計算市租稅額的方式，乃按照商家戶數乘上一戶所當交金額，此種計算方式只能爲一種戶籍稅。參羅慶康著，《西漢財政官制史稿》，頁 84～85。另可見陳秀夔著，《中國財政史》，頁 169。
﹝註186﹞ 林甘泉，《中國經濟通史・秦漢經濟卷》，頁 684～685；黃今言，〈秦漢末業稅問題的探討〉，頁 27～28。黃今言還提出，市租同時也是針對特殊商品的交稅收，與一般商品差異在課徵實物。（黃今言，〈秦漢末業稅問題的探討〉，頁 28）其實，黃氏所補充之說法，依然是交易稅的一種。
﹝註187﹞ 應劭著，《漢官儀》，卷上，頁十。
﹝註188﹞ 《史記》，卷三十〈平準書〉，頁 1418。
﹝註189﹞ 此外，張家山漢簡《二年律令・金布律》簡四二九～四三〇載：「官爲作務、市及受租、質錢，皆爲缿，封以令、丞印而入，與參辨券之，輒入錢缿中，上中辨其廷。質者勿與券。租、質、戶賦、園池入錢縣道官，勿敢擅用，三月壹上見金、錢數二千石官，二千石官上丞相、御史。」觀此，地方政府作務、市兩項收入，似不必如其他收入上繳於中央，此處之「市」所指爲何？恐怕有待更進一步討論。另據睡虎地秦簡《秦律十八種・關市》簡九七亦載「爲作務及官府市，受錢必輒入其錢缿中，令市者見其入，不從令者貲一甲」一條，由秦漢時市只有公設狀況言，（王剛，〈漢代"市租"新探〉，頁89。）若「市」指經營市場所得市租收入，則沒有再加上「官府」一詞之必要。因此，此條資料或言官府自行去賣東西所獲得之利潤，而不指市租。既然是官府本身販賣物資所得之錢，故沒有向中央呈報之必要。
﹝註190﹞ 《史記》，卷一百二〈張釋之馮唐列傳〉，頁2758。相類似的狀況在戰國已有，戰國時趙國李牧將其市租收入盡給其幕府，（《史記》，卷八十一〈廉頗藺相如列傳〉，頁 2449）觀前魏尚亦負軍事職務，似乎市租優先給地方軍事長官使用。然此種市租似爲特種之軍市租，或許只有這種市租才交給當地軍政長官，而不用上報。（關於軍市，可參林甘泉主編，《中國經濟通史・秦漢經濟卷》，頁 685）

府，其與封君亦得食山海池澤道理一致。無論如何，是「市租」為前漢少府稅收項目之一。

（二）市租的課徵方式與金額

市租中關於市籍稅部分，雖知存在但不知其金額。羅慶康據《史記‧齊悼惠王世家》所載：「齊臨菑十萬戶，市租千金」，〔註191〕羅慶康解讀此條資料認為是每戶當交 0.08 兩黃金，〔註192〕依此種每戶繳定額的計算方式，此條所收當為市籍稅；《索隱》則主張這是：「市租謂所賣之物出稅，日得千金」，〔註193〕意即交易稅。其實，不論兩者中的任一者，其金額皆過高，有待進一步考證。王剛則主張，市籍稅所收為某特定百分比，課取商人的總財產，其百分比不明且不固定。〔註194〕

至於市租中，關於交易稅的稅率多寡亦是學界討論重點之一。史籍上所見最早交易稅率之記錄，為《管子‧幼官》所載：「市賦百取二」，〔註195〕即百分之二的稅率。其次，則是《漢書‧食貨志》所載王莽時期所下詔令：

> 諸取眾物鳥獸魚鱉百蟲於山林水澤及畜牧者，嬪婦桑蠶織紝紡績補
> 縫，工匠醫巫卜祝及它方技商販賈人坐肆列里區謁舍，皆各自占所
> 為於其在所之縣官，除其本，計其利，十一分之，而以其一為貢。
>
> 〔註196〕

此處揭示王莽時期所收稅率為十一分之一，約百分之九左右。此兩條資料為現今研究交易稅之最主要根據。黃今言採開放態度，認為其稅率可在一成到百分之二間，會依地區、時間不同有差異。〔註197〕莊瑢逸則懷疑現有各種稅率說法，認為每種商品有不同收稅方式，如酒按容量收稅，認為此種交易稅

余英時則提出漢代軍市數量相當多，甚至所謂「關市」其實也是漢代軍人對外貿易之處，這正反映漢代貿易之盛。（參見余英時著，鄔文玲等譯，《漢代貿易與擴張》（上海：上海古籍出版社，2005 年 6 月第一版），頁 84〜85）

〔註191〕《史記》，卷五十二〈齊悼惠王世家〉，頁 2008。
〔註192〕參羅慶康著，《西漢財政官制史稿》，頁 84〜85。其中 0.08 兩之算法，羅氏表示以一斤同於八兩計算。然漢代一斤實為十六兩，羅氏算法實有問題，在正文中依羅氏個人算法為主，不代其改正。其所得金額數為五十六億錢，數目相當可觀。
〔註193〕《史記》，卷五十二〈齊悼惠王世家〉，頁 2008。
〔註194〕王剛，〈漢代“市租”新探〉，頁 91。
〔註195〕管仲著，《管子校注》，卷三〈幼官第八〉，頁 158。
〔註196〕《漢書》，卷二十四〈食貨志〉，頁 1180〜1181。
〔註197〕黃今言，〈秦漢末業稅問題的探討〉，頁 30。

率至今仍無法探討與下定論。〔註198〕

　　市租的課徵方式為當事人自占，目前所見為針對交易稅部分，市籍是否比照辦理，則不可知。據前引《漢書・食貨志》載王莽詔令可知，〔註199〕當時市租已採自占申報。若「敢不自占，自占不以實者，盡沒入所采取，而作縣官一歲」，〔註200〕亦即沒收其所有商品，並強制勞動一年。另據近年新出土的張家山漢簡〈□市律〉，其中亦明言所有商販必須自占：

　　　　市販匿不自占租，坐所匿租臧（贓）為盜，沒入其所販賣及賈錢縣
　　　　官，奪之列。列長、伍人弗告，罰金各一斤。嗇夫、吏主者弗得，
　　　　罰金各二兩。〔註201〕

由此可知王莽時下令市販必須自占的規定，實可上溯至漢初，此處更懷疑此一制度通行於前漢一代。且觀其罰則，漢初即採沒收當事人所有商品與獲利所得金錢，與王莽時期罰則相同。〔註202〕因此，漢代市租交易稅部分，當採自占制度無誤，至於其如何核實，則非此處所可探討。

　　而市租所收為何，據《史記・齊悼惠王世家》所載：「齊臨菑十萬戶，市租千金」，〔註203〕則當時市租似收黃金。這進一步引發當時市租金額數目問題，羅慶康以前述十萬戶「市租千金」為基礎，提出當時全國市的數量約在一千四百至一千六百間，似主張市所在的城中所有戶口皆需納市租，其統計前漢高達七百萬戶需繳納，市稅從而高達五十六億錢，〔註204〕然在計算過程中，其採「1400（市）×5000（戶）×0.08（兩）」其答案當為 560000「兩」，羅氏卻算成 560000「斤」，最後變成五十六億錢。由其一戶交 0.08 兩可知，羅氏認為一斤等於八兩。若先代其校正斤、兩錯置，則總金額當為 700,000,000 錢。此處不論羅氏算法正確、合理與否，〔註205〕此為少數提出明確數據者。

〔註198〕參莊璟逸，《秦漢市制探微》，頁 61～62。

〔註199〕《漢書》，卷二十四〈食貨志〉，頁 1180～1181。

〔註200〕《漢書》，卷二十四〈食貨志〉，頁 1181。

〔註201〕整理小組編，《張家山漢墓竹簡〔二四七號墓〕》，《二年律令・□市律》簡二　　　　六○、二六一，頁 168～169。

〔註202〕王剛則據此表示，漢代市租採自占收稅，而不採用定額。（王剛，〈漢代 "市　　　　租" 新探〉，頁 91）王剛所言，或許是在指羅慶康主張的定額一說為非，然　　　　其未明言。

〔註203〕《史記》，卷五十二〈齊悼惠王世家〉，頁 2008。

〔註204〕參羅慶康著，《西漢財政官制史稿》，頁 85。

〔註205〕據《漢書・地理志》載漢平帝時戶口不過一千二百多萬，（《漢書》，卷二十八　　　　下〈地理志下〉，頁 1640）豈有全國戶口中幾近六成都需繳納市租。且羅氏

今依羅慶康算式，改採一斤十六兩，以平均每十萬戶會產生千金市租利潤云，則每戶可生零點一六兩黃金市租，以平帝元始二年戶口數言，其算式當爲：

$$12233062（戶）\times 0.16（兩）=1,957,289.92 兩$$

將兩數轉爲斤，則可得 122,330.62 斤。若以一斤值萬錢云，則其總金額爲 1,223,306,200 錢，則市租平均每戶可得百錢。自然實際需繳市租者爲商戶，前述百錢爲在無法區分商戶比例時所用，其實際所繳金額則當爲此數倍，端看其占總戶口數比例。但此條資料亦可解讀爲每十萬戶其一年的交易活動，約可替政府帶來千金收入，不必然是每戶都需交的市籍稅。此金額約爲羅慶康所得的五分之一，其數值當較爲合理。

市租如前所述，其課徵一部分是針對營業稅，即對物品流通所產生的利益而課稅。其第二部分則爲市籍稅，爲針對欲從事商業者所收之稅。其兩種稅收皆與商業有關，營業稅部分明顯與物品息息相關，故宜稱爲物品稅；至於市籍稅部分，則與人和其職業有關，亦可視爲人口稅。營業稅這些商品一如關稅，有可能出自山澤之間，但不論其出自山澤與否，皆不影響其必須繳納營業稅，故不屬山澤稅。

總之，市租在春秋時代已經存在，其實際出現年代已不可知。在漢代，市租實際上分爲營業稅與市籍稅兩種收入，但是皆稱爲市租。少府收入來源包含市租，但市租不必然交給少府，地方封君與軍政長官似亦享有市租收入。市租在市籍稅上，有戶收 0.08 兩一說；至於在營業稅上，咸信在百分之二至百分之十間，按照地區、時代而有不同。市租既由營業稅與市籍稅所構成，則其同時具有物口稅、人口稅兩種稅收屬性，與山海池澤之稅關係較低。

三、酒　稅

少府尚有酒稅此一收入，此收入顧名思義，即是針對酒類所課之稅。此稅因資料較少，故於此與市租、關稅併論。在以下將略論酒稅的起源、發展，

在計算長安城時，乃假設長安所有戶口皆需繳納市租，似乎認爲長安全城都是商人。若照羅氏算法，則漢代則成商業大國，此不甚合理。不然，羅氏或認爲市租是針對所有人民課徵之稅，若此則市租反倒變成一種戶籍稅。最後一種可能，則是羅氏認爲市租所生利率若分攤至所有戶口，則平均爲一戶 0.08 兩，實際對商人所收遠過於此，但因缺乏實際商戶戶數，故以此計算。此外，王剛則從本質上懷疑臨菑市租金額的可靠度，認爲此一地金額竟可比擬漢代全部收入，顯無可能。（王剛，〈漢代“市租”新探〉，頁 87）

再論酒稅可能金額與是否宜屬山海池澤之稅。限於資料不足，部分項目恐怕只能簡論，至於其他與探討少府山澤稅較無關係之項目，將暫不討論。

酒稅屬酒政之一環，中國飲酒習俗起源甚早，〔註206〕但確切酒稅起源、始課的年代已不可考。至於史籍上實際論及酒稅，則見於《商君書·墾令》所載：「貴酒肉之價，重其租，令十倍其樸」，〔註207〕要能夠加「重其租」則勢必先有酒稅存在，方有可能加重其稅，不然逕云始課酒稅即可，因此春秋時代酒稅必已存在。學者認為這是當時秦政府為禁酒才加重其租，是所謂「寓禁於徵」的措施。〔註208〕這似乎表示，在秦代與其之前，本質上較不重視酒稅，只不過將其視為控制國民飲酒習慣之工具。

漢代初期酒稅史籍未載故狀況不明，頗疑依然承秦制度，對酒販賣收稅。然至武帝時期，則改為專賣。據《漢書·武帝紀》載：「（天漢三年）初榷酒酤」，應劭注云：「縣官自酤榷賣酒，小民不復得酤也」，〔註209〕武帝此措施乃桑弘羊所建議，〔註210〕此時正式將酒納入專賣體系，屬專賣一環。此時專賣之目的與其他專賣一致，皆是為了討伐匈奴軍費之用。〔註211〕然至昭帝鹽鐵會議時，酒榷受以杜延年為首之文學派強力反對，〔註212〕認為這是與民爭利，桑弘羊遂「罷酒酤」，〔註213〕終止酒專賣制，恢復民營收稅。自昭帝以下至前漢結束，漢代皆未再採行酒專賣制，直至王莽稱帝後方再推行，〔註214〕但已非屬前漢範圍。此外，莊璟逸認為酒稅為市租的一部分，

〔註206〕據徐少華表示，早自大禹時期酒可能已經存在。（參徐少華著，〈中國酒政概說〉，《中國釀造》，1998 年第 2 期，頁 1）

〔註207〕朱師轍撰，《商君書解詁定本》，卷一〈墾令第二〉，頁 7。

〔註208〕徐少華著，〈中國酒政概說〉，頁 2。

〔註209〕《漢書》，卷六〈武帝紀〉，頁 204。

〔註210〕其原文云：「及御史大夫桑弘羊建造酒榷鹽鐵，為國興利，伐其功，欲為子弟得官，亦怨恨光」（《漢書》，卷六十八〈霍光金日磾傳〉，頁 2935），此處明云酒專賣起自桑弘羊。

〔註211〕徐少華亦對此多有解釋，認為這除了是打擊大商外，亦是支付軍費，且似以後者為要。參徐少華著，〈形式多樣的專賣制——我國歷史上的酒政（三）〉，《中國食品》，1997 年第 12 期，頁 21。

〔註212〕《鹽鐵論》，卷一〈本議〉，頁 2。又據《漢書·杜延年傳》所載：「舉賢良，議罷酒榷鹽鐵，皆自延年發之」（《漢書》，卷六十〈杜延年傳〉，頁 2664），可知此議時由杜延年所發，假賢良文學等推行。

〔註213〕《漢書》，卷二十四下〈食貨志下〉，頁 1176。

〔註214〕關於王莽推行酒專賣，若欲暸解基本概況，可參考徐少華，〈形式多樣的專賣制——我國歷史上的酒政（三）〉，頁 21。

〔註215〕姑不論其說確否，單就酒推行過專賣政策，可知當有其重要性，故宜單獨討論。

酒稅在專賣時期歸大司農掌轄，然在非專賣時期，其收入歸屬何官則有不小問題。如林甘泉云：「少府掌山澤漁鹽市稅，酒稅本在其管轄之內，供應皇室私用」，〔註216〕但其所據何在？林氏並未交代。又陳文豪、羅慶康皆提出酒稅為少府收入之一，〔註217〕然皆未見其所據為何。唯據《鹽鐵論・憂邊》載：「故少府丞令請建酒榷，以贍邊，給戰士，拯民於難也」，〔註218〕此處似說明酒榷除為桑弘羊所建議外，再由少府單位請立，或許學者以此認為酒稅本少府所轄，故少府方能提出此一將酒專賣且供國用建議。然酒稅自專賣廢除後屬誰則不明，雖有可能仍歸少府管轄，但王莽再興專賣酒政策時，卻是由「羲和魯匡」〔註219〕所提出，「羲和」為「王莽改大司農曰羲和」，〔註220〕可知當時酒政在王莽前應已改入大司農。魯匡嘗云：「唯酒酤獨未榷」，〔註221〕而「初，榷官屬少府，中屬主爵，後屬大司農」，〔註222〕這或許反映酒稅在漢代的演變狀況。

至於漢代酒稅課徵方式，由於資料稀少，只能初步推測。先據《商君書・墾令》所載：「貴酒肉之價，重其租，令十倍其樸」，〔註223〕即其稅為酒價的十倍。〔註224〕然此制為春秋時期，至漢代酒稅非專賣時期，可能如同市租，使民眾自占「賣酒升四錢」〔註225〕方式收稅。此處頗疑前漢酒稅大多採自占，

〔註215〕參莊璥逸，《秦漢市制探微》，頁61～62。莊氏並以此認為，市租會依商品不同定不同稅率。
〔註216〕林甘泉主編，《中國經濟通史・秦漢經濟卷》，頁690。
〔註217〕分見陳文豪著，《漢代九卿研究》，頁228；羅慶康著，《西漢財政官制史稿》，頁83。
〔註218〕桓寬，《鹽鐵論》，卷二〈憂邊〉，頁78。
〔註219〕《漢書》，卷二十四下〈食貨志下〉，頁1182。
〔註220〕《漢書》，卷十九上〈百官公卿表上〉，頁731。
〔註221〕《漢書》，卷二十四下〈食貨志下〉，頁1182。
〔註222〕《漢書》，卷十九上〈百官公卿表上〉，頁731。
〔註223〕朱師轍撰，《商君書解詁定本》，卷一〈墾令第二〉，頁7。
〔註224〕周立中著，〈我國古代酒類管理與防偽〉，《防偽史話》，2004年6期，頁70。
〔註225〕《漢書》，卷七〈昭帝紀〉，頁224。此處雖云酒每升稅收四錢，勞榦、陳槃等則認為此處升為斗之誤。（見勞榦著，《居延漢簡考證》，頁63，收於氏著，《居延漢簡考釋之部》（臺北：中央研究院歷史語言研究所，1960年4月初版）。陳槃著，《漢晉遺簡釋小七種》（臺北：中央研究院歷史語言研究所，1975年6月初版），頁33，「漢酒及酒價」）王仲犖則認為酒每升四錢才正確，並

且按容量收稅。至於專賣制則不屬少府所轄，且其收入方式爲政府賣多少酒，就依定價扣去成本即可知多少收入，故不多論。〔註226〕

酒稅課徵方式雖然可知酒稅是由自占收取，並且可知每斗（或升）收四錢之稅，然因缺乏漢代酒類消費總量，故無法計算酒稅金額。若以敦煌懸泉漢簡所載：「出酒十八石，以過軍吏廿，斥侯五【十】人，凡七十人」〔註227〕言，則其人均使用量約爲零點二五石，在漢代有飲酒至一石的背景下，〔註228〕其數量合理，但不知此零點二五石是一天或數日的使用量。況且鹽是人生命的必需品之一，故鹽在取得個人用量後可推估全國一年用量，酒則不然，因此即便可以了解一個人的飲酒量，依然難以計算全國一年總飲酒量。惟吳慧研究指出，在專賣制下政府每一千釀酒，可以替政府帶來二十五點二萬錢的收入，〔註229〕惟沒有消費總數，故無法得知到底可能替政府帶來多少營利。

漢代飲酒風氣非常盛行，酒可謂漢代最重要的飲料。〔註230〕然有學者認爲，酒專賣的收入與規模皆較鹽、鐵小，似認爲酒專賣不甚重要，這也反應前漢的財政困難。〔註231〕此外，酒與鹽、鐵等日常必用品不同，徐少華認爲這是針對有錢人所收的消費稅，廣大百姓並非其目標。〔註232〕據此，學者們多認爲酒稅不甚重要，且不過是有錢人的消費稅。然前漢飲酒風氣極盛，政府甚至多次下令禁酒，〔註233〕其影響範圍恐怕不是只有少數有錢人。雖然酒

指《九章算術》中算題亦似此。（見王仲犖著，《金泥玉屑叢考》（北京：中華書局，1998 年 8 月第一版），卷二〈漢代物價考〉，頁 32）目前學界多數似主張此處升爲斗，認爲《漢書》有錯誤。

〔註226〕可參考《漢書》，卷二十四下〈食貨志下〉，頁 1182。魯匡針對專賣制提出其看法，主張官賣酒價大約爲成本之三倍，魯匡提出之時已爲新朝，故僅在此列出備考。

〔註227〕胡平生、張德芳編撰，《敦煌懸泉漢簡釋粹》（上海：上海古籍出版社，2001 年 8 月第一版），頁 148。此條簡文之上無「【十】」字，此據其註十一言「斥侯五人："五"後當脫一"十"字」（胡平生、張德芳編撰，《敦煌懸泉漢簡釋粹》，頁 150），故採補字符號將「十」字加上。

〔註228〕可參見熊鐵基著，《秦漢文化史》（上海：東方出版社，2007 年 5 月第一版），頁 265。

〔註229〕吳慧著，《桑弘羊研究》（濟南：齊魯書社，1981 年 11 月第一版），頁 262。

〔註230〕關於漢代飲酒風氣與相關技術，可見岳慶平著，《中國秦漢習俗史》（北京：人民出版社，1994 年 4 月第一版），頁 63～70。

〔註231〕傅允生，〈漢武帝時期官營工商業政策及其影響再認識——兼論中國歷史上的封建統制經濟〉，《財經論叢》，2002 年第 3 期，頁 15。

〔註232〕參徐少華，〈形式多樣的專賣制——我國歷史上的酒政（三）〉，頁 22。

〔註233〕關於漢代的禁酒，可見岳慶平著，《中國秦漢習俗史》，頁 63。漢文帝、景帝、

稅資料缺乏且酒稅收入對少府而言較少，但這並不表示酒稅對漢代財政影響力小，酒稅甚至是漢代對酒控制政策之一。〔註234〕

　　酒本身屬人類的加工製造品，誠爲一種工業產物，同時也是一種商品。山海池澤最多只能提供製酒原料，而無法自行大量生產出酒，故實非山海池澤等自然資源稅。因此，酒稅非屬山海池澤之稅明顯，而當爲物品類稅之一環，或可視爲市租的一種變體。

　　酒稅確切起源今日已不可知，然在春秋時代酒稅必已存在。前漢在武帝之前當推行賣酒收稅制，武帝時改爲專賣制，至昭帝改回賣酒收稅制。目前已知酒稅在武帝之前當屬少府，專賣起當改屬大司農，至於改回酒稅制後，似未轉回少府管轄，至王莽再興酒專賣前仍屬大司農。酒稅是按照容量收稅，然由於缺乏全國消耗量數據，故無法推斷酒稅收入多寡。這也顯示酒稅就收入上言，較鹽、鐵等不重要。酒稅則屬於物品類稅收一環，與山海池澤之稅無關，其與市租關係應當頗高。

四、獻　物

　　獻物是少府的收入之一，此類收入主要是令各地向中央繳交物品，其多爲各種實物。獻物在繳交過程與人無涉，其重視者又是在物品，因此當列爲物品類收入之一。獻物之歸屬單位、課徵金額、分類屬性與對少府重要性猶待解決，此決定獻物在少府收入中的意義與地位。獻物一般學者多與獻費並論，此處因其二者屬性差異較大，一爲人口性質、一爲物品類，且資料尚足以分開說明，故將二者分開討論。

（一）獻物的起源與歸屬

　　獻物之起源甚早，最早自周代開始已有獻物制度存在，似爲諸侯上物品於中央或大諸侯之制度，爲一種以下對上關係的表現，然「獻物」一詞多係後人注疏用詞，而非周代原始用詞。據《周禮注疏・大行人》賈公彥疏：「云『《周書・王會》備焉』者，〈王會〉，是《書》之篇名，謂王會諸侯，因有獻物多矣，故云備也」，〔註235〕文中已可見「獻物」，而其所疏原文乃指九州之

和帝等皆有禁酒或針對酒的影響發表過不滿意見，可另見黃君默著，〈兩漢的租稅制度〉，《食貨》，第 3 卷第 7 期（1936 年 3 月 1 日），頁 33。
〔註234〕參徐少華，〈形式多樣的專賣制——我國歷史上的酒政（三）〉，頁 21。
〔註235〕鄭玄注，《周禮注疏》（北京：北京大學出版社，1999 年 12 月第一版），卷三

－119－

外蕃國，似指獻物制度只適用於這些國家。至於邦畿外三千里之內各諸侯，《周禮》逕云「貢物」，〔註236〕則不知此與獻物有何差異。孔穎達於《春秋左傳正義·隱公七年》即云：

> 朝於天子，獻國之所有，亦發陳財幣於公卿之府寺，如今者。如晉時，諸州年終遣會計之吏獻物於天子，因令以物詣公府卿寺。〔註237〕

此條本在解釋「初，戎朝於周，發幣於公卿，凡伯弗賓」一條，〔註238〕這是周代獻物確切運作之一例。《越絕書》又載太宰嚭所云：「見流水湯湯越吾宮牆，獻物已至，則有餘也」，〔註239〕這亦是獻物的具體表現。據以上諸點可知，〔註240〕獻物是一個由下向上繳納物品之制度，且為諸侯間或諸侯對天子的行為，其起源當出自周代。

儘管周代已有獻物制度，但漢代獻物的實行年代，尚有待說明。漢代獻物之始，據《漢書·酈陸朱劉叔孫傳》所載：「惠帝常出游離宮，通日：『古者有春嘗菓，方今櫻桃孰，可獻，願陛下出，因取櫻桃獻宗廟。』上許之。諸菓獻由此興」，〔註241〕既云「諸獻由此興」，則漢代獻物制度當始於惠帝時。至文帝前元二年六月詔「令郡國無來獻」，〔註242〕這是漢代首次暫停獻物制度。至景帝，後元二年四月又下詔「朕親耕，后親桑，以奉宗廟粢盛祭服，為天下先；不受獻，減太官，省繇賦，欲天下務農蠶，素有畜積，以備災害」，〔註243〕此條資料說明景帝時亦不收獻物，然由文、景二帝先後兩次聲明「不

十七〈大行人〉，頁 1005。

〔註236〕鄭玄注，《周禮注疏》，卷三十七〈大行人〉，頁 1003～1004。

〔註237〕李學勤主編，《春秋左傳正義》，卷四〈隱公七年〉，頁 106～107。

〔註238〕楊伯峻編著，《春秋左傳注》，〈隱公七年〉，頁 54。

〔註239〕劉建國注，《越絕書》（臺北：三民書局，1997 年 6 月第一版），卷十〈越絕外傳記吳王占夢〉，頁 234。

〔註240〕在十三經之中，其他涉及獻物者多於注疏上。諸如鄭元注，《儀禮注疏》（臺北：新文豐出版公司，2001 年 6 月初版），卷二十三〈聘禮〉，頁 764；《禮記注疏》，卷四〈曲禮〉，頁 199；《禮記注疏》，卷三十〈玉藻〉，頁 1401；《禮記注疏》，卷三十五〈少儀〉，頁 1564；李學勤主編，《春秋左傳正義》，卷三十四〈襄公十九年〉，頁 956；左丘明撰，《國語》（濟南：齊魯書社，2005 年 5 月第一版），卷四〈魯語〉，頁 83 等皆涉及獻物，十三經僅《春秋左傳注·宣公十四年》（楊伯峻編著，《春秋左傳注》，〈宣公十四年〉，頁 756）一條正文涉及獻物，其他多未提及，其緣由有待詳探，然此非本文討論主題，故暫不討論。

〔註241〕《漢書》，卷四十三〈酈陸朱劉叔孫傳〉，頁 2131。

〔註242〕《漢書》，卷四〈文帝紀〉，頁 114。

〔註243〕《漢書》，卷五〈景帝紀〉，頁 151。

受獻」，頗疑受不受獻物端看每一位皇帝喜好，且其間必有恢復獻物制度，不然何需再公佈「不受獻」，因此並非是文帝以下一概不受，如宣帝時，即有收獻物之舉。〔註244〕綏和二年成帝崩，哀帝繼位即下詔「禁郡國無得獻名獸」，〔註245〕雖然只不收名獸，其他獻物當仍需上繳。直至哀帝時又局部禁止。據以上可知，漢代獻物制度自惠帝開始，文、景二帝停收，宣帝時已收獻物，直至哀帝時又局部停止。

　　「獻物」乃貢實物，如《漢書・傅常鄭甘陳段傳》所載：「盜取節印獻物」，〔註246〕此處「獻物」當為實物，不為金錢。此外，其尚可分為諸侯與百姓兩種獻物，諸侯所上多在祭祀時，平民則是繳納特產。〔註247〕獻物之歸屬與獻費應當一致，兩者皆是屬於「獻」的一種，因此應當由前文述及獻費時所言的太官獻丞或由尚書所負責，故此處不再贅述。因此獻物當屬少府稅收。是「獻物」為前漢少府稅收項目之一。

　　獻物早自周代已經存在，至漢代為惠帝時始收，中間部分時段嘗暫停不行。少府太官中雖有獻丞一職，蘇林亦釋為「掌貢獻物」，然獻丞似又為獻食丞，太官只可推測或許與獻物有關。獻物亦屬少府所轄尚書令掌管，故為少府收入之一。

（二）獻物的課徵與金額

　　獻物承上文可知，其屬少府所有。然獻物究竟所收何物？且其收稅方式為何？其金額多寡？以上諸點皆是界定獻物在少府收入中所占地位時所需理解的。其次，這些稅收究竟是否算是山海池澤之稅？這些問題都有待解決。

　　顏師古於注前述漢高祖所言「獻費」時云：「諸侯王賦其國中，以為獻物，又多於郡，故百姓疾苦之」，〔註248〕將「獻費」視同「獻物」，然二者實為不同之物。先據《漢書・傅常鄭甘陳段傳》所載：

> 樓蘭王安歸嘗為匈奴間，候遮漢使者，發兵殺略衛司馬安樂、光祿大夫忠、期門郎遂成等三輩，及安息、大宛使，盜取節印獻物，甚逆天理。〔註249〕

〔註244〕《漢書》，卷八〈宣帝紀〉，頁259。
〔註245〕《漢書》，卷十一〈哀帝紀〉，頁336。
〔註246〕《漢書》，卷七十〈傅常鄭甘陳段傳〉，頁3002。
〔註247〕參見孫翊剛著，《簡明中國財政史》，頁40。
〔註248〕《漢書》，卷一〈高帝紀〉，頁71。
〔註249〕《漢書》，卷七十〈傅常鄭甘陳段傳〉，頁3002。

此處獻物由大宛等國所上應爲實物，當非如獻費所交爲錢。其實質當等同於漢代地方的計偕物，即貢獻之方物。〔註250〕但需注意兩者仍略有區別，計偕物限由上計吏親送者，至於非上計吏親送者則爲一般獻物。〔註251〕另據《漢書‧嚴朱吾丘主父徐嚴終王賈傳》所云：

> 時有獻千里馬者，詔曰：「鸞旗在前，屬車在後，吉行日五十里，師
> 行三十里，朕乘千里之馬，獨先安之？」於是還馬，與道里費，而
> 下詔曰：「朕不受獻也，其令四方毋求來獻。」〔註252〕

此處爲地方上獻物於中央的例證之一，這些獻物多爲實物，如此處爲馬，甚少見有付錢代替者。其獻物數量、種類爲何未見硬性規定，但多爲地方上所特有之物，已有學者整理、分析其類型，〔註253〕此處不再贅述。

由於獻物乃繳納實物，如甘露、龍眼、越布、芝草等，〔註254〕這些物品即便有相對市價可以查詢，但少府是否會將這些獻物拍賣謀利，還是作爲珍玩保存則不一定，故其金額甚難估計，只能說明有這收入。有學者認爲獻費即是獻物所價值金額，認爲在五千萬人口下，至少也值十七億錢以上。〔註255〕但獻物、獻費即便有先後繼承關係，兩者由其課徵物品、方式之差異，已無異於先後存在的兩種不同稅收。

由於獻物多給實物，其物品自然有來自山澤之可能，然亦有如越布之類加工品，其課徵目的是地方特產，此處分類依據爲其課收此稅之緣故，至於其所收物品則非考慮範圍。因此，獻物爲物品類稅收之一種，就嚴格意義言亦非山海池澤之稅，只是其物品可能出自於山澤之中。

物品類稅收是由關稅、市租、酒稅、獻物等四種不同收入所構成，此類稅收之課徵皆是針對物品而課，正合於今日財政學中的對物稅，故爲物品類稅一環。物品類稅除獻物外，皆具有某種程度商業稅之意義，因此其屬少府爭議較少。在日後的發展上，除酒稅後改屬其他職官外，其他三稅收終前漢皆爲少府收入之一。

〔註250〕吳昌廉師著，《兩漢計偕考》，頁99。
〔註251〕關於上計與一般獻物的差別，可另詳見吳昌廉師著，《兩漢計偕考》，頁 124～126。
〔註252〕《漢書》，卷六十四〈嚴朱吾丘主父徐嚴終王賈傳〉，頁2832。
〔註253〕參見吳昌廉師著，《兩漢計偕考》，頁126～128。
〔註254〕參見吳昌廉師著，《兩漢計偕考》，頁157～158。
〔註255〕馬大英著，《漢代財政史》，頁153。

第三節　小　結

　　少府收入除前文所述水資源、土地資源等具有自然意義的山澤之稅外，其第二部分即是人口稅收、物品類稅收等不具自然意義的非山澤之稅。少府收入中屬非山澤之稅者有口賦、戶賦、獻費、獻物、酎金、關稅、市租與酒稅等八項，其可分爲人口、物品二大類。嚴格上講，水資源、土地資源的山澤稅皆因對物品課稅而爲物品稅一種，此處以其與自然有無關係判斷，再將山澤稅自物品類稅收中分出。此處詳探以上各種收入內容，特別以其所屬、金額大小、徵收方式爲討論重點。

　　針對於口賦部分，口賦一詞在秦代雖已存在，但秦口賦實爲漢算賦，漢代另設口賦。口賦終前漢皆屬少府所轄，口賦在武帝之前必已存在，而以武帝、元帝二人爲界，則可將漢代口賦課徵分爲三時代，在課徵金額、適用年齡等兩方面各有不同。口稅金額爲二十至二十三錢不等，適用年齡爲三至十四歲間不等。若收二十三錢，其中三錢轉交大司農使用，以補軍費。其金額變化，分別在二億七千六百萬錢至四億六千萬錢之間。由於口賦因「人」而課，因此宜列人口稅收。

　　還有戶賦，戶賦爭議則較多。除近代出土資料外，傳統資料中所存「戶賦」學者多有質疑，但其屬少府之根據亦在其中。據張家山漢簡，可知戶賦在當時已經存在，亦證明戶賦確實存在。然而傳統資料中的戶賦收二百錢，張家山漢簡則收十六錢，兩者所云戶賦應當無關。戶賦之總金額數，依張家山漢簡所載十六錢資料，則當爲一億九千五百多萬錢。至於戶賦爭議仍多，但存在於漢初當無爭議，至於後世演變爲何？則眾說紛紜。但大部分學者皆認爲，戶賦並未以傳統資料所記載的形式存在。戶賦課徵對象爲「戶」，因此亦宜爲人口稅收之一環。

　　再者爲獻物與獻費，獻物早自周代已經存在，爲地方上予中央之物；至於獻費，目前僅見於漢高祖時。獻物、獻費似皆屬少府屬官所轄，因此一併列爲少府稅收。獻物終前漢大體皆存在，其中依各皇帝不同，偶爾會暫停收獻物；至於獻費似只存在於漢初，後世或許改爲獻物。獻物所收者爲各地特產，因此無從估計其價值；至於獻費，則約每人收六十三錢。在總金額上，獻費總數可能達十八億七千七百萬錢，然這只是推估。由於獻物因物而起，因此爲物品類稅收；至於獻費，其課徵目標爲「人」，故爲人口稅收。

　　至於酎金，其本屬「酎祭」一環，爲漢文帝時首創。酎祭本屬禮制，本

當屬奉常，但酎金卻由少府所負責收納、檢驗，因此屬少府稅收。酎金至文帝以下一直存在，其作為政治控制的意義遠大於收入價值。其金額約每千人四兩，由諸侯負責繳，總數約為二千一百多萬錢，數量有限。由於戶賦收繳的標準為人口，故為人口稅收。

關稅、市租與酒稅此三者皆為少府所轄，或因資料不足、或因收入較少，故併於論之。其中如關稅，自周代時已經存在，在漢初時設、時廢，至武帝以降確定存在。現只知各關間似有等級差異，並採行不同稅級，如內、中、外三關，其稅由低至高。在缺乏漢代關總數以及商旅流通量下，誠無法計算漢代關稅之多寡。由於關稅金額乃依照貨物價值而決定，故為物品類稅收之一。

而市租自周代已經出現，至漢則分為市籍稅與營業稅兩種模式，前者針對商籍收稅、後者針對販賣額收稅。市租雖屬少府，但部分收入會轉交地方長官個人使用，並非全部上交少府。若以每十萬戶約可產生千金市租的比例言，則平帝時約有十二億錢收入，若按學者修正過算法則為七億錢。市租中的市籍稅針對人收稅，當為人口稅；營業稅部分，則因販賣物品而生，故為物品類稅。

最後是酒稅，酒稅自秦代已經存在，漢初沿用。至武帝時改行專賣制，但昭帝即廢止專賣制。酒稅在專賣前本屬少府，專賣時當屬大司農，但專賣結束後疑未轉回少府，而轉屬他官。酒稅稅額約為每斗四錢，或為酒價本身十倍，由於缺乏漢代酒消費量，因此無從計算漢代酒稅總數。由於酒亦屬貨物一種，因此酒稅亦為物品類稅。

前述八大項收入，共可分為物品類以及人口稅二種。人口稅如口賦、戶賦、酎金、獻費等，其課稅目標皆為「人」，因此為人口稅收。至於物品類稅有獻物、關稅、酒稅與市租等為針對物品課稅，因此列為物品類稅收之一。至於市租，其實是由市籍、營業二稅所組成，兩者分別為人口、物品類稅。人口、物品類稅收在前漢發展上，多持續留在少府收入中，因此前漢隨時代越晚，人口、物品類稅的比例也越高。

第五章　前漢「山海池澤」相關行政組織

　　山海池澤之稅的內容前文已經論及，但前漢山海池澤的相關行政作業史未明言，班固所云少府「掌山海池澤之稅」一語是否能擴大為少府亦負擔相關業務，似需再詳細討論。此處探討「掌」山海池澤之稅反應在行政層面的具體方式，故先論少府長官所掌職務，以釐清中央少府機構與山海池澤之行政關係。其次則探討前漢各山澤政務官的歸屬，由地方角度說明「山海池澤」政務與少府之關係。最後再探討《漢書・百官公卿表》中的「掌」字，以行政角度試析其書寫準則，從而管窺少府「掌山海池澤之稅」的真正意義。

第一節　前漢中央少府機構與山澤業務

　　少府最常為學者所討論者為其「機構」，〔註1〕關於其長官「少府」〔註2〕的討論則較少，因此對於少府長官職掌實有再探討的空間。再者，班固雖稱少府「掌山海池澤之稅」，但少府長官與山澤業務之關係則有待考訂。故此處將以少府長官為探討核心，至於少府屬官職掌因已有熊鐵基、陳文豪等專著

〔註1〕沈振輝於〈少府官制考析〉中云少府職掌有四項，然其所謂職掌其實就是少府屬官的分類，其中並未提及少府長官負責什麼。（見沈振輝，〈少府官制考析〉，《江西師範大學學報（哲學社會科學版）》，1998年第2期，頁53）

〔註2〕針對少府機構言，其長官在前漢稱為少府，少府機構亦稱為少府，在討論兩者關係時易於混淆。以下為方便區分少府長官與其機構，將分別稱兩者為少府長官與少府機構。此外，張家山漢簡《二年律令・秩律》揭示當時有「少府令」（整理小組編，《張家山漢墓竹簡〔二四七號墓〕》（北京：文物出版社，2001年第一版），《二年律令・秩律》，簡440，頁192）一銜，其與典客、中尉、大僕等九卿同列且秩皆二千石，這應即是少府長官在漢初的正式頭銜。然因後世皆簡稱少府長官為少府，對於「少府令」一銜亦不知使用至何時，因此下文仍用少府長官稱之，另將「少府令」一銜置於此處備考。

討論，〔註3〕且與本文關係較低，故不再贅述。此外，爲集中焦點，此處只討論位於中央的少府機構，而地方山澤機構屬於少府者，另於前漢郡國山海池澤諸職官考部分說明，此處不再贅述。

一、少府長官事蹟、職掌與山澤業務的關係

爲詳細說明少府長官之職掌，現將目前所見史籍與今人著作中所載前漢歷任少府與其事蹟整理成表，以爲表一：前漢歷任少府與事蹟表，以此試圖歸納出少府長官所負責工作。

表一：前漢歷任少府與事蹟表

時　代	姓　名	事　蹟	出　　處	備　註
高后元年	陽咸延		《漢書・百官公卿表》，頁 747	
文景之際	趙仲況		《漢代石刻集成・本文篇》：118 趙寬碑	
孝景中元五年	神		《漢書・百官公卿表》，頁 764	
武帝元朔三年	孟賁		《漢書・百官公卿表》，頁 772	
武帝元朔四年	產		《漢書・百官公卿表》，頁 772	
武帝元朔五年	趙禹	協助審核人才	《漢書・百官公卿表》，頁 772、《史記・田叔列傳》，頁 2780	
武帝元鼎二年	當		《漢書・百官公卿表》，頁 777	
武帝元鼎六年	豹		《漢書・百官公卿表》，頁 780、《漢書・酷吏傳》	
武帝元封二年	王溫舒		《漢書・百官公卿表》，頁 781、《漢書・酷吏傳》，頁 3658	
武帝元封六年	德		《漢書・百官公卿表》，頁 782	
武帝太初二年	王偉		《漢書・百官公卿表》，頁 782	
武帝太初三年	上官桀		《漢書・百官公卿表》，頁 784、《漢書・大宛列傳》	
武帝太始二年	充國		《漢書・百官公卿表》，頁 787	
武帝征和二年	公孫遺		《漢書・百官公卿表》，頁 788	

〔註 3〕 如熊鐵基、安作璋，《秦漢官制史稿》（濟南：齊魯書社，2007 年 1 月第一版）、陳文豪著，《漢代九卿研究》（臺北：中國文化大學史學研究所博士論文，1993 年）。

昭帝始元三年	徐仁	與廷尉王平雜治反事	《漢書・百官公卿表》，頁 793、《漢書・杜周傳》，頁 2662	
昭帝元鳳三年	蔡義		《漢書・百官公卿表》，頁 796、《漢書・蔡義傳》	
昭帝元鳳六年	便樂成	與霍光定策、任使者	《漢書・百官公卿表》，頁 798、《漢書・外戚恩澤侯表》，頁 695	
宣帝本始二年	后蒼	明禮	《漢書・百官公卿表》，頁 800、《漢書・后蒼傳》、《前漢紀・孝成二第二十五》，頁 246	
宣帝本始三年	惡		《漢書・百官公卿表》，頁 801	
宣帝本始四年	宋疇	六年坐議鳳皇下彭城未至京師不足美貶爲泗水太傅。	《漢書・百官公卿表》，頁 801	
宣帝地節三年	宋畸	審查人才	《漢書・蕭望之傳》，頁 3273、《漢書・宣帝紀》，頁 240（本始元年任詹事）、《漢書・藝文志》，頁 1717	
宣帝地節三年	鄧廣漢		《漢書・霍光傳》，頁 2952、《漢書・宣帝紀》，頁 251	疑爲長信少府〔註 4〕

〔註 4〕 《漢書・霍光傳》雖載：「頃之，復徙光長女壻長樂衛尉鄧廣漢爲少府」（《漢書》，卷六十八〈霍光傳〉，頁 2952），但《漢書・宣帝紀》載宣帝於族滅霍氏一族時，其言鄧廣漢爲「長信少府鄧廣漢」（《漢書》（北京：中華書局，1962年 6 月第一版），卷八〈宣帝紀〉，頁 251），可知鄧廣漢在霍氏族滅時已爲長信少府。就時間上言，鄧廣漢由長樂衛尉遷少府之時間至少在霍光薨後數月，其任少府後不久霍禹更進爲大司馬。（俱見《漢書》，卷六十八〈霍光傳〉，頁 2952）基於此時間關係，查霍光薨於地節二年三月庚午，霍禹則在地節三年七月時任大司馬，七月壬辰霍禹即被族滅。（參見《漢書》，卷十九下〈百官公卿表下〉，頁 802～805）由其不到一年的時間內，甚至懷疑不過數月內，鄧廣漢自少府改任長信少府之可能性其實較低，其最可能之解釋即是鄧廣漢所任少府其實就是長信少府之簡稱，而非鄧氏另任少府後再轉爲長信少府。此外，長信少府、長樂少府等似又稱中少府，如《史記・漢興以來將相名臣年表》載：「中少府貢禹爲御史大夫」（《史記》（北京：中華書局，1982 年 11月第二版），卷十七〈漢興以來將相名臣年表〉，頁 1151）、《漢書・百官公卿表》載：「中少府安平侯王章子然爲執金吾」（《漢書》，卷十九下〈百官公卿表〉，頁 822）、「中少府韓勳爲執金吾，四年遷」（《漢書》，卷十九下〈百官公卿表〉，頁 834）、「侍中光祿大夫司農趙玄爲衛尉，一月爲中少府」（《漢書》，卷十九下〈百官公卿表〉，頁 841）、《漢書・翟方進傳》載：「中少府建威侯王

宣帝元康元年	蕭望之	與參政事	《漢書·百官公卿表》，頁 805、《漢書·蕭望之傳》，頁 3274、《漢書·馮奉世傳》，3294	
宣帝元康四年	李彊	廷議	《漢書·百官公卿表》，頁 806、《漢書·蕭望之傳》，頁 3275	
宣帝神爵三年	梁丘賀	審查人才	《漢書·百官公卿表》，頁 807、《漢書·梁丘賀傳》、《漢書·匡衡傳》，頁 3331～3332、《漢書·嚴延年傳》，頁 3670	
宣元之際	林尊		《漢書·林尊傳》，頁 3604	
宣元之際	周堪		《前漢紀·孝元上第二十一》，頁 209、《漢書·蕭望之傳》，頁 3283	
元帝初元元年	韋玄成		《漢書·百官公卿表》，頁 813、《漢書·韋賢傳》	
元帝初元四年	延		《漢書·百官公卿表》，頁 815	
元帝永光元年	歐陽餘	與大臣共諫上、公文歷程〔註5〕	《漢書·百官公卿表》，頁 817、《漢書·歐陽生傳》，頁 3603、《漢書·韋賢傳》，頁 3117	其名偶寫作歐陽地餘
元帝建昭元年	五鹿充宗		《漢書·百官公卿表》，頁 820、《漢書·朱雲傳》，頁 2913	

昌爲中堅將軍」（《漢書》，卷八十四〈翟方進傳〉，頁 3427）。雖然在《漢書·五行志》（《漢書》，卷二十七〈五行志〉，頁 1429）、《漢書·朱博傳》（《漢書》，卷八十三〈朱博傳〉，頁 3409）中稱趙玄爲少府，但陳文豪則認爲趙玄實爲中少府，並疑中少府爲當時曾經存在之職位，只是史籍未載，然並非少府則無疑問。（陳文豪著，〈兩漢九卿年表校補考辨舉隅〉，《中國文化月刊》，第 160 期（1993 年 2 月），頁 123～124）

先論貢禹，其雖在《史記·漢興以來將相名臣年表》中稱任中少府，但《漢書·百官公卿表》則是載他任「長信少府」（《漢書》，卷十九下〈百官公卿表〉，頁 816），《漢書·薛廣德傳》亦明言貢禹爲「長信少府」（《漢書》，卷七十一〈薛廣德傳〉，頁 3047）。《資治通鑑》更針對王昌任中少府云：「此中少府，蓋長樂少府也；以職在宮中，故曰中少府」（司馬光等撰，《資治通鑑》（臺中：曾文出版社，1977 年初版），卷三十六〈居攝二年〉，頁 1162），可知此等少府處在宮中。配合上前述貢禹之例，可知中少府大約指長信或長樂少府。因此，若趙玄不屬少府，則鄧廣漢、戴崇是否仍宜列於少府，頗有疑問。

〔註5〕居延漢簡簡 18.5 載有「永光四年閏月丙子朔乙酉大醫令遂丞襃下少府中常方承書從事下當用者如詔書閏月戊子少府餘獄丞從事」（中國社會科學院考古研究所編，《居延漢簡甲乙編》（北京：中華書局，1980 年 12 月第一版），頁 11），少府餘所指即是歐陽餘。然而在此簡之中，少府所負責工作爲何卻無法看出，只能得知此公文當經過歐陽餘之手，故列爲公文歷程。

元帝竟寧元年	召信臣	減少所屬各機關花費	《漢書・百官公卿表》，頁 822、《漢書・召信臣傳》，頁 3642	
元帝竟寧元年	梁丘臨		《漢書・百官公卿表》、《漢書・梁丘賀傳》，頁 3601	
元帝間	王中		《漢書・嚴彭祖傳》，頁 3616	
元帝間	張山拊		《漢書・張山拊傳》，頁 3605	
元帝間	任公		《漢書・顏安樂傳》，頁 3617	
元帝間	夏侯千秋		《漢書・夏侯勝傳》，頁 3159	
成帝建始四年	溫順	坐買公田與近臣下獄論	《漢書・百官公卿表》，頁 823	
成帝建始四年	張忠	行廷尉事劾匡衡	《漢書・百官公卿表》，頁 825、《漢書・匡衡傳》，頁 3346	
成帝河平元年	王駿		《漢書・百官公卿表》，頁 826、《漢書・王吉傳》，頁 3067	
成帝陽朔四年	薛宣	少府名譽性大於實政、供張職辦	《漢書・百官公卿表》，頁 831、《漢書・薛宣傳》，頁 3391	
成帝鴻嘉元年	王賞		《漢書・百官公卿表》，頁 831	
成帝永始元年	陳咸	整頓少府組織與政風	《漢書・百官公卿表》，頁 834、《漢書・陳萬年傳》，頁 2902	
成帝永始三年	師丹		《漢書・百官公卿表》，頁 836	
成帝永始三年	許商		《漢書・百官公卿表》，頁 836	
成帝元延元年	龐眞	監造器物〔註6〕	《漢書・百官公卿表》，頁 838	
成帝綏和元年	賈延		《漢書・百官公卿表》，頁 841	
成帝時	戴崇	建議人才	《漢書・張禹傳》，頁 3349、《漢書・王莽傳》，頁 4040	疑爲長樂少府〔註7〕

〔註6〕《秦漢金文錄》載壽成室鼎上金文爲：「壽成第廿至卅（蓋）壽成室銅鼎容一斗二升并重十二斤六兩元延二年少府眞爲内者造守嗇夫福掾建令相省（器）雪堂　元延二年」，其中之少府眞，疑爲元延元年到任之龐眞。（容庚編，《漢金文錄》，卷一〈釋文〉，頁 5，收於氏編《秦漢金文錄》（臺北：中央研究院歷史語言研究所，1992 年 10 月景印一版））

〔註7〕戴崇之任少府，當出自《漢書・張禹傳》所言：「沛郡戴崇至少府九卿」（《漢書》，卷八十一〈張禹傳〉，頁 3349），然《漢書・王莽傳》卻載在王鳳死後，

成帝時	宋尚		《後漢書・宋弘傳》，頁 903	
哀帝建平二年	賈延		《漢書・百官公卿表》，頁 845	
哀帝建平三年	趙昌		《漢書・百官公卿表》，頁 846	
哀帝建平四年	董恭		《漢書・百官公卿表》，頁 848、《漢書・佞幸傳》，頁 3733	
哀帝元壽元年	孫雲		《漢書・百官公卿表》，頁 848	
哀帝元壽元年	耿豐		《漢書・百官公卿表》，頁 848	
平帝元始元年	宗伯鳳	說爲人後之誼、納采	《漢書・百官公卿表》，頁 854、《漢書・金日磾傳》，頁 2965、《漢書・孝平王皇后傳》，頁 4009	

説明：本表由筆者自製。

　　以上並參考陳文豪所著《漢代九卿研究》中之「兩漢歷任少府知見一覽表」（陳文豪著，《漢代九卿研究》，頁 355～361）與羅慶康於《西漢財政官制史稿》中之歷任少府表（羅慶康著，《西漢財政官制史稿》（開封：河南大學出版社，1989 年初版），頁 92～94），針對兩表之中有明顯錯誤者，上表已代爲改正。〔註8〕另新增數位以上二表所未見之少府，表中之鄧廣漢（見《漢書・宣帝紀》，頁 251）與戴崇（見《漢書・王莽傳》，頁 4040）疑爲長信少府或長樂少府，但因爲陳文豪將其視爲少府，故仍置於表中。

　　少府長官的職掌，除上述屬特定少府者外，部分史料所載職掌只言歸少府

　　成帝永始元年之前「長樂少府戴崇」爲王莽言，（《漢書》，卷九十九上〈王莽傳上〉，頁 4040）此處似説明戴崇其實所任爲長樂少府。然而因爲《漢書・張禹傳》中缺乏可對照時間，只知戴崇嘗受業於張禹，在缺乏時間可比對下，無法確定戴崇就是任長樂少府，還是經過仕途演變分別擔任過少府、長樂少府，因此只能懷疑戴崇爲長樂少府，但無法確定。

〔註8〕 如陳文豪根據《漢書・外戚傳》將閻崇列爲少府之一，並指其爲成帝綏和元年時任少府，並具體指出閻氏原職爲少傅。（陳文豪，《漢代九卿研究》，頁 360）然查諸《漢書・外戚傳》，其唯一涉及閻崇者爲：「月餘，天子立楚孝王孫景爲定陶王，奉恭王後。太子議欲謝，少傅閻崇以爲『春秋不以父命廢王父命，爲人後之禮不得顧私親，不當謝。』太傅趙玄以爲當謝，太子從之。詔問所以謝狀，尚書劾奏玄，左遷少府，以光祿勳師丹爲太傅」，（《漢書》，卷九十七下〈外戚傳下〉，頁 4000）此處解讀應當是趙玄被劾奏後左遷少府，並且由師丹取代趙玄原任的太傅，而非是閻崇改任少府，不然無以解釋何以師丹改任太傅之緣由。這點應是陳氏在撰寫時，稍有疏漏之處。

負責，未說其人為何，因此無法歸入上表。針對未載明少府長官姓名之相關職掌有幾個方面，第一陳茂同認為「凡皇帝衣食起居，醫藥供奉，園林遊興，器物制作，皆歸少府所領」，﹝註9﹞亦即少府長官本身沒有特定職務，只負責帶領屬官。第二，少府似可建議新設專賣物，如《鹽鐵論‧憂邊》載：「故少府丞令請建酒榷」，﹝註10﹞酒稅本屬少府所轄，可知少府對所轄稅收有建議改設專賣權。第三則為公文歷程之一，分見如居延漢簡簡 53.1A、﹝註11﹞新居延漢簡簡 E.P.T.48.56、﹝註12﹞E.P.T.52.413、﹝註13﹞敦煌漢簡簡 MC.1108A、﹝註14﹞敦煌懸泉漢簡簡 3 等，﹝註15﹞此等簡文之原始公文所為何事已多不可知，現只知這些公文必過少府之手。

最後則不確定是屬於少府屬官或少府長官者，如「至酎，少府省金」，﹝註16﹞此處指稱少府負責審核酎金，但由於諸侯頗多且省金需要相關技術，

﹝註9﹞ 陳茂同著，《歷代職官沿革史》（上海：華東師範大學出版社，1988 年 3 月第一版），頁 99。

﹝註10﹞ 桓寬著，《鹽鐵論》（北京：華夏出版社，2000 年 5 月第一版），卷二〈憂邊〉，頁 78。

﹝註11﹞ 其簡文云：「八月辛丑大司徒宮下小府安漢公大傅大司馬大師大保車騎☐」（中國社會科學院考古研究所編，《居延漢簡甲乙編》，頁 38），此處只知此公文必經少府處，內文則不可知。

﹝註12﹞ 其簡文云：「五月戊辰丞相光下少府大鴻臚京兆尹定☐相承書從事下當用者京兆尹以　☐次傳別書相報不報重追之書到言」（甘肅省文物考古研究所等編，《居延新簡──甲渠候官》（北京：中華書局，1994 年第一版），頁 57），此文書傳遞本意為何已不可知。

﹝註13﹞ 簡文云：「三月己丑右扶風順守丞下右輔都尉丞扶風厥宗正少府辛」（甘肅省文物考古研究所等編，《居延新簡甲渠候官》，頁 110），此簡更經當時宗正劉慶忌之手，頗疑此簡另有一份送至少府處，然其內容所為何事，已不可知。

﹝註14﹞ 其簡文云：「元始五年十二月辛酉朔戊寅大司徒晏大司空少薄豐下小府大師大保票騎將軍少傅輕車將軍步兵　☐☐宗伯監御史使主兵主艸主客護酒都尉中二千石九卿☐☐☐☐州牧關二郡大守諸侯相關都尉」（甘肅省文物考古研究所編，《敦煌漢簡》（北京：中華書局，1991 年 6 月第一版），頁 261），此簡為針對當時全國郡級以上機關發佈，其中九卿中之少府被特別提出於第一位，是否表示特別意義？此則不可知。

﹝註15﹞ 其簡文云：「正月庚子，丞相玄成下小府、車騎將軍、將軍、中二千石、二千石、郡太守、諸侯相，承書從事下當用者。／少史通、令史舜。」（胡平生、張德芳編撰，《敦煌懸泉漢簡釋粹》（上海：上海古籍出版社，2001 年 8 月第一版），頁 3）據此簡可知其亦送至少府處，且是直接受丞相所下文書，然所為何事亦不可知。

﹝註16﹞ 《史記》，卷三十〈平準書〉，頁 1439。

少府長官較無親自省金之可能，較可能委由少府屬官辦理，但不排除是由少府長官擔任儀式上與權責上之代表，以示少府省金之意，至於實際查驗則由其屬官執行。

此外，少府一職之名譽性似大於實際價值，如薛宣以左馮翊升少府不久，谷永奏言：「聖王不以名譽加於實效。考績用人之法，薛宣政事已試」，〔註17〕薛宣旋即再升為御史大夫，似說明少府一職，是供薛宣作為升御史大夫時所需背景。還有溫順因坐買公田與近臣下獄論，則買公田一事或與少府有某種關聯。

針對表一所載前漢諸少府長官與前述未載明屬於某少府的相關事蹟，共可分為禮儀相關事務、人事、少府機構事務、一般政務等四大類。首先就禮儀相關事務言，計有說《禮》、納采、酎祭等三項。第二針對人事，可分為審核與建議人才、審判犯人等二項，舉凡審察人才與審訊叛亂者，皆與人事有關，故可知少府涉及人事問題。第三是少府機構內事務，可分為整頓少府機構、監造器物、建議專賣等三項。第四為一般政務，可分為諫上、廷議、公文歷程、定策、任使者等五項，諫上、廷議、任使者是九卿共有職務，並非少府專職。至於定策則應為個人際遇問題，與少府較無關係。這些一般政務，實多屬九卿共同之工作。以上總計少府所涉及的政務共有十三項。

首先是前文所提少府長官相關工作，少府長官雖然有諸多職務，但部分實為「九卿」之工作，少府因屬九卿之一，故需負擔其工作。陳文豪提出九卿之共同工作有參與政治決策、領兵出征、擔任使者、舉荐人才等四大類，〔註18〕這些工作九卿皆會涉及。其中領兵出征最著名者為秦少府章邯，率領驪山刑徒迎擊陳勝、吳廣的部隊。〔註19〕總之，在少府的十三項工作中，只有說禮、酎祭、審查人才、整頓少府機構、監造器物、建議專賣等六項可以視為少府專屬工作。

綜合前文所言，若不管少府長官工作部分是否為九卿共同工作，前述少府四大類工作中，只有第一類屬於「（以給）供養」之日常生活範圍，其他三類並不屬於「掌山海池澤之稅，以給供養」的範圍，可知少府大部分之工作項目，班固並未說明。此當肇因於少府職掌過多，為求簡要說明，班固僅列

〔註17〕《漢書》，卷四十二〈王駿傳〉，頁3067。
〔註18〕參陳文豪著，《漢代九卿研究》，頁241～251。
〔註19〕見《史記》，卷六〈秦始皇本紀〉，頁270。

其中最具代表性者，而非少府沒有兼及其他工作。

　　雖然少府實際職掌不只「掌山海池澤之稅，以給供養」，但其中「以給供養」還列爲少府工作之一。然而遑論「掌山海池澤之稅」不見於實際擔任少府長官者之職掌中，連其他稅務亦少見，只有前述建議專賣酒一項與「稅」有關。嘗任少府的蕭望之，雖曾對海租表達反對意見，[註20] 但他表達反對意見時已任御史大夫，而非在其少府任內。這也說明前漢朝廷會論及山澤問題，而非是與朝政無關故未記載。由此可知，山海池澤之稅相關問題確實是當時朝政討論項目之一，並非是無關於朝政所以不寫，在史籍中卻不見少府長官涉及任何山海之事，頗疑這並非少府長官工作範圍。

　　關於山澤之稅，蕭望之反對海租，其事起因於大司農中丞耿壽昌建議增設海租。[註21] 至於鹽鐵專賣事，則是由「大農上鹽鐵丞孔僅、咸陽」而起，[註22] 其事亦出大司農。對山澤業務提出意見者，計有御史大夫、大司農中丞、大司農鹽鐵丞等，而未見少府長官之意見。總之，少府長官幾未涉及山澤相關業務。

二、中央少府機構與山海池澤業務之關係

　　據前可知少府工作項目繁多，若深究之可發現少府長官職掌與少府屬官職掌略有差異。爲免混淆少府長官與少府屬官間的職掌，並使少府職務更加清楚，實有必要探討兩者間職掌的差異。再者，透過對中央少府屬官的研究，亦可進一步說明少府整體與山海池澤業務（行政）之關係。此處所言少府屬官爲排除少府長官後，其餘《漢書・百官公卿表》所載少府職官位處中央者。

　　前漢少府組織可謂九卿之中最龐大者，其屬官、屬丞數量遠過於其他各卿，如其下有六丞，其他各卿最多者如太僕、治粟內史亦不過二丞，少府屬丞數量乃至其三倍以上。至於少府屬官數量亦相當可觀：

> 屬官有尚書、符節、太醫、太官、湯官、導官、樂府、若盧、考工室、左弋、居室、甘泉居室、左右司空、東織、西織、東園匠十（二）官令丞，又胞人、都水、均官三長丞，又上林中十池監，又中書謁者、黃門、鉤盾、尚方、御府、永巷、內者、宦者（七）〔八〕官令

〔註20〕《漢書》，卷二十四上〈食貨志上〉，頁 1141。
〔註21〕《漢書》，卷二十四上〈食貨志上〉，頁 1141。
〔註22〕《史記》，卷三十〈平準書〉，頁 1429。

丞。諸僕射、署長、中黃門皆屬焉。〔註23〕

少府屬官數量頗多，按其屬性可分爲掌山海池澤之稅、宮廷事務、宮中警衛、皇帝佐治等四大項。〔註24〕針對山海池澤業務職官，陳文豪認爲是少府底下所有財政單位，諸如中御府令、黃門、鉤盾、中尚書等，未多做說明。至於由誰負責「山海池澤之稅」的徵收工作，此處僅有上林中十池監、均官、都水等少數職官較有關係。

《漢書・百官公卿表》記載：「少府，秦官，掌山海池澤之稅，以給共養，有六丞」，〔註25〕「以給共養」的具體意義當如《漢書・毋將隆傳》所云：「大司農錢自乘輿不以給共養，共養勞賜，壹出少府」〔註26〕、《漢官儀》：「大用由司農，小用由少府。……王者以租稅爲公用，山澤陂池之稅以供王之私用」〔註27〕等語所載，指王室使用少府的收入。蘇俊良釋《漢書・百官公卿表》此語爲：「少府，掌山海池澤之稅，以供皇帝私人生活起居之費用」，〔註28〕即採相似的處理方式。因此，若將「以給供養」視爲「山海池澤之稅」用途，其問題較少。此似暗指少府長官除山澤稅外，似乎並無其他職掌，無形中變成各單位請領從事帝室業務時請款之所在。

而少府長官所負責的工作，只有監造器物可視爲「供養」之部分。至於建議專賣一事，雖屬少府稅收業務之一，但與山澤稅收無關。至於整頓少府機構一事，屬少府長官負責當無疑問。少府工作雖是「掌山海池澤之稅，以給供養」，但建議專賣與「以給供養」之關係偏低，少府長官幾不涉及供養之事。至於其他少府專屬工作如酎祭、審查人才、審判犯人等三項，不見於前述少府職司內，則《漢書・百官公卿表》、《漢官儀》等所言少府屬官職司既與少府長官所掌有落差，其所言職掌當非少府長官一人所負責。

若觀少府所轄諸職官，可發現其職掌主要有四項，第一掌管皇室的私奉

〔註23〕《漢書》，卷十九〈百官公卿表〉，頁731。
〔註24〕此分類可參看陳文豪著，《漢代九卿研究》，頁228～234。陳氏本提出更多點，但因本文僅論「前漢」部分，以致此處宜去除屬後漢者，另再去除不屬少府組織者。
〔註25〕《漢書》，卷十九上〈百官公卿表〉，頁731。
〔註26〕《漢書》，卷七十七〈毋將隆傳〉，頁3264。
〔註27〕應劭著，《漢官儀》，卷上，頁十，收於《漢官六種》（臺北：臺灣中華書局，1981年10月）。
〔註28〕蘇俊良著，《漢朝典章制度》（長春：吉林文史出版社，2001年12月第一版），頁74。

養；第二掌管國璽、文書，侍從皇帝左右，承宣詔命，顧問應對；第三掌管
宮廷雜務；第四掌管宮廷手工業制作等四項不同領域工作。〔註29〕雖說「山
海池澤之稅」無法在其屬官中看到對應項目，但「以給供養」則充分反應在
屬官上。〔註30〕少府事務非常龐雜，薩孟武認為漢代各機構長官「只總其
大綱，至於細務則委任責成與屬官」，〔註31〕主張少府長官應不管實際政事，
若依薩氏解釋則「以給供養」一語，除表明少府的經費用途外，其應可擴大
為一切關於供養的業務皆歸少府。再者，陳文豪雖然提出少府職掌有掌山海
池澤之稅、宮廷事務、宮中警衛、贊導眾事備顧問、治獄與禮儀等，〔註32〕
但其中如掌山海池澤之稅、宮廷事務、宮中警衛、贊導眾事備顧問皆為少府
屬官執行與少府長官無涉。

　　然而針對山海池澤業務部分，少府屬官中未見任何山澤管理職官，此或可
解釋為班固未載明而已。然薩孟武表示「（九卿任）一位長官若有管理某種職事
的權，則凡與該種職事有直接或間接關係，均舉而歸於該長官管理」，〔註33〕
若以此按覈少府職掌，卻可發現少府長官與山海池澤業務似成為特例，其長官
不必涉及相關業務。不然應即是少府不負責山海池澤業務，山海池澤業務與山
海池澤之稅應當視為兩件不同的事，掌其稅不必然等同掌其業務。

　　就少府中央機構言，其關於山海池澤業務之職官不過都水、均官、上林
中十池監等，其比例佔少府總職官數偏低。若將此與少府長官職掌交互對比，
當可懷疑中央少府其實只負責使用山海池澤之稅，並不干涉實際上的山海池
澤行政業務。

第二節　前漢郡國山海池澤諸職官考

　　中央少府雖與山海池澤業務關係較低，似可再就地方角度探討少府與山
澤業務關係，故在此針對前漢各地山海池澤業務職官討論。這些職官因資料
不如禁苑豐富，因此一併於此說明。此處之職官以《漢書・地理志》所列各

〔註29〕沈振輝著，〈少府官制考析〉，頁53
〔註30〕少府屬下負責供養的職官有太醫、太官、湯官、導官、居室、東織、西織、
　　　　胞人等，這些職官涉及皇帝的食、衣、住，幾為其日常生活的一切。（《漢書》，
　　　　卷十九上〈百官公卿表〉，頁731）
〔註31〕薩孟武著，《中國社會政治史》（臺北：三民書局，1979年12月再版），頁261。
〔註32〕參陳文豪著，《漢代九卿研究》，頁228～234。
〔註33〕薩孟武著，《中國社會政治史》，頁261。

郡國職官爲準，計有鐵官、銅官、金官、木官、衡官、鹽官、雲夢、陂官、湖官、洭浦、橘官、羞官，外加上不列於郡國之都水等共十三個職官。〔註34〕至於其他郡國特種官，如《西漢會要・職官三》「列郡別置官」條中之三服官、工官、武庫令、船司空、挏馬官、牧師官、庫令、發弩官、樓船官、田官等，〔註35〕多是手工業職官或者軍事職官，顯非山海池澤相關職官，因此不列入討論。爲方便說明，以下依其所管理項目，將前漢山海池澤職官分爲土地資源、水資源、苑囿三種類型，鐵官、銅官、金官、木官、衡官等爲土地資源類職官，鹽官、都水、雲夢、陂官、湖官、洭浦等則爲水資源類職官，橘官、羞官則爲苑囿職官。以下將著重於其存廢年代、職掌、行政歸屬等三方面，經過此處討論，當可說明少府與山海池澤間的關係爲何。

一、土地資源類諸山澤職官

山海池澤職官中，屬於土地資源的職官有鐵官、銅官、金官、木官、衡官等五個職官，此類職官所處理的物產都位處地上，因此將其納爲土地資源類職官，其中以鐵官資料最多。至於銅官、金官、木官、衡官則因資料較少，故按特性，兩兩置於一處討論。

1、鐵 官

鐵官最早見於《管子》，書上已明載「鐵官」二字，〔註36〕然而由於《管子》一書內容年代爭議頗大，〔註37〕雖有學者支持當時已有鐵官，仍需再找其他資料。《鹽鐵論》則載：「是以先帝建鐵官以贍農用」，〔註38〕據此鐵官似至漢武帝時才「建」，其時間已相當晚。然據司馬遷於《史記・太史公自序》云：「昌爲秦主鐵官，當始皇之時」，〔註39〕又明言秦始皇時已有鐵官。今以周家臺秦簡《曆譜》按驗，其載秦始皇三十四年時墓主「辛亥宿鐵官」、「壬子治鐵官」、「癸

〔註34〕 都水因其負責漁稅且大司農一條下言郡國有都水而列入。

〔註35〕 徐天麟撰，《西漢會要》（上海：上海古籍出版社，2006 年 12 月第一版），卷三十三〈職官三〉，頁 388～390。

〔註36〕 黎翔鳳撰，《管子校注》（北京：中華書局，2004 年 6 月第一版），卷二十二〈海王〉，頁 1255～1256。

〔註37〕 相關問題可見黎翔鳳著，〈序論〉，《管子校注》，頁 15～16，該文提出歷代以來對《管子》一書著作上的幾點問題，特別是《管子》是否爲一人所作問題。

〔註38〕 桓寬著，《鹽鐵論》，卷一〈本議〉，頁 7。

〔註39〕 《史記》，卷一百三十〈太史公自序〉，頁 3286。

丑治鐵官」，〔註40〕由此可知鐵官在始皇時必已存在。至於《鹽鐵論》所言亦非不實，武帝時亦置鐵官，其「郡不出鐵者，置小鐵官」，〔註41〕據《史記·平準書》所載：「乃請置大農部丞數十人，分部主郡國，各往往縣置均輸鹽鐵官」，〔註42〕其所置鐵官皆在縣，正符合小鐵官屬縣管理之狀況，武帝所置當為小鐵官。因此，鐵官本為秦置，漢武帝時新增「小鐵官」一職。

鐵官依其職掌不同可分為兩種類型，第一為「鐵官」或稱大鐵官，〔註43〕其職務為「凡郡縣……出鐵多者，置鐵官，主鼓鑄」，〔註44〕又觀《管子·海王》所載：

> 今鐵官之數曰：「一女必有一鍼一刀，若其事立。耕者必有一耒一耜
> 一銚，若其事立。行服連軺輂者必有一斤一鋸一錐一鑿，若其事立，
> 不爾而成事者，天下無有。」〔註45〕

雖說此語本指春秋時代，但透過以上兩條資料，應可說明鐵官主要負責生產各種鐵器製品與鐵器相關業務。〔註46〕鐵官的另一職務為開採金屬礦藏，據《漢書·貢禹傳》載：「及諸鐵官皆置吏卒徒，攻山取銅鐵，一歲功十萬人已上」，〔註47〕由此處開礦人員由鐵官準備言，應可認為金屬礦產開採由鐵官負責。因此，鐵官在生產物品時，其原料亦有部分自己一體生產。至於鐵稅由何人所掌則不明，但據前文可知鐵稅所收者為開採稅，〔註48〕其必位於礦源所在，或由當地大鐵官負責收納。

其次是小鐵官，《史記·平準書》載孔僅與東郭咸陽建議：「郡不出鐵者，

〔註40〕 以上三則皆見於《周家臺三〇號秦墓簡》中之〈曆譜〉，15~17 行，頁 94，收於湖北省荊州市周梁玉橋遺址博物館編，《關沮秦漢墓簡牘》（北京：中華書局，2001 年 8 月第一版）。

〔註41〕 《史記》，卷三十〈平準書〉，頁 1429。

〔註42〕 《史記》，卷三十〈平準書〉，頁 1441。

〔註43〕 大鐵官一詞為李京華所用，主要是為與小鐵官區別。參見李京華，〈漢代大鐵官管理職官的再研究〉，《中原文物》，2000 年第 4 期，頁 28。

〔註44〕 《續漢書》，志二十八〈百官五〉，頁 3625，收於《後漢書》（北京：中華書局，1965 年 5 月第一版）。

〔註45〕 黎翔鳳，《管子校注》，卷二十二〈海王〉，頁 1255～1256。

〔註46〕 此為黎翔鳳觀點，其認為管仲時齊必已有鐵，而其管理官員就稱鐵官。（參黎翔鳳，《管子校注》，卷二十二〈海王〉，頁 1256。）

〔註47〕 《漢書》，卷七十二〈貢禹傳〉，頁 3075。

〔註48〕 參見本文礦業稅部分。

置小鐵官」，〔註49〕故其設置年代當爲鹽鐵收歸專賣後。小鐵官可能負責鑄造舊鐵，李京華另提出小鐵官尚且負責加工大鐵官所送之半成品，認爲其地位就是「基層的加工性生產單位」。〔註50〕若此，則大、小鐵官應爲分工角色，一提供半成品，另一製成用品。

　　鐵官歸屬實頗多爭議，《史記・平準書》載：「郡不出鐵者，置小鐵官，便屬在所縣」，〔註51〕由此可判斷小鐵官屬縣管理，再者其既特別指出小鐵官屬縣，則鐵官歸屬單位勢必不同，方需特別提及。今查尹灣漢簡《東海郡吏員簿》，其時代當與同墓中所出漢成帝時《集簿》相去不遠，〔註52〕而其簡二反面載有下邳鐵官長與朐鐵官丞的組織與員吏。〔註53〕《漢書・地理志》明言東海郡下有下邳縣與朐縣鐵官，〔註54〕因此東海郡鐵官當屬大鐵官，普通小鐵官之縣未見《漢書》有記載者。馬大英認爲鐵官屬大司農，但是小鐵官則屬縣。〔註55〕據嚴耕望所考，鐵官在前漢當大多屬大司農所轄，只有短暫時間曾屬郡國，但卜憲群對此提出幾點問題，如東海郡鐵官管理、考績、編制皆屬東海郡負責等，〔註56〕似當屬郡管理，不過簡文仍將鐵官列爲中央之「都官」，〔註57〕其或爲

〔註49〕《史記》，卷三十〈平準書〉，頁 1429。
〔註50〕李京華，〈漢代大鐵官管理職官的再研究〉，頁 28
〔註51〕《史記》，卷三十〈平準書〉，頁 1429。
〔註52〕中國文物研究所等撰，《尹灣漢墓簡牘》（北京：中華書局，1997 年 9 月第一版），頁 4。
〔註53〕關於下邳鐵官部分，其文云「下邳鐵官吏員廿人長一人秩三百石丞一人秩二百石令史三人官嗇夫五人佐九人亭長一人凡廿人」（連雲港市博物館等編，《尹灣漢墓簡牘》（北京：中華書局，1997 年 9 月第一版），《東海郡吏員簿》，簡二反，頁 84）；至於朐鐵官部分，則爲「[朐]鐵官吏員五人丞一人秩二百石令史一人官嗇夫一人佐二人凡五人」（尹灣漢簡，《東海郡吏員簿》，簡二反）。至於朐鐵官只爲鐵官丞，其原因應當是下邳是東海郡鐵官辦事處，至於朐則爲東海郡鐵官「別治」，故只有丞。
〔註54〕《漢書》，卷二十八上〈地理志上〉，頁 1588。
〔註55〕馬大英著，《漢代財政史》（北京：中國財政經濟出版社，1983 年 4 月第一版），頁 122。
〔註56〕卜憲群著，《秦漢官僚制度》（北京：社會科學文獻出版社，2002 年 12 月第一版），頁 328。
〔註57〕尹灣簡簡一正所載「縣邑侯國卅八縣十八侯國十八邑二其廿四有堠都官二」（頁 77），其上所云都官二，分別指東海郡的鐵官與鹽官。關於鐵官爲中央設於地方之都官問題，可見劉洪石著，〈漢代東海郡朐縣的海鹽生產和管理機構〉，《鹽業史研究》，2002 年第 1 期，頁 44、謝桂華，〈尹灣漢墓簡牘和西漢地方行政制度〉，《文物》，1997 年第 1 期，頁 43。

文屬大司農，但是實際上皆由地方負責。若不管東海郡之案例，李京華另提出鐵官的可能管理架構，則為大、小鐵官之間並無任何隸屬關係，兩者再上一層機構為鐵市長丞，鐵市長丞之上即是大司農。〔註58〕

　　總之，據以上各資料可知，鐵官在前漢大部分時期皆受大司農管轄，偶屬地方郡縣管理。因此山澤稅中的鐵官事務，少府並無過問權利，而當屬大司農所負責範圍。

2、銅官、金官

　　其他還有銅官、金官，由於資料相對較少，故將此二職官一併置於此討論。此二官所負責的皆是金屬礦產，其屬性較為接近。

（1）銅　官

　　銅官只見於《漢書・地理志》丹揚郡條所云「有銅官」，〔註59〕至於其實際設置年代則不明。前漢河東郡亦可能有銅官，〔註60〕只是《漢書・地理志》未載，因此前漢至少二處有銅官。今據《資治通鑑》所載唐肅宗上元元年條，其註云自北魏以下京兆地區有銅官川，釋其地名「同官，本漢銅官之地，後因謂之銅官川」，〔註61〕此地位處前漢左馮翊地區。則漢代至少三處地方有銅官，然左馮翊地區銅官不知何時所建，無法確定是否為前漢所建。在春秋晚期至戰國時期銅官可能已經出現，《越絕書》載有「姑中山者，越銅官之山也」〔註62〕一語，這正顯示越國當已有銅官。另據後漢時之「武都太守耿勳碑」，在碑文中可見「又開故道銅官」〔註63〕之語，可見銅官至後漢時仍存。

　　銅官職掌未見於傳統史籍，故頗有爭議。而後漢時〈武都太守耿勳碑〉上所載之「又開故道銅官，鑄作錢器」〔註64〕一語，為目前少數可見關於銅官職掌的資料，由此段史料或可推說銅官負責造錢、器物。嚴耕望提出銅官

〔註58〕 李京華，〈漢代大鐵官管理職官的再研究〉，頁32。

〔註59〕 《漢書》，卷二十八上〈地理志上〉，頁1592。

〔註60〕 羅慶康，《西漢財政官制史稿》，頁122。

〔註61〕 司馬光等編，《資治通鑑》，卷二百二十一〈唐肅宗上元元年〉，頁7100。

〔註62〕 劉建國注，《越絕書》（臺北：三民書局，1997年6月第一版），卷八〈越絕外傳記地傳第十〉，頁200。

〔註63〕 嚴可均編，《全後漢文》，卷一百二〈武都太守耿勳碑〉，頁8，收於楊家駱主編，《全上古三代秦漢三國六朝文》（臺北：世界書局，1969年8月三版）。

〔註64〕 嚴可均編，《全後漢文》，卷一百二〈武都太守耿勳碑〉，頁8。

負責鑄器，〔註65〕另有張中秋亦認爲丹揚銅官負責開礦與鑄器，卻特別聲明銅官不負責鑄錢。〔註66〕張齊政則一反嚴、張二氏說法，認爲由於鑄錢需銅極多，銅官負責開挖銅礦以供其他職官造幣用，〔註67〕張衛東、裘士京亦支持張齊政觀點。〔註68〕尚有部分學者如吳小平、〔註69〕周星等，〔註70〕認爲銅官負責生產兵器。

綜各家所言，銅官職掌約有鑄器、開礦、兵器生產等三類。〈武都太守耿勳碑〉所載銅官職掌應含鑄錢，嚴耕望、張中秋似持反對態度，此二氏或根據《漢書·百官公卿表》所載鑄錢應由少府或水衡都尉負責一點，〔註71〕故推斷鑄錢非銅官職掌。〈武都太守耿勳碑〉雖屬後漢資料，是否可反推爲前漢制度值得再論，但鑄錢雖歸少府、水衡等負責，其造幣依然需要銅，因此由銅官供其原料用以造幣並非不可能，此點值得再論。關於銅官是否負責鑄錢問題，則因與本文主題關係較低，故暫不討論。

關於銅官的行政歸屬，由於資料不足難以確定。《漢書·地理志》將銅官直接置於於郡名之下，與鐵官一般置於縣名方式不同，頗疑其中有特殊意義，但少數郡國鐵官如河南郡、隴西郡、東平國、廣陵國亦採此寫法，故需再論。〔註72〕嚴耕望云及銅官時，表示「郡國出銅多者則置銅官」，〔註73〕若據此則

〔註65〕 嚴耕望，《中國地方行政制度史·秦漢地方行政制度》（臺北：中央研究院歷史語言研究所，1961 年），頁 202。

〔註66〕 張中秋，〈漢代工商貿易法律敘論〉，《南京大學學報（哲學·人文·社會科學）》，1995 年第 4 期，頁 82。

〔註67〕 張齊政，〈一把解開中國古代青銅銅源之謎的鑰匙——《江南銅研究》述評〉，《衡陽師範學院學報》，第 27 卷第 5 期（2006 年 10 月），頁 173。

〔註68〕 張衛東、裘士京，〈論兩漢時期皖南銅与皖南經濟〉，《安徽史學》，2006 年第 4 期，頁 22。

〔註69〕 吳小平，〈兩漢時期的工商政策對銅器的影響評價〉，《中國社會經濟史研究》，2004 年第 4 期，頁 32。吳氏特別指出河東銅官負責造兵器，至於丹揚銅官，則提出其以造銅鏡爲主。吳氏所得結論，似是自現有出土物所來判斷，在漢代是否果眞如此，則其爭議尚多。

〔註70〕 周星，〈漢代江南鑄銅業的發展〉，《南方文物》，1997 年第 2 期，頁 78。周星似認爲全部銅官都負責造兵器，並不再細分各地銅官職掌，其論點與吳小平略有差異。

〔註71〕 《漢書》，卷十九上〈百官公卿表上〉，頁 735。

〔註72〕 以上四條分見《漢書》，卷二十八上〈地理志上〉，頁 1555、1610、1637、1638。今據陳文豪所著《漢代大司農研究》文中之「前漢鐵官地理分佈表」，陳氏具體列出以上四郡國鐵官所在縣，但其似逕取該郡國治所縣爲鐵官所在，且未說明爲何此四郡鐵官置於郡之下緣故。（參陳文豪著，《漢代大司農

銅官似當屬郡管理。另據前引〈武都太守耿勳碑〉，耿勳在任武都太守時可以「開故道銅官」，〔註74〕銅官既可由郡再立，則其當屬郡管理。以嚴耕望所言配合〈武都太守耿勳碑〉所載，似可懷疑銅官實屬郡國，況且前述鐵官只屬大司農或郡國，銅官或許與其相似。然而，羅慶康卻未提出任何理由，逕將銅官列爲少府屬官，〔註75〕其或根據「少府掌山海池澤之稅」原則故屬少府。然前文已經提過鐵官即便在鐵稅屬少府時期也歸大司農管轄，其稅收用途與主管官員爲兩件不同的事，鐵官在專賣時期也只有一度轉屬郡國。此外銅官與鐵官皆是處理開礦、鑄器，若以類比原則，銅官當一併屬大司農或郡國爲是，這正相呼應嚴耕望與〈武都太守耿勳碑〉所呈現的狀況，故在此推斷銅官當屬郡國或大司農管理。

（2）金　官

據《漢書・地理志》載桂陽郡「有金官」一職，〔註76〕除此之外幾無其他資料，其存廢年代亦無法探討。此外在鄱陽則有「黃金采」〔註77〕一職，因資料缺乏無法推論其與「金官」之關係。歷代學者即對此爭論不一，如嚴耕望在討論郡國特種職官時，似認爲「金官」是「鐵官」之誤寫，故不列出金官。〔註78〕羅慶康亦據王先謙說法，認爲金官「官本金作鐵」，指金官其實是執行鐵官職務，羅氏再補充鄱陽、豫章等地有出黃金，但未見有設金官之記錄，〔註79〕主張黃金采當與金官不同。不過，王福昌認爲金官確實存在，然與「黃金」之關係不高，與傳統說法不同。〔註80〕

金官職掌較之銅官更爲不明，嚴耕望將金官置於鐵官之中，似認爲金官就是鐵官之一。張中秋主張金官即是負責鑄造黃金，〔註81〕黃志輝則認爲針

研究》，頁 57～61）

〔註73〕嚴耕望，《中國地方行政制度史・秦漢地方行政制度》，頁 202。

〔註74〕嚴可均編，《全後漢文》，卷一百二〈武都太守耿勳碑〉，頁 8。

〔註75〕羅慶康，《西漢財政官制史稿》，頁 122～123。

〔註76〕《漢書》，卷二十八上〈地理志上〉，頁 1594。

〔註77〕《漢書》，卷二十八上〈地理志上〉，頁 1593。

〔註78〕嚴耕望，《中國地方行政制度史・秦漢地方行政制度》，頁 201。

〔註79〕羅慶康，《西漢財政官制史稿》，頁 125。

〔註80〕王福昌著，〈西漢桂陽郡 "金官" 考辨〉，《中國歷史地理論叢》，1999 年第 3 期，頁 44。王氏大致整理目前支持「金官」爲采黃金的學者，亦論及支持鐵官寫者，對於各家說法都有整理。

〔註81〕張中秋，〈漢代工商貿易法律芻論〉，頁 82。

對桂陽郡一條所載的是金官或鐵官問題，似認為二者同時存在。〔註 82〕其實漢代「金」這個字可用為金屬泛稱或專指黃金，端看其使用場合而定。〔註 83〕因此有學者認為金官並非是鐵官，亦非是負責鑄造黃金之官，其「金」泛指各種金屬，故實為同時兼管多種礦產之官。〔註 84〕

至於金官的歸屬問題，《漢書‧地理志》亦將金官直接置於「桂陽郡」一條下，其可能與銅官相似屬郡國或大司農管轄。由於部分學者根本不認為金官存在，故不討論其相關問題，因此金官歸屬問題較銅官更難解決，目前除羅慶康逕將金官視為少府屬官外，〔註 85〕幾無討論者。以王福昌認為金官其實是同時掌管多種礦產之官言，則其屬性既與銅官、鐵官一致，在基於前述銅官類比方式，頗疑其所屬亦是如此，當屬郡國或大司農。

銅官與金官二者應是在地方執行銅與其他金屬之業務，其主要工作為開礦與鑄器。銅官狀況似與鐵官一樣，當可用類比方式推斷屬大司農或郡國負責，並有部分資料可支持此說。至於金官，部分學者根本不認為其存在，資料較難取得，只能單純用類比，懷疑亦屬大司農或郡國。認為此二官屬於少府者，並未提出任何具體根據，因此只能備考。總之，少府對銅官、鐵官當無直接管理之權力。

3、木官、衡官

最後還有木官、衡官，其因資料較少且此二職官似皆涉及樹木，屬性相近故將二者置於一處解釋。。

（1）木　官

《漢書‧地理志》所載蜀郡嚴道縣「有木官」〔註 86〕一條，幾乎是目前唯一關於木官之資料。王念孫甚至認為木官不存在，〔註 87〕木官的設置年代、存續時間等更無資料可以說明。秦代另有林官存在，〔註 88〕林官的功能與木

〔註82〕黃志輝，〈粵北古代的礦業〉，《廣東史志》，1994 年第 2 期，頁 47。
〔註83〕「金」在戰國秦漢時期，其字意有可能是指銅，亦可是黃金，另可作為金屬的總稱。相關討論，另見拙稿，〈漢初的「行金」與「行錢」〉，《中興史學》，第 12 期（2006 年 6 月），頁 11～12。
〔註84〕另可見王福昌，〈西漢桂陽郡“金官”考辨〉，頁 114。
〔註85〕羅慶康著，《西漢財政官制史稿》，頁 125。
〔註86〕《漢書》，卷二十八上〈地理志上〉，頁 1598。
〔註87〕周壽昌則反對王念孫看法，俱見嚴耕望著，《中國地方行政制度史‧秦漢地方行政制度》，頁 191。
〔註88〕董說《七國攷》中轉載楊升菴《升菴外集》上的秦官名，其中除了鹽官、鐵

官可能相近，然目前缺乏更確切資料說明。

　　關於木官職掌部分比較概括的講，木官是負責山林川澤管理的職官之一。〔註89〕有學者認爲，前漢在「弛山澤之禁」後設立各種職官負責收稅，木官正是其中之一，因此其職務之一似爲收稅。〔註90〕既然漢代典籍記載木官者不多，或可由周代時相類似職官所負責之職務，試探漢代木官業務。《周禮‧地官司徒》載委人職務爲「掌斂野之賦，斂薪芻，凡疏材、木材，凡畜聚之物」，〔註91〕委人針對各種林業收稅。周代林業職官既針對林業收稅，若漢代有相對應職官，應當去之不遠，或可謂其亦掌全國之林稅。但《周禮》一書有其史料價值問題，無法完全採納。

　　就目前所見，前漢木官不太可能負責林稅，遑論全國的林業政策，應當只是蜀郡嚴道縣特產管理官。這可由幾點看出，首先林業政策在漢代相當重要，早在張家山漢簡中之〈田律〉已有「春夏毋敢伐材木山林」〔註92〕一條，於敦煌懸泉漢簡中之《四時月令詔條》又有「‧禁止伐木‧謂大小之木皆不得伐也盡八月草木令落乃得伐其當伐者」〔註93〕一條，相關規定在睡虎地秦簡《秦律十八種‧田律》簡四至五亦可見。〔註94〕由此可知秦、漢時期林業管理涉及地理範圍極大，至少在江陵地區、敦煌地區皆可見，其間跨地甚廣。其實日常使用林木資源四處皆有，《四時月令詔條》更疑似是對全國頒布，當無只適用於敦煌之理，又如《漢書‧食貨志》載王莽時規定「城郭中宅不樹藝者爲不毛」，〔註95〕此條亦是全國性規定發佈，由此可知漢代林政應當有相

官、銅官等眾多職官外，正好有林官，而沒有木官，（見董說著，《七國攷》（北京：中華書局，1985 年），卷一〈主鐵官〉，頁 14）頗疑二者其實是負責同樣職務，在秦名爲林官，至漢改名爲木官。陳業新亦提出秦當有林官，並似掌山海池澤管理，但陳氏對此並未多作討論。（參陳業新著，〈秦漢政府行爲與生態〉，《淮南師範學院學報》，2004 年第 4 期，頁 63）

〔註89〕參陳業新著，〈秦漢政府行爲與生態〉，頁 63。

〔註90〕參余明著，〈“弛山澤之禁”與漢初地方經濟開發〉，《自貢師範高等專科學校學報》，2000 年第 2 期，頁 53。

〔註91〕鄭玄注，《周禮注疏》（北京：北京大學出版社，1999 年 12 月第一版），卷十六〈地官司徒〉，頁 407。

〔註92〕整理小組編，《張家山漢墓竹簡〔二四七號墓〕》，《二年律令‧田律》，簡 249，頁 167。

〔註93〕胡平生‧張德芳編撰，《敦煌懸泉漢簡釋粹》（上海：上海古籍出版社，2001 年 8 月第一版），頁 192。

〔註94〕整理小組編，《睡虎地秦墓竹簡》，《秦律十八種‧田律》，簡四～五，頁 20。

〔註95〕《漢書》，卷二十四下〈食貨志下〉，頁 1180。

當規模，其政策影響範圍是全國性的。

　　然而木官卻只置於一處且一職而已，若木官眞負責林政，顯難有效處理全國政務，由史料對該職官資料之缺乏，甚難想像該職官具有全國級行政單位的地位。況且其所在地更是在西南地區的蜀郡，若眞的負責全國林政業務，應當是設在長安地區，〔註96〕至少也該是蜀郡郡治，何以會在某特定一縣。或說木官只管當地林政，然而全國其他各地豈是不必管理林政？因此，木官當無掌管林政之可能，只是在當地負責處理林業特產，其職務可能類似於東園主章，負責「掌大材」〔註97〕以供其他職官使用。至於實際林政，或許當是由各地方政府自行負責，無涉於木官。至於銅、鐵、金等官，尚可用只在礦產地設官說明，所以尚有可能掌稅或相關業務於其手，其官特性與木官有差。

　　雖然木官職掌應只涉及當地林木特產，而非全國性的林政職官，但仍有必要說明其所屬。雖然專論木官之學者不多，但仍有間接提及木官歸屬者如陳業新認爲木官是由中央政府所設，〔註98〕據此而言則木官當屬中央管理，但不知屬何官。余明則似認爲自武帝將鹽鐵改屬大司農後，一切山林政令亦一併改屬大司農，似暗指木官已有屬大司農之意。但余氏在討論專門職官上，則提出中央設有東園主章、地方設有木官分掌各地林政，木官設在郡縣似指其直接上司爲郡太守，〔註99〕且間接受大司農管理。此外，據《漢書・百官公卿表》載東園主章於太初元年後改名「木工」，〔註100〕則不知木官是否與東園主章有關。無論如何，其與少府關係應當不高。

（2）衡　官

　　至於「衡官」僅見於《漢書・百官公卿表》水衡都尉一條下載明有「衡

〔註96〕據《周禮注疏・地官司徒》所載，周代尚有「林衡」一職，其職置於各地之林，故云「林衡，每大林麓下士十有二人，史四人，胥十有二人，徒百有二十人。中林麓，如中山之虞。小林麓，如小山之虞」（鄭玄注，《周禮注疏》，卷九〈地官司徒〉，頁236），可知其組織遍佈全國。其職「掌巡林麓之禁令而平其守，若斬木材，則受法於山虞，而掌其政令」（鄭玄注，《周禮注疏》，卷十六〈林衡〉，頁417），似負責各地林政。由林衡的組織與職掌來看，林衡才可列爲林政管理機關，其組織誠位於全國各地。相比之下，木官只位於單獨一處，無法比擬於林衡組織。

〔註97〕《漢書》，卷十九上〈百官公卿表上〉，頁734。

〔註98〕陳業新，〈秦漢政府行爲與生態〉，頁64。

〔註99〕余明著，〈西漢林政初探〉，《四川師範大學學報（社會科學版）》，1999年第4期，頁67。

〔註100〕《漢書》，卷十九上〈百官公卿表上〉，頁733。

官」一職，〔註101〕應爲中央官之一。但〈析里橋郙閣頌〉文中提及地方有「衡官掾」〔註102〕一職，嚴耕望更具體析出武都郡有「衡官掾」、「衡官有秩」二職，〔註103〕由此可知地方郡國亦有衡官。周代可能已有衡官，但其名稱爲「林衡」〔註104〕且爲全國性組織，或許爲漢代衡官原型。

　　衡官職掌眾說紛紜，如嚴耕望據〈析里橋郙閣頌〉、〈李翕西狹頌〉等史料，理出衡官參預「鑿山通道事」，故懷疑其掌山林之職但不能確定；〔註105〕熊鐵基、安作璋主張其職已不可考，推測其掌上林苑的山林稅，可能又涉及鑄錢；〔註106〕陳直則認爲衡官負責鑄錢。〔註107〕至於《周禮注疏·山虞》則將衡官視同林衡，認爲其負責掌「林」。〔註108〕

　　若以周代山林職官與衡官相類比，《左傳·昭公二十年》載有「山林之木，衡鹿守之」，〔註109〕「衡鹿」所負責的山林工作或許即是衡官原型。〔註110〕由此或可推估，衡官應繼承衡鹿負責山林工作，因此在漢代當仍負責林政，加藤繁所認爲漢代之林業稅，若其存在應當由衡官所負責。至於陳直認爲衡官亦掌鑄錢之說若確實，則當是在漢代才有。

　　衡官職掌大約爲管理林政，但歸屬中央何官管轄則有爭議。《漢書·百官

〔註101〕《漢書》，卷十九上〈百官公卿表上〉，頁735。

〔註102〕嚴可均編，《全後漢文》，卷八十一〈析里橋郙閣頌〉，頁4。

〔註103〕嚴耕望著，《中國地方行政制度史·秦漢地方行政制度》，頁133。

〔註104〕關於林衡職務可見註88，在《周禮注疏》賈公彥的疏逕以「衡官」簡稱林衡，兩者似可通用。（鄭玄注，《周禮注疏》，卷十六〈山虞〉，頁415）

〔註105〕參嚴耕望，《中國地方行政制度史·秦漢地方行政制度》，頁133。

〔註106〕熊鐵基、安作璋，《秦漢官制史稿》，頁212。

〔註107〕陳直，《漢書新證》（北京：中華書局，2006年4月第一版），頁118。

〔註108〕鄭玄注，《周禮注疏》，卷十六〈山虞〉，頁415。

〔註109〕「衡鹿」即「衡麓」，見楊伯峻編著，《春秋左傳注》（北京：中華書局，1990年5月第二版），〈昭公二十年〉，頁1417。

〔註110〕此外，《周禮》中載有多個與山林有關的職官，如山虞負責「掌山林之政令」（鄭玄注，《周禮注疏》，卷十六〈山虞〉，頁415），又云「彼林是竹木生平地者，林衡掌之：此山林并云者，自是山內之林，即山虞兼掌之」，解釋山虞、林衡兩者的主要差別即是山虞負責山中之林，林衡負責平地之林。至於山虞則一如林衡，其組織依全國各地大、中、小三種不同山分別設立機構。（鄭玄注，《周禮注疏》，卷十六〈山虞〉，頁415）其他可能相關之職官尚有角人、羽人、掌葛等（俱見鄭玄注，《周禮注疏》，卷九〈地官司徒〉，頁238），但這些職官負責職務較小，主要負責山澤之農，與衡官關係當較低。此處《周禮》揭示職官雖多，但因《周禮》是否能代表周代制度不無問題，故置於註釋中備考。

公卿表》將衡官列於水衡都尉條，因此當屬水衡都尉掌管，至於在水衡都尉成立之前，衡官當屬少府管理。〔註111〕然而漢代在地方亦有衡官，其歸屬則正是問題所在。若就衡官名稱言，則武都郡衡官當屬水衡都尉所管，由於武都郡衡官史料已是後漢，當時水衡都尉已廢，陳直認為武都郡衡官是「仍沿用水衡都尉之衡官名稱」，〔註112〕這似說明武都郡衡官並非是前漢衡官在地方支部的一支，而是郡政府自行設立之職官，故稱「沿用」。〈李翕西狹頌〉頌是針對武都太守李翕而作，其頌最後著明此頌作者，其所列名者多為郡屬官，衡官有秩即是其中之一，〔註113〕則衡官在當地屬郡負責當無疑問。

在土地資源類職官中，木官、衡官資料更少，因此其存廢、職掌、歸屬等皆較難討論。其中木官之設，應當是蜀郡嚴道縣有林木特產故設官管理，其功能當類似東園主章，主要提供木材給其他機關，不太可能是林政主管機關，亦非如加藤繁所認為的主管林業稅機關。至於其所屬有二說，一是歸中央但不確定是何官負責，二是由地方郡縣管理。至於衡官，其所掌可能是林木之事，陳直則認為是掌鑄錢事，在後漢地方亦有名為衡官之官，則不知其是否為前漢衡官在地方機構。至於其所屬，在前漢先由少府所掌，後改由水衡都尉管理，在後漢則疑由郡國負責。總之，少府只曾經掌管過其中之衡官，至於木官則疑屬大司農。

二、水資源類諸山澤職官

至於水資源類職官則有鹽官、都水、雲夢、湖官、陂官、洭浦等六種，其中以鹽官、都水二職資料較多。至於雲夢、湖官、陂官、洭浦等四職官因相關資料過少，因此將此四者合於一處討論。

1、鹽　官

鹽官在《漢書・地理志》中列於各郡國之縣名下，據嚴耕望統計全國共

<hr>

〔註111〕《漢書》，卷十九上〈百官公卿表上〉，頁735。

〔註112〕陳直著，《漢書新證》，頁118。

〔註113〕其所列名者有「時府丞右扶風陳倉呂國字文寶、門下掾下辨李虔字子行、故從事議曹掾下辨李旻字仲齊、故從事主簿下辨李遂字子華、故從事主簿上祿石祥字元祺、五官掾上祿張亢字惠叔、故從事功曹下辨姜納字元嗣、故從事尉曹史武都王尼字孔光、衡官有秩下辨李瑾字瑋甫、從史位下辨仇靖字漢德書文、下辨道長廣漢汁邡任詩字幼起、下辨丞安定朝皇甫彥字子才」（嚴可均編，《全後漢文》，卷一百二〈西狹頌〉，頁1~2），此等職官皆為後漢時之官。

有三十七處鹽官，﹝註114﹞但鹽官卻不列於《漢書·百官公卿表》中。目前鹽官起源眾說紛紜，如羅慶康提出「西漢在出產鹽的郡縣設鹽官一人」，﹝註115﹞似認為鹽官是在漢代才設立。嚴耕望更云「蓋秦及漢初雖專鹽鐵之利而未置專官於郡國；至桑弘羊始置之也」，﹝註116﹞主張郡國鹽官等至武帝之後才設立。羅、嚴二氏當基於《史記·平準書》所載：「（元封元年）乃請置大農部丞數十人，分部主郡國，各往往縣置均輸鹽鐵官」﹝註117﹞一條所得，若只據此條史料，自然會得出漢代始置鹽官之說。

清代黃本驥於其《歷代職官表》表示在鹽官歷代相對職官上，周代已有「齊鹽官」，﹝註118﹞董說在其《七國攷》中轉引楊升菴的《升菴外集》明言秦有「鹽官」，﹝註119﹞此為鹽官存於漢代之前的另一說法。

現疑以黃、董二氏說法為是，漢代以前鹽官應該已經存在。嚴耕望所云是未設鹽官於郡國，並未否定中央有鹽官存在可能，但今查秦代封泥，當時職官已有「西鹽」、﹝註120﹞「江右鹽丞」、﹝註121﹞「琅邪左鹽」、﹝註122﹞「江左鹽丞」，﹝註123﹞其既然已有各地名稱，由此當可推斷秦代已在地方設有鹽官。若說是漢初暫廢鹽官至武帝始予以復設，但《秦漢南北朝官印徵存》所載前漢初期官印中，其官印即有「琅鹽左丞」，﹝註124﹞此印當為漢初琅邪郡鹽官所屬丞印，由此可知漢初地方已有鹽官明確。又據張家山漢簡《奏讞書》簡一八一載「劓（敫）悍，完為城旦舂，鐵顙其足，輸巴縣鹽」，﹝註125﹞《漢書·地理志》即載蜀郡臨邛有鹽官，﹝註126﹞此處即疑送至該地輸鹽，漢初當

﹝註114﹞嚴耕望著，《中國地方行政制度史·秦漢地方行政制度》，頁196。
﹝註115﹞羅慶康著，《西漢財政官制史稿》，頁63。
﹝註116﹞嚴耕望著，《中國地方行政制度史·秦漢地方行政制度》，頁195～196
﹝註117﹞《史記》，卷三十〈平準書〉，頁1441。
﹝註118﹞黃本驥編，《歷代職官表》（上海：上海古籍出版社，2005年5月第一版），卷六〈鹽政〉，頁309。
﹝註119﹞董說，《七國攷》，卷一〈主鐵官〉，頁14。
﹝註120﹞周曉陸、路東之編，《秦封泥集》（西安：三秦出版社，2000年5月第一版），頁245。
﹝註121﹞周曉陸、路東之編，《秦封泥集》，頁270。
﹝註122﹞周曉陸、路東之編，《秦封泥集》，頁266。
﹝註123﹞周曉陸、路東之編，《秦封泥集》，頁270。
﹝註124﹞羅福頤主編，《秦漢南北朝官印徵存》（北京：文物出版社，1987年10月第一版），卷二〈漢初期官印〉，頁10。
﹝註125﹞整理小組編，《張家山漢墓竹簡〔二四七號墓〕》，頁227。
﹝註126﹞《漢書》，卷二十八上〈地理志上〉，頁1598。

地有鹽業活動當無疑問。至於漢武帝時所置鹽官，頗疑一如鐵官只是在各地不出產鹽處，設立販鹽用鹽官，而非新創鹽官一職。〔註127〕

至於鹽官職掌爭論頗多，嚴耕望認爲郡國鹽官設於武帝時鹽鐵專賣時，其職務與鹽鐵專賣有關，逮至後漢才改負責鹽稅；〔註128〕羅慶康則認爲鹽官隨鹽鐵專賣演變職掌可分爲二階段，在鹽鐵專賣實施前，鹽官負責掌鹽稅；鹽鐵專賣後，鹽官改負責鹽的生產器具、費用與銷售等；〔註129〕其他如萬海峰、蕭燕、〔註130〕張躍等，〔註131〕皆與羅慶康觀點相似；賴明華、〔註132〕馬大英等，〔註133〕又補充鹽官負責鹽價。總之，目前學界針對鹽官職掌多注重鹽鐵專賣之後，至於鹽鐵專賣前則較少人討論，多只云鹽官當時負責收鹽稅。

針對鹽鐵專賣前的鹽官職掌，可先確定全國性鹽政非鹽官可過問，黃本驥在漢代鹽政主官一條云「大農丞管鹽鐵事」，〔註134〕認爲由大司農負責全國鹽鐵事。此外，由居延漢簡 455.11 簡所載「月甲寅大司農守屬閒別案校錢穀鹽鐵」，〔註135〕可知大司農涉及鹽鐵事務。鹽官負責地方鹽政，《續漢書·百官志》載「凡郡縣出鹽多者置鹽官，主鹽稅」，〔註136〕當時鹽鐵專賣已不存在，此處即說明後漢鹽官只負責收鹽稅，相似制度或亦推行於武帝推行鹽鐵專賣之前。至於《漢官解詁》則載：「鹽官掊坑而得鹽，或有鑿井責海水而以得之者」，〔註137〕此處顯示鹽官親自介入產鹽業務，這正與張家山漢簡《奏讞書》

〔註127〕此外，《水經注疏》轉引《魏土地紀》云漢於朔方縣「置典鹽官」（酈道元注，《水經注疏》（南京：江蘇古籍出版社，1989 年 6 月第一版），卷三，頁 219），則不知此「典鹽官」是否與鹽官有關，亦不知此官設於後漢或前漢。

〔註128〕嚴耕望，《中國地方行政制度史·秦漢地方行政制度》，頁 195～196。

〔註129〕羅慶康，《西漢財政官制史稿》，頁 64～65。

〔註130〕見萬海峰、蕭燕，〈略論漢武帝時期的鹽鐵專賣制度〉，《江西社會科學》，2007 年第 2 期，頁 125。

〔註131〕張躍，〈漢武帝時期的壟斷官營經濟政策〉，《山西財經大學學報》，2005 年第 1 期，頁 10。

〔註132〕賴華明，〈漢武帝經濟改革新論〉，《四川師範大學學報（社會科學版）》，2003 年第 6 期，頁 84。

〔註133〕馬大英，《漢代財政史》，頁 121。

〔註134〕黃本驥，《歷代職官表》，卷六〈鹽政〉，頁 307。

〔註135〕中國社會科學院考古研究所編，《居延漢簡甲乙編》（北京：中華書局，1980 年 12 月第一版），簡 455.11，頁 242。

〔註136〕《續漢書》，志二十八〈百官五〉，頁 3625。

〔註137〕胡廣注，《漢官解詁》，頁七，收於《漢官六種》（臺北：臺灣中華書局，1981

簡一八一中之「輸巴縣鹽」事可相配合，鹽官負責鹽稅收納、鹽業生產。因此，在漢武帝之前鹽官負責鹽稅與生產，在鹽鐵專賣以後，鹽官改爲生產與銷售。

　　至於鹽官屬何單位管理，則因鹽鐵專賣先後實施，故鹽官歸屬狀況與鐵官大致相似，無需特別多論，此處則提出幾點針對鹽官專論的問題。羅慶康認爲鹽官本屬少府，至漢武帝行鹽鐵專賣後則改歸大司農管理，然鹽官本屬少府之根據爲何？羅氏並未交代。〔註138〕馬大英認爲前漢鹽官屬大司農，〔註139〕未提出其確切時代爲何；萬海峰、蕭燕亦持類似看法，認爲自武帝首設鹽官開始，即屬大司農管理。〔註140〕據尹灣漢簡《東海郡吏員簿》所載「伊盧鹽官」、「北蒲鹽官」、「郁州鹽官」等組織，〔註141〕卜憲群即懷疑其列入郡縣員額，當爲郡縣屬官。〔註142〕鹽官一如鐵官，多被認爲屬大司農管理，羅慶康則補充說其曾屬少府。

　　總之，鹽官自秦代已經存在，並非在漢武帝新設。鹽官不論在專賣前、後，皆涉及鹽業生產，只是專賣前負責收鹽稅，專賣後則改爲賣鹽。至於鹽官歸屬問題，由於資料缺乏，大部分學者只能解決漢武帝之後鹽官歸屬問題，甚至不認爲武帝之前有鹽官存在，甚少論及武帝前鹽官歸屬狀況。

2、都 水

　　都水爲屬水職官中除鹽官外的另一重要職官。都水本爲各郡國一般職官，此處因少府下轄都水，所以將一併將普通都水納入討論。都水據全晰綱研究，其本名爲「都水長」，又可簡稱爲「水官」，〔註143〕故都水至少有兩種

年 10 月）。

〔註138〕羅氏在說明時，其敘述方式是用鹽稅屬少府所轄鹽官管理，至漢武帝鹽鐵專賣後，則在各產鹽郡縣設鹽官，由大司農管理。（參羅慶康著，《西漢財政官制史稿》，頁 63～65）羅氏之說若非指鹽官由少府改屬大司農，其另一種可能爲有兩種不同體系鹽官存在，大司農於武帝時自設鹽官，而與少府鹽官無涉。然此種解釋方式，則缺乏其他資料支持，故不採用。

〔註139〕馬大英著，《漢代財政史》，頁 122。

〔註140〕萬海峰、蕭燕著，〈略論漢武帝時期的鹽鐵專賣制度〉，頁 126。

〔註141〕連雲港市博物館等編，《尹灣漢墓簡牘》（北京：中華書局，1997 年 9 月第一版），《東海郡吏員簿》，簡二反，頁 84。

〔註142〕卜憲群著，《秦漢官僚制度》，頁 328。

〔註143〕全晰綱著，〈秦漢郡國農官考實〉，《史林》，1996 年第 4 期，頁 23。鄭玄注《史記·五帝本紀》云：「共工，水官名」（《史記》，卷一〈五帝本紀〉，頁 20），而王莽改官名時，「王莽改少府曰共工」（《漢書》，卷十九上〈百官公卿表上〉，

不同稱法。

　　都水、水官在前漢實指同一職務，若就「水官」言，在春秋時代已經存在，《管子‧度地》篇載管子云：「請爲置水官」，〔註144〕顯示春秋時已有水官概念，然因《管子》內容尚不確定是否爲春秋時代，因此只能列爲參考。就目前所見官印之封泥，秦代已有「都水丞印」、〔註145〕「琅邪都水」〔註146〕封泥，因此都水在秦代已設於地方郡國。前漢都水設立年代雖無法確定，但都水已相當常見，出土簡牘中的都水職官頗多，諸如有「都水丞」、〔註147〕「浙江都水」、〔註148〕「溫都水監」、〔註149〕「長沙都水」、〔註150〕「張掖水官」、〔註151〕「□通都水長」〔註152〕等，以上多爲各郡國都水，尹灣漢簡中亦有都水之活動紀錄，〔註153〕頗疑漢承秦制，都水即仿秦制設立，終前漢之世都水皆存在。

　　都水職掌約可分爲水利、漁稅兩部分。針對水利部分，《管子‧度地》載水官職爲「令之行水道，城郭、隄川、溝池、官府、寺舍及洲中當繕治者」，〔註154〕其所負責工作皆爲水利工程，因此在春秋時水官當爲水利官員。再觀如淳注《漢書‧百官公卿表》云：「律，都水治渠隄水門」、〔註155〕還有《水經注疏》酈道元注云：「秦、漢有都水長、丞，主陂池灌漑，保守河渠，屬太常」，〔註156〕綜合以上三者可知都水爲水利官。嚴耕望似認爲都水與都水官有

　　　　頁732），這似乎爲一巧合。此外另可注意者，則爲山海池澤用字中以屬水用
　　　　字居多，不知與此是否有關聯。
〔註144〕管仲著，黎翔鳳撰，《管子校注》，卷十八〈度地〉，頁1059。
〔註145〕周曉陸、路東之編，《秦封泥集》，頁112。
〔註146〕周曉陸、路東之編，《秦封泥集》，頁265。
〔註147〕羅福頤主編，《秦漢南北朝官印徵存》，卷三〈前漢官印〉，頁32。
〔註148〕羅福頤主編，《秦漢南北朝官印徵存》，卷二〈漢初期官印〉，頁10。
〔註149〕羅福頤主編，《秦漢南北朝官印徵存》，卷三〈前漢官印〉，頁32。
〔註150〕羅福頤編，《漢印文字徵》（香港：中華書局，1979年8月香港第一版），第
　　　　十一，頁9。
〔註151〕中國社會科學院考古研究所編，《居延漢簡甲乙編》（北京：中華書局，1980
　　　　年12月第一版），簡299.17，頁209。
〔註152〕甘肅省文物考古研究所編，《敦煌漢簡》，簡1363，頁271。
〔註153〕連雲港市博物館等編，《尹灣漢墓簡牘》，〈東海郡屬吏設置簿〉，簡五反，頁
　　　　101，上有「督郵史四人都水一人請治所」之語，此簡爲當時都水活動紀錄之
　　　　一。
〔註154〕管仲著，黎翔鳳撰，《管子校注》，卷十八〈度地〉，頁1059。
〔註155〕《漢書》，卷十九上〈百官公卿表上〉，頁727。
〔註156〕酈道元注，《水經注疏》，卷七〈濟水一〉，頁654。

異，都水與水曹共爲郡國屬官，負責水利工程。〔註157〕周魁一主張漢代其實
尚有針對灌溉所收之水稅，並且認爲都水職務之一就是收水稅，〔註158〕這適
可說明都水的水利職官特性。仝晰綱將都水職務分爲兩大類，其職務之一就
是管理水利設施並負責灌溉，但是否針對灌溉收稅，仝氏則未討論。〔註159〕

　　都水的另一職務爲收漁稅，如《續漢書‧百官志》載：「有水池及魚利多
者置水官，主平水收漁稅」，〔註160〕後漢都水歸屬雖然與前漢不盡相同，但其
職務差異應當有限，故收漁稅應爲都水職掌之一。嚴耕望、安作璋與熊鐵基
皆據上述《續漢書‧百官志》所載，提出都水官負責收漁稅，〔註161〕不過安、
熊二氏認爲都水收漁稅是後漢以下之事，〔註162〕似認爲前漢都水不管漁稅。
周魁一則較安、熊二氏更進一步說明，認爲都水在前漢負責收水稅，至後漢
屬郡國時改稱都水官外，尚可再收漁稅。〔註163〕仝晰綱則認爲漁稅是都水在
管理水利時同時負責的職務，而非至後漢時才額外負責漁稅。〔註164〕本文持
與仝晰綱相近之觀點，此因若都水在後漢才管漁稅，則前漢漁稅歸誰管則無
法討論，且無具體根據可說都水在前漢不管漁稅。

　　都水歸屬問題爭議頗大，其根本起源在於《漢書‧百官公卿表》將都水列
在多個不同職官之下，如奉常一條載其屬官有「又均官、都水兩長丞」；〔註165〕
而大司農一條，又云大司農下「又郡國諸倉農監、都水六十五官長丞皆屬焉」，
〔註166〕此處又見都水，或可認爲大司農掌郡國都水，與奉常所掌者不同；然少
府下掌「又胞人、都水、均官三長丞」，〔註167〕都水又見於屬少府之下，都水、

〔註157〕見（嚴耕望，《中國地方行政制度史‧秦漢地方行政制度》，頁 132。然嚴氏
　　　　並未具體說明都水官與都水之差異爲何，只是將兩者視爲不同職官處理，遂
　　　　將兩者分開說明，因此無從得知二者之具體差異。

〔註158〕周魁一，〈中國古代水資源稅初探〉，《中國農史》，2003 年第 3 期，頁 41。

〔註159〕仝晰綱，〈秦漢郡國農官考實〉，頁 24。

〔註160〕《續漢書》，志二十八〈百官五〉，頁 3625，收於《後漢書》（北京：中華書
　　　　局，1965 年 5 月第一版）。

〔註161〕嚴耕望之說可見嚴耕望著，《中國地方行政制度史秦漢地方行政制度》，頁 191。

〔註162〕安作璋、熊鐵基著，《秦漢官制史稿》，頁 193。此外，由於都水並非只屬一
　　　　個職官，因此安、熊二氏試對其做解釋，認爲太常與少府所掌之都水職務差
　　　　距應該不大，大體皆與山海池澤之稅有關。

〔註163〕周魁一著，〈中國古代水資源稅初探〉，頁 41。

〔註164〕仝晰綱著，〈秦漢郡國農官考實〉，頁 24。

〔註165〕《漢書》，卷十九上〈百官公卿表上〉，頁 726。

〔註166〕《漢書》，卷十九上〈百官公卿表上〉，頁 731。

〔註167〕《漢書》，卷十九上〈百官公卿表上〉，頁 731。

均官二者奉常亦轄，此處卻未說明其緣由爲何。在水衡都尉一條更有多個都水，「又衡官、水司空、都水、農倉，又甘泉上林、都水七官長丞皆屬焉。上林有八丞十二尉，……都水三丞」。〔註168〕都水已屢見於上述各官，然而連內史下亦轄都水，其掌「又都水、鐵官兩長丞。……又左都水、鐵官、雲壘、長安四市四長丞皆屬焉」。〔註169〕還有主爵都尉，即日後之右扶風，其屬官「又右都水、鐵官、廄、雝廚四長丞皆屬焉」，〔註170〕在此又見都水。綜上述所列各條，除大司農或可說是郡國都水，內史、主爵都尉所轄可列爲地方都水者外，都水共出現在少府、水衡都尉、奉常三官之中，其原因爲何已難瞭解，更遑論這些都水與地方都水之關係究竟爲何。

《續漢書‧百官三》嘗載：「承秦，凡山澤陂池之稅，名曰禁錢，屬少府。世祖改屬司農，考工轉屬太僕，都水屬郡國」，〔註171〕此處似指後漢時各地方都水，實皆承少府而來。嚴耕望亦持此說，認爲「西漢都水屬少府，光武改屬郡國」。〔註172〕然都水由少府轉屬郡國說有幾點問題未解決，第一其並未說明奉常、水衡都尉所屬都水之作用。第二其主張後漢時都水由少府轉屬郡國，然前漢時郡國都水由大司農所轄，最後卻是由少府轉出的演變亦未說明。持此說者，雖欲解釋後漢都水來源，然其似認爲前漢只有少府有都水，忽略其他各官，因此無法解決都水歸屬複雜的問題。

嚴耕望另以都水官解決都水屬大司農之問題，認爲「郡國諸都水長丞則屬大司農，見百官表大司農條。中興皆改隸郡國，見前引續百官志州郡表」，〔註173〕都水官則是由大司農轉屬郡國，配合前述都水，後漢時郡國似會有都水與都水官，且分別來自少府與大司農。姑不論郡國有兩個相同名稱、功能相近之職官是否合理，這猶未解決奉常、水衡都尉下何以會有都水之緣故，這也是都水轉屬說最大的缺點。〔註174〕

〔註168〕《漢書》，卷十九上〈百官公卿表上〉，頁735。
〔註169〕《漢書》，卷十九上〈百官公卿表上〉，頁736。
〔註170〕《漢書》，卷十九上〈百官公卿表上〉，頁736。
〔註171〕《後漢書》，志二十六〈百官三〉，頁3600。
〔註172〕嚴耕望著，《中國地方行政制度史‧秦漢地方行政制度》，頁132。
〔註173〕嚴耕望著，《中國地方行政制度史‧秦漢地方行政制度》，頁191。
〔註174〕其他持轉屬說者，尚有《資治通鑑》注文所云：「都水，漢官，處處有之：前漢屬水衡都尉，後漢屬少府，其後分屬郡國」（司馬光等編，《資治通鑑》，卷一百二十七〈元嘉三十年〉，頁3998），此一說法實過爲牽強，似只是爲交代水衡都尉底下有都水之原因而用。除未說明水衡都尉設立前都水屬何官外，

　　就班固筆法而言，若職官有轉屬，多會簡單交代，如「初，御羞、上林、衡官及鑄錢皆屬少府」〔註175〕即是，都水卻未見任何說明。相對於此，或以都水同時共存說為當。杜佑於《通典》中試釋前漢之「都水使者」，指出都水「自太常、少府及三輔等，皆有其官。漢武帝以都水官多，乃置左、右使者以領之」，〔註176〕杜佑所持觀點即是各官所屬都水獨立運作，爾後才由都水使者統一管理。不過據《漢書・劉向傳》載劉向所領都水使者為「三輔都水」，〔註177〕三輔地區之內史、主爵都尉各有都水，原本即不隸屬少府、大司農等，因此劉向所領「都水使者」究竟是如《通典》所云統管所有都水之職官，還是只限三輔地區之都水，恐怕仍有爭議。全晰綱則認為「都水使者」與「三輔都水」是分開不同職務，但也支持當時各職官都水同時存在，認為少府都水轄苑囿園池，水衡都水管苑內水利，大司農都水管郡國，各都水間職司各有交叉。〔註178〕寧立波、靳孟貴二氏亦持當時各職官都水同時存在說，但未說明其差異何在。〔註179〕

　　總之，都水一官自秦代時已經存在，其又名「水官」，並且似乎已廣設於郡國。都水的職務約可分為水利與漁稅兩大項，部分學者則認為水利由「都水」管，漁稅則由「都水官」管。針對於都水之歸屬，前漢中央官轄都水的有奉常、少府、大司農、水衡都尉，其他又有內史、主爵都尉，班固並未明

何以在後漢時連續發生兩次轉屬亦未說明，奉常、大司農所轄都水亦未見解釋，此說實不可取。

羅慶康則認為都水屬於水衡都尉，並認為三輔都水屬之。（羅慶康著，《西漢財政官制史稿》，頁160）然而羅氏之說並未交代都水的來龍去脈，似認為都水自開始即屬於水衡都尉，並未解決其他各官所屬都水，還有水衡都尉設立前都水事當屬何人管理問題，無法說明都水歸屬狀況，因此羅氏之說恐怕只能作為參考。

〔註175〕《漢書》，卷十九上〈百官公卿表上〉，頁735。

〔註176〕杜佑著，《通典》（杭州：浙江古籍出版社，2000年1月第二版），卷二十七〈都水使者〉，頁159。目前可見的都水使者有「護左都水使者」劉向。（劉向編，《戰國策》（臺北：里仁書局，1982年1月初版），〈劉向書錄〉，頁1195）然在《漢書・馮參傳》云馮參嘗「使領護左馮翊都水」（《漢書》，卷七十九〈馮參〉，頁3306），則不知「護左都水使者」與此是否有關係？兩者或許為同一職務，但尚不確定，故置於此提出。

〔註177〕《漢書》，卷三十六〈劉向〉，頁1949。

〔註178〕見全晰綱著，〈秦漢郡國農官考實〉，頁24。

〔註179〕寧立波、靳孟貴著，〈我國古代水權制度變遷分析〉，《水利經濟》，第22卷第6期（2004年11月），頁9。

說其差距。部分學者認為都水有轉屬狀況，但較合理者為同時共存。

3、雲夢、湖官、陂官、洭浦

前漢水資源類山澤職官，尚有雲夢、湖官、陂官、洭浦等，由於此四官的史料較少，極難針對各官獨立說明，故一併說明。此外，安作璋、熊鐵基認為雲夢、湖官、陂官、洭浦等四官俱為水官一種，〔註180〕故更適合一併解釋。

關於雲夢、湖官、陂官、洭浦等四官設置年代問題，除雲夢之外，其他各官幾無法討論。目前只能據《漢書・地理志》所載，如「中宿，有洭浦官」、〔註181〕「（九江郡）有陂官、湖官」，〔註182〕此外幾無其他資料可以說明。《容齋續筆・漢郡國諸官》亦列出漢有雲夢、陂官、湖官、洭浦等官，〔註183〕但對其時代問題亦無法討論。鐘一鳴認為文、景時開放山澤之禁，故「置官之年代，應在文景之後，……至少置官是從武帝開始」，以配合武帝專賣政策。〔註184〕陳業新則認為湖官、陂官在秦代已有，且列為山林川澤管理官員。〔註185〕

湖官、陂官、洭浦的設置年代不明，然針對雲夢部分，則有較多資料可以研究，鐘氏之說恐無法適用於雲夢官。嚴耕望提出前漢、後漢時皆有雲夢官，但是未針對雲夢多作討論，只釐清雲夢官非雲夢宮。〔註186〕譚其驤則只指出雲夢官在前漢時已設官管理並負責收稅，「這很可能也是秦漢以來的相傳舊制」，〔註187〕認為雲夢官秦、漢皆有，直至雲夢澤消失，才廢雲夢官。雲夢官在秦代應已存在，在現存秦封泥之中有「雲夢丞」，〔註188〕龍崗秦簡中亦有雲夢機構，如「諸假兩雲夢節以及有到雲夢棐中者得取灌□□」，〔註189〕此處

〔註180〕安作璋、熊鐵基著，《秦漢官制史稿》，頁140。

〔註181〕《漢書》，卷二十八下〈地理志下〉，頁1628。

〔註182〕《漢書》，卷二十八上〈地理志上〉，頁1569。

〔註183〕洪邁撰，《容齋續筆》，收於《容齋隨筆》（北京：中華書局，2005年11月第一版），卷一〈漢郡國諸官〉，頁230。

〔註184〕鐘一鳴著，〈漢代的漁業〉，《益陽師專學報》，1990年第3期，頁52。

〔註185〕陳業新著，《秦漢政府行為與生態》，頁63。

〔註186〕嚴耕望著，《中國地方行政制度史・秦漢地方行政制度》，頁192。

〔註187〕譚其驤著，〈雲夢與雲夢澤〉，《復旦學報（社會科學版）》，1980年第S1期，頁3。

〔註188〕周曉陸、路東之編，《秦封泥集》，頁217。

〔註189〕中國文物研究所等編，《龍崗秦簡》（北京：中華書局，2001年初版），簡一，頁69。

「雲夢」整理小組即將其釋爲雲夢苑，〔註190〕因此雲夢官在秦代已存實無疑問。至於漢代在張家山漢簡《二年律令・秩律》簡四六一有「雲夢」〔註191〕一官，由此可知雲夢官至遲在呂后二年時已經存在，而非鐘一鳴所謂文、景或武帝之後才設。

關於雲夢、湖官、陂官、洭浦等四官職掌問題，學界多認爲其職掌差別不大。如洭浦官，嚴耕望認爲「周壽昌以爲即雲夢官之類，概是」，〔註192〕洭浦官職務當與雲夢相似。又如前述安作璋、熊鐵基，其認爲此四職官皆屬水官，則其職掌亦當差之不遠。〔註193〕此四職官既然多被認爲相似，則宜一併說明其職掌。

以上四官既被認爲是水官一種，其職務則基於前述都水條職務外，又有些許差別。全晰綱認爲此四官的設立條件，是「在一些漁資源豐富的湖澤地區」，〔註194〕則漁業事務當爲其重要職掌。鐘一鳴認爲「多水產之地，設有湖產官」，其湖產官即是雲夢、湖官、陂官等三官，認爲他們「或經理販運，或主收稅」，〔註195〕並認爲其可能設立於漢武帝漁業專賣時，則這三官職務當不脫漁業事務。余華清主張「這些水官、陂官、湖官、雲夢官的主要職責，即是收取各地的漁業稅」，〔註196〕認爲他們所轄即是漁業稅。因此，學界對此四官職務之共同看法爲其負責漁業稅。

若與前述都水相比，都水的職務爲水利與漁稅，陂官、湖官、雲夢則只負責漁稅部分，至於洭浦應當與前述各官相近。因此，此四官可能是因當地漁利極多，才設官管理，〔註197〕而不將其納爲都水之中。此四官間職務差異無從探討，只能了解此四官與所謂「水官」職務略有差異，其只負責其中漁業、漁稅之部分，因此不宜將都水與此四官混而論之。至於「雲夢」當一併管理雲夢苑業務，然學者多注重其漁業部分，故列於此，而不另列於苑囿

〔註190〕中國文物研究所、湖北省文物考古研究所編，《龍崗秦簡》，頁69。

〔註191〕張家山漢簡，《二年律令》，頁197。

〔註192〕嚴耕望，《中國地方行政制度史秦漢地方行政制度》，頁192。

〔註193〕安作璋、熊鐵基，《秦漢官制史稿》，頁140。

〔註194〕全晰綱，〈秦漢郡國農官考實〉，頁24。

〔註195〕鐘一鳴，〈漢代的漁業〉，《益陽師專學報》，1990年第3期，頁52。

〔註196〕余華清，〈秦漢時期的漁業〉，《人文雜誌》，1982年第5期，頁61。

〔註197〕若爲漁利過多，則都水或在管理上力量不足，故另需專門職官管理。若爲水利過少，則水利過少無設都水之價值，但當地仍有漁利，因此另設專門職官管理。

職官部分。

　　至於雲夢、湖官、陂官、洭浦等四官歸屬問題，則由於資料不足，因此可論者較爲有限。特別是湖官、陂官、洭浦，其中湖官、陂官於《漢書‧地理志》是列於「九江郡」一條之下，不另列於某縣；而洭浦，則列於南海郡中宿縣條下，這似暗示湖官、陂官屬郡，洭浦則屬縣，然由於前述鹽官、鐵官亦偶見類似狀況，因此無法具體區別其歸屬。而雲夢官，則分見於南郡編縣、〔註198〕江夏郡西陵縣兩條。〔註199〕由於其資料不足，故此四官歸屬大致可分爲幾種不同說法。

　　第一種說法，即是認爲這些職官爲郡國屬官。洪邁的《容齋續筆》將其列於郡國諸官條，則雲夢官當爲郡國官，嚴耕望先生亦認同此說。〔註200〕陳業新則提出秦、漢時在中央設有生態職官，在地方也相對因地制宜設立職官，〔註201〕雲夢官即在其列，似認爲其屬郡國。

　　第二種說法，則是認爲雲夢、湖官、陂官皆屬於水官一種，因此應當屬於都水官管理，仝晰綱較認同此說，〔註202〕他也不排除這些官員屬郡國或中央之可能。針對其中雲夢部分，仝氏之說可能有誤，今據張家山漢簡《二年律令‧秩律》簡四六一，在簡文之上「雲夢」與「都水」並列，又據簡四六三、四六四，兩官「秩各六百石」，〔註203〕其地位似爲平行，故此二官當互無歸屬關係，至於「雲夢」屬何官管轄，簡文則未明言。

　　第三種說法，認爲雲夢、湖官、陂官皆屬於中央特派官，其中央由大司農所負責，鐘一鳴即持此一說法，但認爲這尙待研究。〔註204〕湖官、陂官由於資料缺乏無法說法，而雲夢部分以前述張家山漢簡《二年律令‧秩律》言，「雲夢」條前後爲「長信掌衣」、「長安市」、「長信詹事丞」、「家馬」等中央職官，〔註205〕與其他各地方官相距甚遠。由於張家山漢簡《二年律令‧

〔註198〕《漢書》，卷二十八上〈地理志上〉，頁1566。

〔註199〕《漢書》，卷二十八上〈地理志上〉，頁1567。

〔註200〕嚴耕望著，《中國地方行政制度史秦漢地方行政制度》，頁192。

〔註201〕陳業新著，〈秦漢政府行爲與生態〉，頁64。

〔註202〕仝晰綱著，〈秦漢郡國農官考實〉，頁24。

〔註203〕整理小組編，《張家山漢墓竹簡〔二四七號墓〕》，《二年律令‧秩律》，簡461，頁197。

〔註204〕鐘一鳴著，〈漢代的漁業〉，頁52。

〔註205〕整理小組編，《張家山漢墓竹簡〔二四七號墓〕》，《二年律令‧秩律》，簡461～462，頁197。其中「長信掌衣」、「長信詹事丞」爲長信詹事屬官，「長安市」

秩律》中將中央官與地方官劃分明顯，這當表示「雲夢」當爲某中央職官之屬官，但因中央官部分則未再分類，因此雲夢屬中央何官管理，則無法得知。

　　就以上三種說法言，湖官、陂官、涇浦因資料過於缺乏，因此無法得出一定論。至於雲夢官，鐘一鳴雖然提出認爲當屬大司農管理，但其根據不足。今以張家山漢簡驗之，雲夢其當屬中央職官管理，至於屬何官管轄則不確定。

　　湖官、陂官、涇浦三官由於資料缺乏，只能確定其在前漢時存在，何時設立則不可知。至於雲夢官則在秦代已經設立，終漢代皆存在。至於此四官之職掌，目前多認爲其與都水差異不大，但仔細驗之，這四官只負責漁業相關職務，水利則非其職務。最後關於歸屬問題，湖官、陂官、涇浦幾無法討論，至於雲夢則當屬中央管理，但不知由何官負責。

三、「苑囿」職官

　　關於禁苑的地方職官則由橘官和羞官所構成，此二職官皆負責特定職能之果園，與一般禁苑有異，故在此獨立討論。不過此二職官資料較少，因此可論者有限。

1、橘　官

　　橘官的設置與「弛山澤之禁」有直接關係，〔註206〕據《漢書・地理志》載前漢在巴郡胸忍縣、魚復縣設「有橘官」，〔註207〕其起源可上溯至秦代。在目前所發現的秦代封泥中，有「橘監」、〔註208〕「橘印」、〔註209〕「橘邑丞印」〔註210〕等，此當爲漢代橘官前身。

　　至於漢代橘官，除巴郡胸忍縣、魚復縣外，依封泥所見在嚴道縣有「嚴道橘園」、「嚴道橘丞」，〔註211〕但其確切時代不明。清代《廣東新語》載：「漢武帝時，交趾有橘官長一人」，〔註212〕由《漢書・地理志》不載的狀況

　　　　爲內史屬官，「家馬」爲太僕屬官。見張家山漢簡，《二年律令》，頁201。
〔註206〕余明著，〈“弛山澤之禁”與漢初地方經濟開發〉，頁53。
〔註207〕《漢書》，卷二十八上〈地理志上〉，頁1603。
〔註208〕周曉陸、路東之編，《秦封泥集》，頁237。
〔註209〕周曉陸、路東之編，《秦封泥集》，頁237。
〔註210〕周曉陸、路東之編，《秦封泥集》，頁331。
〔註211〕羅福頤編，《漢印文字徵》，第六，頁1。羅慶康論及前漢橘官時，他認爲前
　　　　漢橘官當設在胸忍縣、魚復縣、嚴道縣等三處地方，但未解釋嚴道橘官如何
　　　　確定爲前漢時所設，只以封泥爲據。（羅慶康，《西漢財政官制史稿》，頁124）
〔註212〕屈大鈞著，《廣東新語注》（廣東：廣東人民出版社，1991年5月第一版），

言，當在平帝時已廢除，則前漢時交趾地區當曾有橘官存在。嚴耕望則據楊孚《異物志》認為交趾在後漢時設有橘官，再據《華陽國志》認為江州縣亦有橘官，但未言江州橘官時代為何。〔註213〕至於漢代橘官組織，除前述封泥各職官外，尚有「橘府」封泥出土，〔註214〕則不知此為橘官之一，或為整個橘官組織的代稱。

前漢橘官存在於兩縣以上，再由前述封泥有「橘園」、「橘丞」、「橘府」等言，橘官應當是有相當規模之組織且屬於一種苑囿。橘官負責的政務有兩派說法，第一種說法為當地以橘子為特產故設官管理，負責對當地所出產之橘子收稅，余明即是持這種觀點。〔註215〕第二種說法認為橘官負責生產橘子，並且將其銷售。〔註216〕嚴耕望、羅慶康則據楊孚《異物志》，認為橘官負責生產橘子，但只用於「歲貢御橘」，〔註217〕為一種送至中央的貢品。《廣東新語》亦載橘官職務為「歲以甘橘進御」，〔註218〕則橘官負責向中央輸送橘子當無誤。

關於橘官的歸屬問題，《漢書‧地理志》只云有橘官，未交待更具體事項，因資料缺乏，學者大多未論歸屬問題，或者逕下結論，而未提出其根據何在。余明似主張橘官為東園主章的屬官，其理由似為兩者皆涉及林木，因此將二者視為有從屬關係，〔註219〕余氏之說有待商榷。《容齋續筆》則將橘官列入〈漢

卷二十五〈橘柚〉，頁555。

〔註213〕嚴耕望著，《中國地方行政制度史‧秦漢地方行政制度》，頁191。

〔註214〕周曉陸、劉瑞、李凱、湯超等著，〈在京新見秦封泥印中的中央職官內容——紀念相家巷秦封泥發現十周年〉，《考古與文物》，2005年第5期，頁15。

〔註215〕余明，〈"弛山澤之禁"與漢初地方經濟開發〉，頁53。余明原本認為橘官涉及林業行政業務外，尚且負責收稅。（余明，〈西漢林政初探〉，頁67）余明近來則將橘官視為苑囿管理專官，但未說明其具體職掌為何。（余明，〈西漢時期西部開發述論〉，《四川理工學院學報（社會科學版）》，第22卷第1期（2007年2月），頁61）

〔註216〕目前持此說者有藍勇（藍勇，〈歷史時期三峽地區農林副業開發研究〉，《中國農史》，第14卷第3期（1995年），頁76）、羅君（羅君，〈秦漢時期巴郡的政治和經濟〉，《涪陵師範學院學報》，第20卷第1期（2004年1月），頁50～51）二位。

〔註217〕見楊孚，《異物志》（北京：中華書局，1985年新一版），頁3。關於嚴耕望的說法，可見嚴耕望，《中國地方行政制度史秦漢地方行政制度》，頁191。羅慶康一說，則可見羅慶康，《西漢財政官制史稿》，頁124。

〔註218〕屈大鈞，《廣東新語注》，卷二十五〈橘柚〉，頁555。

〔註219〕余明著，〈西漢林政初探〉，頁67。

郡國諸官〉條，〔註220〕將橘官視爲地方官之一，由郡縣管理。

　　羅慶康將橘官歸爲少府屬官，〔註221〕但未提出其根據爲何。今深究之，橘官的工作既是向中央貢獻橘子，而《漢書·平帝紀》載少府下設「果丞」，〔註222〕顏師古注云：「果丞，掌諸果實也」，〔註223〕由少府下轄果實管理官言，橘官若非由地方直接管轄，則其在中央的管理官應該就是少府。不過「果丞」是在平帝後才設，由《續漢書·百官志》可知後漢果丞屬少府下之太官令，〔註224〕因此在前漢果丞未設之前，橘官或由太官令直接管轄。〔註225〕

2、羞　官

　　羞官資料較少，討論有其難度。《說文解字》載：「羞，進獻也」，〔註226〕又據《史記·禮書》的注文載：

　　鄭玄曰：「羞出于牲及禽獸，以備其滋味，謂之庶羞。」鄭眾曰：「羞者，進也。」〔註227〕

由以上二者可知，羞字概指「進獻」，特別是針對食物進獻。王川認爲羞官「掌龍眼、荔枝、橘、袖等果品的歲貢」，〔註228〕《漢書·地理志》載南海郡「有圃羞官」、〔註229〕交趾郡羸屢縣「有羞官」，〔註230〕此二者大致一樣。羞官在秦代似已存在，現存秦代封泥有「中行羞府」、〔註231〕「中羞府印」〔註232〕等二者，前文述及橘官之時，亦可見「橘府」封泥，則此處「羞府」或亦指羞官。然而由於此名爲中羞府，其官可能位處中央，則不能排除其實爲御羞

〔註220〕洪邁，《容齋續筆》，卷一〈漢郡國諸官〉，頁230。

〔註221〕羅氏直接將橘官列在少府於地方屬官條下，見羅慶康著，《西漢財政官制史稿》，頁124。

〔註222〕《漢書》，卷十二〈平帝紀〉，頁351。

〔註223〕《漢書》，卷十二〈平帝紀〉，頁352。

〔註224〕《後漢書》，志二十六〈百官三〉，頁3592。

〔註225〕太官令下另有獻食丞，由獻食丞之官名而言，在果丞設立之前，其負責管理由地方上所進獻之水果、食物亦當不意外。因此，即便果丞不存在，太官令下依然有相關職務職官可以處理。

〔註226〕許慎著，《說文解字》（北京：社會科學文獻出版社，2005年月第一版），卷十四〈丑〉部，頁831。

〔註227〕《史記》，卷二十三〈禮書〉，頁1158。

〔註228〕王川著，〈試論秦漢三國時期嶺南地區園藝業發展的原因〉，頁97。

〔註229〕《漢書》，卷二十八下〈地理志下〉，頁1628。

〔註230〕《漢書》，卷二十八下〈地理志下〉，頁1629。

〔註231〕周曉陸、路東之編，《秦封泥集》，頁166。。

〔註232〕周曉陸、路東之編，《秦封泥集》，頁166。

之前身，因此秦代是否有羞官則不確定。王川認為嶺南的羞官、圃羞官等應在漢武帝後才設，〔註233〕因此除非其他地區嘗有羞官而後廢除，不然羞官似為漢代新設職官，而非秦代所留存。

羞官職掌一如其名，應當是負責當地特產食物進獻，學者多持此種看法。〔註234〕嚴耕望主張羞官負責進獻食物，似認為羞官與橘官兩者相近，故將羞官附於橘官之下討論。〔註235〕羅慶康則明言羞官的職務有二，「一為主帝王膳饈之原料；一為主進獻海錯」，〔註236〕亦認為羞官負責向中央提供食材，但不限於水果之類。

至於羞官歸屬問題，目前幾無資料可以討論。僅《容齋續筆》將羞官列入〈漢郡國諸官〉條，〔註237〕視其為地方郡縣屬官之一。羅慶康將羞官歸為少府屬官，〔註238〕但依然未提其根據何在。既然學者如嚴耕望認為橘官、羞官其實是相似的職官，因此為解決羞官歸屬問題，恐怕只有援引前述橘官之狀況。亦即羞官若非由地方直接管理，則當由少府下轄之果丞管理，不然即由太官令所管。

以上凡十三職官，計有鐵官、銅官、金官、木官、衡官、鹽官、都水、雲夢、陂官、湖官、涯浦、橘官、羞官等，這些職官都是班固明載於《漢書·地理志》者，可謂各地最具特色之山海池澤職官。以下略將其歸屬與職掌初製成表二：郡國特種職官歸屬表，以便於了解其概況：

表二：郡國特種職官歸屬表

官　名	職　掌	歸　屬	
大鐵官	鐵的販賣與生產或收稅	大司農	郡國
小鐵官	鐵的販賣	縣	

〔註233〕王川著，〈試論秦漢三國時期嶺南地區園藝業發展的原因〉，《中山大學學報（社會科學版）》，2001年第1期，頁97。
〔註234〕其他有王元林（見氏著，〈兩漢合浦、徐聞與南海絲路的關系〉，《廣西民族研究》，2004年第4期，頁88）、段塔麗（見氏著，〈秦漢王朝開發嶺南述論〉，《陝西師範大學學報（哲學社會科學版）》，第29卷第2期（2000年6月），頁96）等。
〔註235〕嚴耕望，《中國地方行政制度史秦漢地方行政制度》，頁191。
〔註236〕羅慶康，《西漢財政官制史稿》，頁125。
〔註237〕洪邁，《容齋續筆》，卷一〈漢郡國諸官〉，頁230。
〔註238〕羅氏直接將橘官列在少府於地方屬官條下，見羅慶康著，《西漢財政官制史稿》，頁124。

銅官	開礦與鑄造	大司農	郡國
金官	多種礦物之管理外可能收稅	大司農	郡國
木官	地區林業特產管理	中央官（大司農或東園主章）	
衡官	林政	中央屬少府與水衡都尉	地方屬郡國
鹽官	鹽的生產與銷售或收稅	大司農	郡國
都水	水利與漁稅	少府、水衡都尉、奉常、大司農（郡國）共存	
雲夢	漁稅與漁業	中央管理	
湖官	漁稅與漁業	不明，可能屬郡國或大司農	
陂官	漁稅與漁業	不明一說爲郡國或大司農	
洭浦	漁稅與漁業	不明一說爲郡國或大司農	
橘官	生產橘子與上貢中央	少府	
羞官	貢獻水果	少府	

表二：此表爲筆者自製，相關資料俱見前文。此表所列各職官，是以地方職官爲主，如都水、衡官在中央與地方皆有，但此處重點在地方之部分。

　　由以上十三職官歸屬可發現，其屬少府比例篇低，姑且不論中央與地方各自有官的問題，混合來看也只能大約確定少府與其中四職官有關，最大宗的鐵官、鹽官皆與其無關。即便是第二大的都水，少府所控制者僅爲部分，一般郡國都水皆由大司農所控制，屬少府之職官非常有限。因此，各地方實際上的山海池澤政務，是否一如山海池澤之稅由少府掌管，恐怕不無問題。

　　若將這些地方職官職掌與前文所言少府各項稅收相比，可知並非所有職官都掌山澤稅。諸如鹽官、鐵官、都水、雲夢、湖官、陂官、洭浦等負責山海池澤之稅業務，至於銅官、金官、木官、衡官、橘官、羞官則當屬特產管理官，負責轄下特產，以供其他地方使用，與山澤之稅較無關係。

　　總而言之，漢代在地方設有大量特種職官，這些職官雖實際接觸山海池澤事務，但只有部分對外收稅。此外，對於這些特種職官，其中大部分皆非少府可以過問，多屬其他職官所管轄，只有少部分職官歸於少府。因此，少府雖掌山海池澤之稅，但不負責山海池澤業務。至於少府既掌山海池澤之稅，卻又不涉及人部分的山海池澤業務，其稅收如何運作，則有待另節討論。

第三節 《漢書・百官公卿表》中「掌」的用法

　　班固於《漢書・百官公卿表》中，敘述各官職務時即以「掌」字稱之。「掌」字本意為「手中也」，〔註239〕班固雖以此字稱各官職務，其所言究竟是該官全部業務或局部則不明，故班固運用「掌」字之準則有待再論。這點若能釐清，當可解釋班固對少府職務與山澤稅關係的真正定義。

　　此處將探討《漢書・百官公卿表》中各官職務與「掌」字關係，此處因篇幅所限將只探討三公九卿部分，其他職官暫不討論。此處九卿除根據《漢書・百官公卿表》所言：「自太常至執金吾，秩皆中二千石」〔註240〕外，則以錢穆先生所列西漢中央官制為準，即除執金吾以外所有中二千石官。〔註241〕至於各官之屬官，則限定在《漢書・百官公卿表》所明列者，其他暫不討論。

　　《漢書・百官公卿表》三公九卿相關「掌」字用法約可分為四大類，第一是合於實情、第二是類推、第三是古官職掌、第四是最具代表性職掌，其中以類推為最大宗。

一、合於實情

　　首先所謂合於實情者，即班固所寫該官職掌與其實際職務大致相符，諸如衛尉、廷尉等二官，班固所言的「掌」即可反映二者確切職務，無需另外解釋。

1、衛　尉

　　衛尉職「掌宮門屯兵」，〔註242〕為負責守衛宮庭之官。衛尉的職務據安作璋、熊鐵基二氏研究，認為其負責統轄衛士護衛宮內，〔註243〕陳文豪補充其尚且負責轉呈吏民上書等。〔註244〕卜憲群擴大解釋衛尉所掌轉呈吏民上書職權的意義，認為這反映其控制全國對皇帝的上書，〔註245〕其地位相當重要。轉呈吏民上書是宮門守衛職務的部分，班固所言大約即是衛尉本官主要職務，即是負責宮門守衛。

〔註239〕許慎，《說文解字》，卷十二〈手〉部，頁665。
〔註240〕《漢書》，卷十九〈百官公卿表〉，頁733。
〔註241〕計有奉常、光祿勳、衛尉、太僕、廷尉、大鴻臚、宗正、大司農、少府。（見錢穆著，《秦漢史》，頁253～255）
〔註242〕《漢書》，卷十九〈百官公卿表〉，頁728。
〔註243〕參見安作璋、熊鐵基，《秦漢官制史稿》，頁129。
〔註244〕陳文豪，《漢代九卿研究》，頁207。
〔註245〕卜憲群，《秦漢官僚制度》，頁134。

　　由於衛尉主官已可反應班固所言職務，故其屬官可論者較爲有限。衛尉有丞一人，其屬官數量不多：

　　　　屬官有公車司馬、衛士、旅賁三令丞。衛士三丞。又諸屯衛候、司
　　　　馬二十二官皆屬焉。〔註246〕

衛尉屬官皆負責佐其宮門守衛事，〔註247〕其中公車司馬負責「掌殿司馬門，夜徼宮中，天下上事及闕下，凡所徵召，皆總領之」，〔註248〕即是負責收納各方上書，此當爲守衛宮門守衛的同時，順便收納各方上書，而非是衛尉額外負擔的職務。因此，班固對於衛尉職掌之說明，不論就其本官或屬官面，大抵皆符合實情。

2、廷　尉

　　廷尉則「掌刑辟」，〔註249〕是爲司法官員。安、熊二氏指出，廷尉爲最高司法官，需親自負責依法判罪、接受地方上訴。〔註250〕陳文豪除提出廷尉的司法職掌外，特別提及其掌尺度。〔註251〕掌尺度是因廷尉既掌司法、天下之平等刑罰標準，所以代表度量衡標準的尺度亦由其管理。此外，張晉藩等認爲漢代廷尉較之秦代廷尉更加單純，負責司法斷獄，反映官員的專業分工化。〔註252〕廷尉職掌除掌尺度部分需用類推外且掌尺度又是次要職務，大致仍合於班固「掌刑辟」之語。

　　班固所言廷尉職務既多由其本官所執行，則屬官可論者自然較少。廷尉的屬官較單純，無丞但有正、左右監與左右平，〔註253〕較之其他單位單純。其中除廷尉正與廷尉可能因分別負責不同層級案件，所以職務重複外，其他多爲協助廷尉處理業務，如左右監負責逮捕，左右平負責平決詔獄。〔註254〕總之，廷尉組織內原則上由各屬官輔佐主官，且都在「掌刑辟」範圍內。

〔註246〕《漢書》，卷十九〈百官公卿表〉，頁728。
〔註247〕其相關職掌見安作璋、熊鐵基，《秦漢官制史稿》，頁135。
〔註248〕應劭，《漢官儀》，卷上，頁9。另外關於公車司馬，尚可見陳直著《漢書新
　　　　證》（頁92），其文提出一些關於公車司馬之史料，可配合參看。
〔註249〕《漢書》，卷十九〈百官公卿表〉，頁730。
〔註250〕參見安作璋、熊鐵基，《秦漢官制史稿》，頁149～152。
〔註251〕陳文豪，《漢代九卿研究》，頁210～214。
〔註252〕張晉藩主編，《中國官制通史》（北京：中國人民大學出版社，1992年10月
　　　　第一版），頁150。
〔註253〕《漢書》，卷十九〈百官公卿表〉，頁730。
〔註254〕參見安作璋、熊鐵基，《秦漢官制史稿》，頁154～157。

查此等所謂符合實情者，即是這些職官的業務集中在同一項之中，因此班固便於將其事歸於一類說明，班固所言職掌的參考性相當高。

二、類　推

至於類推則是因為班固所言職掌內容並不具體，無法說明該職官或機構的所有職務，難以藉此推斷該職官的真正職務為何。然待研究該官職掌之後，卻可以理解其職務確實屬於班固所言職掌的廣義範圍中，但只能用類推方式來理解。班固所言三公九卿中，屬於此類者有丞相、太尉、御史大夫、太僕、宗正、大司農等六官。

1、丞　相

丞相職為「掌丞天子助理萬機」，〔註255〕針對相本身，安作璋、熊鐵基認為秦的相與六國相有異者，其重點是在多了「丞」字，使其由百官之長，轉換成輔助天子處理國家政務的角色。〔註256〕至於丞相的「掌」當指丞相本身職務，安、熊二氏整理出丞相主要職責有五，〔註257〕皆是「為政的要害」，〔註258〕其所掌確為「萬機」。班固說法大抵與實情無誤，但用詞無法直接反應丞相實際業務性質，有待再解釋其字義。至於丞相的屬官，依《漢書·百官公卿表》所載僅「兩長史」、「司直」而已，〔註259〕長史所掌為協助管理其他屬官，司直則負責監察檢舉。〔註260〕由於「掌丞天子助理萬機」幾可謂無所不包，故其屬官職掌依然在班固所言範圍內。

2、太　尉

其次為太尉，《漢書·百官公卿表》言其「掌武事」，〔註261〕似指其負

〔註255〕《漢書》，卷十九〈百官公卿表〉，頁724。
〔註256〕見安作璋、熊鐵基，《秦漢官制史稿》，頁18～24。相國、相邦到丞相的轉變，實可視為王權集中的一個過程，此點在研究中國歷史上長期官制演變實，相當重要。
〔註257〕安作璋、熊鐵基認為丞相的主要工作有五：第一，有選用官吏之權；第二，有劾案百官與執行誅罰之權；第三，有主管郡國上計與考課之權；第四，有總領百官朝議與奏事之權；第五，有封駁與諫諍之權。（安作璋、熊鐵基，《秦漢官制史稿》，頁30～33）
〔註258〕安作璋、熊鐵基，《秦漢官制史稿》，頁34。
〔註259〕《漢書》，卷十九〈百官公卿表〉，頁724。
〔註260〕安作璋、熊鐵基，《秦漢官制史稿》，頁34～37。
〔註261〕《漢書》，卷十九〈百官公卿表〉，頁725。

責各種軍事業務。太尉雖云「掌武事」，但據安、熊二氏研究，太尉只是皇帝的軍事顧問而無軍權，發兵、領軍需皇帝允准，[註262]實無軍權。錢穆先生述及太尉時，即只云其為「武官長」。[註263]因此，班固所言太尉「掌武事」，不知所據為何。不過呂思勉則云「武官通稱尉」，[註264]則班固或許因為太尉之「尉」字，故云其掌武事，但因太尉實不過顧問而已，故未具體言其職掌。故太尉的職掌，在《漢書・百官公卿表》實以較為含糊、類推的方式處理。

3. 御史大夫

復次為御史大夫，其職「掌副丞相」，[註265]即輔佐丞相。御史大夫之職既為「掌副丞相」，則其事應似於「掌丞天子助理萬機」的丞相，且負責協助丞相。然安、熊二氏認為，皇帝其實較親近御史大夫，而較疏離丞相；再者詔書必先經御史大夫，御史大夫又可領兵出征，御史大夫反倒像與丞相互相制約之機構，故漢代多將二者稱為兩府。[註266]由安、熊二氏說法可知，御史大夫實位同丞相，但其稱「掌副丞相」之主要原因，恐怕是丞相「金印紫綬」，[註267]而御史大夫為「銀印青綬」，[註268]二者地位高低不同。[註269]御史大夫屬官有二丞，最重要者為御史中丞，其下掌有侍御史，其官較御史大夫更近於天子，[註270]一如御史依然可謂「掌副丞相」。

4、太　僕

太僕職「掌輿馬」，[註271]安、熊二氏認為太僕一職相當重要，指出其

〔註262〕參見安作璋、熊鐵基，《秦漢官制史稿》，頁75～77。
〔註263〕錢穆，《秦漢史》（臺北：東大圖書公司，1957年4月初版），頁252。
〔註264〕呂思勉，《中國制度史》（上海：上海教育出版社，2005年4月第二版），頁398。
〔註265〕《漢書》，卷十九〈百官公卿表〉，頁725。
〔註266〕參見安作璋、熊鐵基，《秦漢官制史稿》，頁47～52。
〔註267〕《漢書》，卷十九〈百官公卿表〉，頁724。
〔註268〕《漢書》，卷十九〈百官公卿表〉，頁725。
〔註269〕陳直即指出，漢代在丞相、御史大夫並稱時，必稱「丞相御史」，此多可見於漢代之詔書，（陳直，《漢書新證》，頁84）此當表示丞相位高於御史大夫。又張家山漢簡《二年律令・秩律》簡四四〇至簡四四一，將「御史大夫」與內史、少府、太僕等九卿並列，其秩皆為「各二千石」。可知是時御史大夫位猶未如丞相已達萬石，但仍列於九卿之前，可見其已有特殊地位。
〔註270〕詳見安作璋、熊鐵基，《秦漢官制史稿》，頁54～64。
〔註271〕《漢書》，卷十九〈百官公卿表〉，頁729。

除掌管皇帝車馬外，乃至親自替皇帝駕車、控制全國馬政，〔註272〕確實皆以「輿馬」為中心。沈明得則補充，太僕本官除管車馬、駕車與馬政外，還有近臣角色存在。〔註273〕班固所言「掌輿馬」當只反應負責皇帝車駕部分，至於馬政則是由類推方式才能得知。

由於太僕本官已大致可反應班固所言職掌，因此其屬官可論者較少。太僕下轄有兩丞，而其屬官數量雖然較多，但功能相近：

> 官有大廄、未央、家馬三令，各五丞一尉。又車府、路軨、騎馬、駿馬四令丞；又龍馬、閑駒、橐泉、駒騟、承華五監長丞；又邊郡六牧師苑令，各三丞；又牧橐、昆蹏令丞皆屬焉。〔註274〕

細觀太僕屬官，大部分皆負責養馬，至於車府則似提供車輛予皇室使用，〔註275〕可論者不多。太僕相對於「掌輿馬」言，其實際是負責各種關於馬之事務，其角色不止是事務總領官，更必須親自執行駕車業務，此可謂太僕之主要特色。

5、宗　正

宗正其職「掌親屬」，〔註276〕其職即是負責管理劉姓宗室，保存其名籍，凡事涉宗室者必先經宗正。〔註277〕宗正之主官與班固所言「掌親屬」大致相符，其在解釋時須自廣義層面看所有涉及宗室之事皆屬焉。宗正本官亦親自參與審判宗室、廢皇后、喪事等，〔註278〕而非只是監督屬官作業而已。

宗正親自涉及政務，宗正組織主要工作其長官幾乎全部參與，因此其屬官可論者較少。查宗正下有丞一人，而「屬官有都司空令丞，內官長丞。又諸公主家令、門尉皆屬焉」，〔註279〕其屬官似與本官所掌略有差異，頗難直接理解。如都司空如淳釋云：「律，司空主水及罪人」，〔註280〕目前可確定都司

〔註272〕參見安作璋、熊鐵基，《秦漢官制史稿》，頁129。
〔註273〕沈明得，《漢代馬政研究》（臺中：國立中興大學歷史學系博士論文，2005年11月），頁35～37。
〔註274〕《漢書》，卷十九〈百官公卿表〉，頁729。
〔註275〕參見安作璋、熊鐵基，《秦漢官制史稿》，頁147。
〔註276〕《漢書》，卷十九〈百官公卿表〉，頁730。
〔註277〕相關細節可另見安作璋、熊鐵基，《秦漢官制史稿》，頁101～102、陳文豪，《漢代九卿研究》，頁218～220。
〔註278〕其事例見陳文豪，《漢代九卿研究》，頁218～220。
〔註279〕《漢書》，卷十九〈百官公卿表〉，頁730。
〔註280〕《漢書》，卷十九〈百官公卿表〉，頁731。

空有生產磚瓦、瓦當等，至於其確切職掌及意義有待確定。﹝註281﹞至於內官所掌為何，至今亦難以確定。﹝註282﹞諸公主家門令尉，即是負責公主日常生活之職官，陳文豪認為其屬宗正原因，當是公主亦為宗室。﹝註283﹞總之，班固用「掌親屬」言宗正職掌，應合於類推標準。

6、大司農

　　大司農其職「掌穀貨」，﹝註284﹞安、熊二氏認為大司農本官最重要職務就是管理國家財政。﹝註285﹞陳文豪則指出大司農的主要工作有四項：第一，國家財政調度；第二，農事經營；第三，水利維修；第四，官營事業。其他次要工作則有如掌度量衡、參與治曆、沒收物品及珍品的典藏、供應祭祀品等。﹝註286﹞在大司農四大主要工作之中，其親自執行國家財政調度，尚負責監督、主管第三、第四點職務。﹝註287﹞由大司農所掌「掌穀貨」言，其只言明大司農涉及財務，無法直接反映大司農職務，而是採用類推方式擴大解釋，其原因應當是不外於大司農職務過多所致。

　　大司農除負責國家財政調度業務外，其他業務多非其親自執行，故其屬官地位相當重要。查大司農下有丞二人外，其所轄屬官如下：

　　　　屬官有太倉、均輸、平準、都內、籍田五令丞，斡官、鐵市兩長丞。

﹝註281﹞安作璋、熊鐵基認為如淳所指為一般的司空，都司空則是負責生產磚瓦而已。（見安作璋、熊鐵基，《秦漢官制史稿》，頁104）但是陳文豪卻反對此說，其本於如淳一說，認為都司空所掌者與一般司空相同，但是其罪犯來源限定於皇室，並主張若採陳直認為都司空只負責生產磚瓦一說，將無法解釋都司空為何屬於宗正。（見陳文豪，《漢代九卿研究》，頁72～73）陳中龍則在專研司空時提出，認為司空只是順便使用罪人施工，不論有無罪人司空職務依然負責工程，如淳的說法並非是漢律，不過是其個人觀點。（陳中龍，〈秦漢的司空——以出土的實物資料為主〉，《萬竅——中華通識教育學刊》，第3期（2006年5月1日），頁26）陳中龍之說較為合適，然陳文豪之說亦不可忽略，宗正之下何需都司空一職，目前未見恰當解釋。

﹝註282﹞安、熊二氏指出，顏師古在解釋此官時，出現多處自相矛盾狀況，其職掌、歸屬皆自有矛盾，因此其相關資料實無從得知。（見安作璋、熊鐵基，《秦漢官制史稿》，頁104）

﹝註283﹞關於公主家官之資料，亦可見陳文豪，《漢代九卿研究》，頁74。

﹝註284﹞《漢書》，卷十九〈百官公卿表〉，頁730。

﹝註285﹞見安作璋、熊鐵基，《秦漢官制史稿》，頁167～168。

﹝註286﹞見陳文豪，《漢代九卿研究》，頁220～227。

﹝註287﹞見陳文豪，《漢代九卿研究》，頁220～224。關於大司農涉及國家才政調度問題，可另見安作璋、熊鐵基，《秦漢官制史稿》，頁168～169。

又郡國諸倉農監、都水六十五官長丞皆屬焉。駿粟都尉，武帝軍官，
不常置。〔註288〕

太倉令、郡國諸倉屬國內穀貨調度職官，其職在輔助大司農。至於搜粟都尉、農監等當屬農事經營職官，都水則爲水利經營職官，均輸、平準、斡官、鹽鐵官爲官營事業職官，以上三種職官與前述穀貨調度官，共同構成大司農主要職務。至於大司農之次要工作，各有如都內主藏、籍田主祭祀等，其多各自獨立行政。〔註289〕「掌穀貨」一詞與少府職掌之關係，應正是類推概念的運用。

由以上六官可知，班固在書寫部分職官職掌時，只求寫出該官之核心精神。班固此舉，當與這些職官職務極多，若一一列出恐過於繁雜所致。因此採其職務的核心價值，如宗正掌宗室名籍、刑罰等，即言其掌親屬，此似即爲杜維運所云「歷史文章的簡明高雅風格」。〔註290〕

三、古官職掌

所謂古官職掌者，蓋指班固所言該卿之職掌，與該官前漢時的職掌有相當落差，乃至並非該卿之主要工作。但考諸史籍，可知班固所言之職掌，在歷史發展過程中曾爲該官的主要工作，至前漢成爲該官主要職掌之一或次要職掌。前漢三公九卿之中，屬於此類者有郎中令、典客等二官。

1、郎中令

郎中令其職「掌宮殿掖門戶」，〔註291〕似爲宮門守衛軍官。安、熊二氏認爲郎中令既負責宿衛門戶且侍從左右，又爲皇帝參政顧問，實可謂「宮內主管」。〔註292〕陳文豪提出郎中令主要有四種職務：第一，宮殿門戶警衛；第二，論議顧問應對；第三，禮儀祭祀；第四，官吏的儲訓與考核。〔註293〕卜

〔註288〕《漢書》，卷十九〈百官公卿表〉，頁730。
〔註289〕關於以上大司農屬官之職務，其詳細之資料可見陳文豪，《漢代九卿研究》，頁 84～97。針對大司農問題，陳文豪嘗著有《漢代大司農研究》（臺北：中國文化大學碩士論文，1986 年 6 月）可謂爲專家，故其說當最值得參考。
〔註290〕杜維運，《史學方法論》（臺北：三民書局，2003 年 2 月第十五版），頁 260～262。杜氏論簡明，是在眞實、通達、爾雅之後，此等須類推之職官，大約基於眞實之上，再採簡明之法。
〔註291〕《漢書》，卷十九〈百官公卿表〉，頁727。
〔註292〕參見安作璋、熊鐵基，《秦漢官制史稿》，頁107。
〔註293〕陳文豪，《漢代九卿研究》，頁204～206。

憲群指出，郎中令負責論議顧問，〔註294〕但此與班固所言「掌宮殿掖門戶」
相比言，郎中令本官與此關係可偏低。

　　郎中令組織下有丞一名，其屬官數量則相當多：

　　　　屬官有大夫、郎、謁者，皆秦官。又期門、羽林皆屬焉。〔註295〕
其所屬之大夫、郎下另分爲多個不同職官，實可視爲兩大不同體系。郎中令屬
官符合「掌宮殿掖門戶」者，當屬郎官體系，此因「郎掌守門戶，出充車騎，
有議郎、中郎、侍郎、郎中，皆無員，多至千人」，〔註296〕期門、羽林皆涉及
「持兵送從」，〔註297〕可謂皇帝安全人員且不限於宮門之內活動。至於大夫體
系，其所負責者爲議論、顧問應對，郎官中之議郎亦屬此。〔註298〕陳文豪研究
至郎中令時，即直接表明班固所云郎中令職掌，即是在其所述郎中令四大職掌
第一項。〔註299〕班固所云「掌宮殿掖門戶」實只限於郎官體系，郎中令其他職
務與屬官皆未論及，然郎中令本身即出於「諸郎之主官也」，〔註300〕故班固似
乎是以郎中令最原始職掌論之，其他職務如大夫、議郎所掌議論之職等，則置
於未論。

2、典　客

　　典客職「掌諸歸義蠻夷」，〔註301〕安、熊二氏研究典客後，指出典客之
職不限於班固所言，班固所言甚至不是典客主要工作；典客實際負責接待國
內諸侯王、上計吏的禮儀工作。〔註302〕掌蠻夷者則爲典屬國工作，其於「成
帝河平元年省并大鴻臚」（即典客）。〔註303〕陳文豪亦將典客職掌分爲四大
項：第一，掌禮儀贊賓；第二，外交；第三，管理諸侯王；第四，上計吏管
理。〔註304〕產生此種差異之主因，應當是秦代本設有典客與大行，漢代將

〔註294〕卜憲群，《秦漢官僚制度》，頁133。
〔註295〕《漢書》，卷十九〈百官公卿表〉，頁727。
〔註296〕《漢書》，卷十九〈百官公卿表〉，頁727。
〔註297〕《漢書》，卷十九〈百官公卿表〉，頁727。
〔註298〕其相關職掌見安作璋、熊鐵基，《秦漢官制史稿》，頁126～127。
〔註299〕陳文豪，《漢代九卿研究》，頁204。
〔註300〕蔡興安，〈漢代九卿制度考（上）〉，《大陸雜誌》，第26卷第4期（1963年2
　　　　月28日），頁18。
〔註301〕《漢書》，卷十九〈百官公卿表〉，頁730。
〔註302〕參見安作璋、熊鐵基，《秦漢官制史稿》，頁159～162。
〔註303〕《漢書》，卷十九〈百官公卿表〉，頁730。
〔註304〕陳文豪，《漢代九卿研究》，頁214。

二者合爲大鴻臚。〔註 305〕典客所掌諸侯王及上計人員接待之職，其實正是周代大行的職務，〔註 306〕班固所言或許是指典客一官在秦代原始職掌。就典客本官言，諸侯王相關事務由其親自負責，〔註 307〕但這仍與班固所言有相當落差。

　　至於典客所轄職官，其下有丞一人，「屬官有行人、譯官、別火三令丞及郡邸長丞」，〔註 308〕其屬官正合於陳文豪所云典客四大類職掌。大行之職與典客主官一致，顏師古認爲兩者不過「故事之尊重者遣大鴻臚，而輕賤者遣大行也」。〔註 309〕其屬官眞正符合「掌諸歸義蠻夷」者則爲譯官，其他還有屬國都尉與主客。〔註 310〕班固所謂典客「掌諸歸義蠻夷」，不論就其本官或屬官言，都只是其部分職務，甚至較不重要，故可推斷班固所言本指秦代「典客」職務。

　　班固在書寫以上二職官時，其筆法著重在此二職官歷史上的發展，其所書職務只有部分殘存在各官手中，班固不另依漢代實況加以改寫。如此筆法使後人在理解各官職掌時勢必額外討論，如郎中令班固所言職掌，實無法推論至大夫體系，就杜維運提出的歷史文章的特性與風格言，此處恐怕有失於通達。〔註 311〕

四、最具代表性之職掌

　　所謂最具特色之職掌者，指班固在書寫某職官職掌時，其所言雖確爲該官之部分職掌，但無法包含該官之全部工作，且其工作不屬類推方式可推得，亦與該官之主官歷史發展無涉，因此獨立列爲一類。前漢三公九卿中，屬於此者有奉常、少府。

〔註305〕蔡興安，〈漢代九卿制度考（下）〉，《大陸雜誌》，第 26 卷第 5 期（1963 年 3 月 15 日），頁 28。

〔註306〕《周禮・大行人》載「大行人掌大賓之禮・及大客之儀」，（鄭玄注，《周禮注疏》，卷三十七〈大行人〉，頁 992）蔡興安認爲這即代表兩者職務相同，又認爲漢代譯官與秦典客職掌相似。（蔡興安，〈漢代九卿制度考（下）〉，頁 28。）

〔註307〕陳文豪，《漢代九卿研究》，頁 215～217。

〔註308〕《漢書》，卷十九〈百官公卿表〉，頁 730。

〔註309〕《漢書》，卷五〈景帝紀〉，頁 145。

〔註310〕陳文豪，《漢代九卿研究》，頁 67～68。

〔註311〕杜維運，《史學方法論》，頁 255～258。杜氏論通達時言明，史家在撰史時，若過度簡約，反倒會使史實模糊不清。

1、奉　常

奉常負責「掌宗廟禮儀」，〔註312〕安、熊二氏認爲奉常爲清要官，多以要員居之，職權不大但負責宗廟管理、禮儀事務，稍有疏失即動輒免官。〔註313〕陳文豪將奉常之職分爲四大項：第一爲禮儀祭祀；第二爲掌宗廟陵園；第三爲治曆與相關工作；第四爲備顧問與教育。〔註314〕陳氏所提四點職務，大抵皆含於「宗廟禮儀」之中，不過查陳氏所述奉常四點職務，奉常親自涉及者以第一與第二項爲主，第三與第四則歸奉常屬官處理。

至於奉常屬官，其下除有一丞外，其他屬官頗多：

> 屬官有太樂、太祝、太宰、太史、太卜、太醫六令丞，又均官、都水兩長丞，又諸廟寢園食官令長丞，有廱太宰、太祝令丞，五畤各一尉。又博士及諸陵縣皆屬焉。〔註315〕

其中太樂、太祝、太宰、太史、太卜、博士皆爲禮儀官。而諸廟寢園食官令長丞，則可視爲宗廟官。〔註316〕此二類職官屬奉常正合班固所言，然而太醫爲皇帝日常生活官，似宜置於處理皇帝事務的少府之下，其屬奉常緣由不明。此外尚有都水、均官等，這疑因「諸廟寢園」與「諸陵縣」屬奉常，因應日常政務而設，爲一般政務官。由屬官可知，「掌宗廟禮儀」當是奉常的主要工作，但並非是惟一工作，其他較不具特色之職務，班固則不另行列出。

2、少　府

少府爲本文探討重點，故在此以較大篇幅探討。班固說明少府職掌方式應爲最具代表性職掌，此可由班固所言少府所轄職掌、稅收、屬官、前漢山澤職官等四方面說明。

《漢書・百官公卿表》對少府的職掌寫法已較爲特別，其云少府「掌山海池澤之稅，以給共養」，〔註317〕此處職掌可分爲兩部分解讀，第一部分是「掌山海池澤之稅」，指出少府負責掌管山海池澤之稅，顯示少府具有財政職能。第二部分則爲「以給共養」，此處之共養概指皇室的各種花費。諸如揚雄〈少

〔註312〕《漢書》，卷十九〈百官公卿表〉，頁726。
〔註313〕參見安作璋、熊鐵基，《秦漢官制史稿》，頁87～92。
〔註314〕陳文豪，《漢代九卿研究》，頁198～203。
〔註315〕《漢書》，卷十九〈百官公卿表〉，頁726。
〔註316〕其相關職掌見安作璋、熊鐵基，《秦漢官制史稿》，頁99～100。
〔註317〕《漢書》，卷十九〈百官公卿表〉，頁731。

府箴〉云：「實實少府，奉養是供」，〔註318〕史游《急就篇》又云：「司農少府國之淵」，顏師古注云：「少府管池澤之稅及關市之資，以供天子」，〔註319〕以上幾則都指出少府負責供養皇室任務。若將整句話合併，其直接解讀即是少府負責掌管山海池澤之稅，從而支應各種皇室支出。

以「少府掌山海池澤之稅」一語按驗少府收入狀況，與事實已有相當程度之差異，少府就收入項目比例言，山海池澤之稅只在前漢初四十年確實過半，不過半的時間卻高達一百一十八年，超過前漢國祚一半以上。在實際稅收金額，山海池澤之稅在前漢初期只佔百分之二十八，但這與少府相關稅收殘存資料過少有關。至中晚期，少府稅收即便處最理想狀況也不過百分之四十五，其金額依然未過半。因此就稅收面言，山海池澤之稅只是少府稅收之一，其比例在前漢大多數時間應都低於少府收入之半。由此檢視少府「掌山海池澤之稅」一語，此語原則上正確，但是只為少府部份的稅收。

「以給共養」所指當為山澤稅的用途，但少府本身即是支出的執行機構。《續漢書·百官志》言少府於後漢「掌中服御諸物，衣服寶貨珍膳之屬」，〔註320〕陳文豪認為這是「掌山海池澤之稅，以給共養」去掉山海池澤之稅的結果，〔註321〕意即此句話正是以給共養的工作內容。然前文所列少府長官業務中，未見有執行「以給共養」之相關業務，則此業務應由其屬官執行，而這些屬官與山澤稅的關係，亦值得探究。

針對山海池澤之稅，陳文豪認為是由少府轄下財政單位諸如中御府令、黃門、鉤盾、中尚書等負責。至於山海池澤業務，則只有上林中十池監、均官、都水、鉤盾等可能涉及。宮庭事務，則有太醫、太官、湯官、胞人、導官、樂府、東西織、御府、居室、甘泉居室、左右司空、東園匠、若盧、考工、左弋、尚方、永巷、內者等，這些職官所負責的皇帝日常起居，正是「以給共養」的具體表現。至於宮中警衛，則由宦者、中黃門負責；符節、尚書、中書謁者則為皇帝行政輔佐，〔註322〕這兩類型職官皆不列於班固所言少府職務之中。

〔註318〕嚴可均編，《全漢文》，卷五十四〈少府箴〉，頁 7，收於楊家駱主編，《全上古三代秦漢三國六朝文》（臺北：世界書局，1969 年 8 月三版）。

〔註319〕史游著，顏師古注，《急就篇》（長沙：岳麓書社，1989 年 1 月），卷四，頁298。

〔註320〕《後漢書》，志二十六〈百官三〉，頁 3592。

〔註321〕陳文豪，《漢代九卿研究》，頁 228。

〔註322〕由於此處主在揭示少府職掌與班固所言之關係，故將內容限定足以反映此關係即可，故詳細職掌部分不另行細探，以上少府諸職官之分類依據，分別參

　　由此可知以給共養似爲少府最主要工作，其相關職官高達二十類，山澤
稅相關職官不過四類。此外，少府尚且負責宮中警衛與佐治皇帝之職，這些
都是少府工作的特性。至於班固所謂掌山海池澤之稅，其所指應是山海池澤
之稅歸於少府，不宜擴大爲對所有山海池澤業務的管理。少府所屬山海池澤
職官數量不多，只負責山海池澤業務的極小部分，因此幾可謂山海池澤業務
不屬少府管轄。

　　陳文豪認爲少府「掌山海池澤之稅，以給共養」一語，是少府收入概稱。
〔註323〕但陳氏並未說明，少府稅收尚有口賦、獻費等，爲何使用山海池澤之
稅概稱。此處似乎可認定少府與奉常相似，班固皆是以該官最具特色之職責
言其總職務，而非將其所有職務一一言明。班固所言雖非少府全部職掌與稅
收，但山海池澤之稅爲少府各種收入中最具特色者，其他如口賦與大司農算
賦相比，兩者特色接近，比起山澤稅較不具代表性。就少府職掌言，以給共
養是少府最重要職務，其他業務如宮庭警衛已有衛尉、郎中令負責，無法彰
顯少府特色，倒不如以給共養的皇帝日常生活最具代表。

　　因此，班固試圖使用最簡明的方式，說明少府最多的職務，而非少府全
部的職務。雖說班固在稅收、職務上頗有疏漏少府職掌的狀況出現，但其主
要原因是少府職掌、稅收範圍過廣，難以精簡概稱所致。事實上，班固敘述
少府職掌時，已較其他職官爲多，但仍無法完整說明少府之職務、稅收，因
此其採用少府最具特色的稅收、職務說明，從而犧牲不提少府部分職務，因
此若以前述三公九卿四種敘述方式言，此處當屬最具特色之職掌。

　　屬於此類之職官，班固所言職掌爲其最具特色之職務，如奉常下雖另有
都水、均官，但是此二官在大司農、少府等其他職官亦有，與其使用其他職
官亦有之職掌說明，班固選擇以其最具特色者言之。此舉亦同時避免事無大
小一概皆言，只取其中最具特色者說明，此亦屬簡明筆法。

　　縱觀以上書寫概況，除古官職掌類具體用意不明外，可看出班固是企圖
使用簡明的方式，點出各官所負責職務。其之所以會演變成合於實情、類推、
最具代表性等三類，則是因爲各官實際職掌各有不同，部分職官可以用幾字
包括其職務，更多職官則因其職務複雜，無法以三言兩語說明。因此，班固

　　　　考陳文豪，《漢代九卿研究》，頁 228～233、安作璋、熊鐵基，《秦漢官制史
　　　　稿》，頁 205～210。
〔註323〕陳文豪，《漢代九卿研究》，頁 228。

為避免針對同一職官職務書寫過長，故採用簡約手法陳述各職官所掌。王鳴盛本認為班氏敘事詳贍，〔註324〕然杜維運指出班固除敘事詳贍外，卻又有簡約之風，〔註325〕此正為劉知幾所云「言皆精練」，〔註326〕然此種筆法結果就是無法與事實一致。

總之，《漢書·百官公卿表》書寫三公九卿時，其「掌」字用法可分為合於實情、類推、古官職掌、最具代表性職掌等四大類。其中以類推筆法使用最多，在十二職官之中，類推者占其中六種，至於合於實情、古官職掌、最具代表性等三類，則各占兩種。少府屬於其中最具代表性者，少府工作龐雜，其實際稅收、職掌皆大於班固所言，但班固所提出者皆為少府最具特色之部分，至於其他稅收、職掌班固則不再詳述，以謹守其書寫簡明之風。

第四節　小　結

透過對少府行政組織的研究，可從而解釋少府與山海池澤之稅兩者間關係。此處由少府長官職掌、地方山澤職官歸屬、班固「掌」字運用準則等三方面探討，由此初步推斷少府甚少涉及山海池澤政務。

少府長官掌有禮儀相關事務、人事、少府機構事務、一般政務等四大類業務，其中未見山海池澤課稅業務。少府長官與少府屬官職掌有相當差異，少府長官從事主要監督少府屬官事務與部分九卿業務。少府長官有監督其機構之權，但甚少介入山澤稅相關業務。

前漢在地方設有大量與山澤業務相關的特種職官，計有鐵官、銅官、金官、木官、衡官、鹽官、都水、雲夢、陂官、湖官、洭浦、橘官、羞官等，這些職官中只有部分從事收稅業務，其他實為特產管理官。此外，這些特種職官多非少府管轄，只有少部分如橘官、羞官與少數都水、衡官等歸其管理。因此，少府雖掌山海池澤之稅，但不宜將其視掌山海池澤業務。

《漢書·百官公卿表》中形容各官職務的「掌」字用法，可分為合於實情、類推、古官職掌、最具代表性職務等四大類。其中使用類推筆法者有六

〔註324〕王鳴盛，《十七史商榷》（臺北：大化書局，1977年5月景印初版），卷七〈史漢繁簡〉，頁57。

〔註325〕參見杜維運，《中國史學史（第一冊）》（臺北：三民書局，2000年3月第三版），頁260～269。

〔註326〕劉知幾，《史通》（臺北：錦繡出版，1992年4月初版），卷一〈六家〉，頁29。

種，數量約半；至於古官職掌、合於實情者、最具代表性者，則各占兩種。少府屬於最具代表性，少府工作相當龐雜，其稅收、職掌皆大於班固所言，但班固所提少府特色已較其他職官爲多，至於其他班固則謹守簡明之風，不再詳述其稅收、職掌。

　　總之，少府雖然享有山海池澤之稅，不過卻不管山海池澤業務，這可由少府長官本身不管山海池澤業務、大部分的地方山海池澤職官並非由少府管理一點所看出。此處似出現班固所言不實的疑問，然由《漢書‧百官公卿表》班固對三公九卿的書法可知，班固主要在應用簡明的寫法，企圖以最簡單的字眼表明一個職官的職務，三公九卿大部分皆可以此說明清楚，但因少府職務過於煩雜，因此班固採用其最具特色職務說明。

第六章　論前漢「山澤」稅與少府的財政關係

　　前文已述及山澤稅和少府間的稅收與行政關係，但由於少府所轄稅收與其行政關係兩者並非一致，勢需探討少府與山澤稅的財政關係。此處共涉及諸如少府「掌山海池澤之稅」一語是否屬實，其次再論山澤業務多非少府所掌，則少府所轄稅收如何轉成少府所用款項。透過對這兩個問題的探討，將可確定少府與山澤稅的關係，乃至於說明前、後漢少府稅收職掌的轉變，以及其對財政史的意義爲何。

第一節　前漢少府收入演變中的財政意義

　　此處將依據前文所論少府收入，以探討這些稅收對少府之意義。以下將分爲少府稅收歸屬演變、收入比例二部分討論，首先透過探討前漢少府所轄稅收演變，以說明山澤稅在少府收入項目中所占的比例；其次再由實際稅收金額中山澤稅所占比例，說明山海池澤之稅對少府的意義。

一、少府收入歸屬演變

　　相對於前文將少府收入分項說明，此處將這些收入製表併觀，以便彰顯少府在前漢所轄稅收歸屬演變概況。由於前述不少收入歸屬、存在時期爭議頗大只能列爲不明，導致無法十分精確論斷少府收入演變年代，這是美中不足之處。透過此處討論可揭示班固以山澤稅爲少府收入代表的依據，以及前漢少府主要收入來源。再者，因少府各收入金額與少府收入總數史料奇缺，爲探少府收入在漢代的演變，稅收項目比例似爲一較佳說明方式。

　　表一少府各項收入歸屬演變表由筆者自製，其相關資料俱見前文討論，此處不再覆述。首先針對此表說明，表中共有「少府收入」、「非少府收入」、「可能不存在」、「不存在」、「不明或其他」等五種圖例，並以少府下轄收入歸屬產生異動時間爲一軸。首先，「少府收入」即指此收入在該時間軸屬少府。「非少府收入」指此收入歸非少府職官管轄。「可能不存在」指該收入於當時可能已不存在，但因資料缺乏無法確定。「不存在」即指該項收入不存在。最後是「不明或其他」，屬於此類者爲無法確定此項收入存在與否或有其他狀況。

表一：　　　　　　　　　　　　少府各項收入歸屬演變表

年代 \ 税收	山海池澤之税							非山海池澤之税									山澤税占少府收入總項目百分比	
	水資源税收		土地資源税收				地水兼具	人口税收				物品類税收					不明者不列	不明者列入
	鹽税	漁税	鐵税	礦業税	林業税	公田	園池收入	口賦	戶賦	獻費	酎金	獻物	關税	市租	酒税		
漢建國(206 B.C.)																66.67%	60.00%
高帝四年																60.00%	50.00%
高帝十一年																60.00%	50.00%
惠帝時																60.00%	46.15%
呂后二年																54.54%	46.15%
文帝十二年(168 B.C.)																66.67%	54.55%
文帝時																60.00%	50.00%
景帝前元四年																60.00%	46.15%
景帝後元二年																60.00%	50.00%
武帝初年																60.00%	50.00%
武帝元狩元年																55.56%	41.67%
武帝元鼎二年																50.00%	36.36%
武帝元鼎三年																52.94%	39.13%
武帝元封元年 (110 B.C.)																46.67%	33.33%
武帝太初四年																41.18%	33.33%
武帝天漢三年																46.67%	36.84%
武帝時																46.67%	36.84%
昭帝始元六年																46.67%	33.33%
宣帝時																41.18%	33.33%
元帝時																46.67%	33.33%
綏和二年(哀帝立)																46.67%	36.84%
前漢滅亡(A.D. 8)																46.67%	36.84%

圖例：少府收入　非少府收入　可能不存在　不存在　不明或其他

　　至於「山澤稅占少府收入總項目百分比」則分為「不明者不列」和「不明者列入」兩種不同計算方式，「不明者不列」即是只計算「少府收入」一項，至於「不明者列入」則是同時計算「少府收入」、「不明或其他」兩項。至於詳細計算方式，因此處只考量少府的收入項目比，實際金額不在討論之列。其是將特定時段中少府所有收入列出，再計算屬山澤類稅所占的百分比，如漢高帝四年時少府收入有「鹽稅」、「漁稅」、「鐵稅」、「礦業稅」、「林業稅」、「園池收入」、「口賦」、「獻費」、「市租」、「酒稅」等十項，其中之「鹽稅」、「漁稅」、「鐵稅」、「礦業稅」、「林業稅」、「園池收入」等六項屬山澤收入，故此時山澤稅百分比為百分之六十。此外，若出現稅收轉屬而少府仍與其他職官共掌該稅，則將該收入視為零點五項。由於資料不明者多集中在非山海池澤之稅，因此第一種計算方式所得數值當較實際狀況保守，即山澤稅比例可能高估；第二種計算方式山澤稅所占比例則可能低估。

　　此表顯示前漢少府收入可分為三大階段，首先自漢建國到漢文帝十二年為第一時期，在此時期少府收入似在擴張階段。少府收入以山海池澤之稅為主，不過甚多非山澤稅收入開始出現但變動劇烈，部分收入如獻物旋現旋滅。反觀此時期的山海池澤之稅相當穩定，幾無任何變動。至於此一時期之所以用漢文帝十二年為斷限，此因若將不明者列入，山海池澤之稅自此之後其比例不再高於五成，非山澤稅項目多。此時期自漢建國至漢文帝十二年凡三十九年，約占前漢二百一十五年國祚百分之十八。

　　漢文帝十二年至漢武帝元封元年為少府稅收歸屬轉變之第二階段，此一時期實為山海池澤之稅衰退階段。與第一階段相反，在第二階段中，非山海池澤之稅進入相對穩定階段，山澤稅卻逐步脫離少府控制，相繼轉為其他職官所轄收入。在此一時期中，山澤之稅仍勉強佔少府收入半數以上，然其地位卻日漸不保。逮至此時期下限之武帝元封元年，即便只計算確定為少府收入者，山澤稅仍自此不復超過少府收入的二分之一。漢文帝十三年至漢武帝元封元年凡五十八年，約占前漢國祚百分之二十六點九。

　　最後是自漢武帝元封元年至前漢滅亡為止，此為少府稅收轉變的第三階段，此時期少府所有稅收再度進入相對穩定階段，山澤稅比率持續低於五成，約在四成至四成六左右；而非山澤稅此時成為少府收入重點。查此一階段所占時間，為漢武帝元封元年至前漢滅亡凡一百一十九年，約占前漢國祚百分之五十五，可說漢代大部分時間皆維持在此狀態。

綜合以上三大階段，可知少府所掌稅收，只有第一階段可用山澤稅概稱，然而其時間不過只占前漢的百分之十八。自第二階段開始，山海池澤之稅開始轉出少府，以元封元年作爲山澤稅低於五成的劃分點實已相當寬鬆。即便以最寬鬆分法，山澤之稅占少府收入過半時間，不過約前漢國祚的百分之四十五，未達一半。自漢武帝元封元年起，山澤稅只是少府稅收之部分。

雖然少府稅收如前所述，自元封元年以下山澤之稅低於一半，但班固仍以掌山海池澤之稅敘述少府職掌，這或可由以下方式解讀。山海池澤之稅雖低於一半，但「非山海池澤之稅」並非一個項目，其下仍有人口稅收與物品類稅收，若將少府收入分爲三大項處理，則山海池澤之稅仍是其中最多，或者並列最多者。再者，這也是少府的各項收入中最具特色者，其他職官如大司農亦有賦、田稅之收，但山澤稅專供少府使用，正爲其特色。因此，若必擇其中一種稅收概稱少府收入，則山海池澤之稅將最爲理想。此種做法或許會忽略少府其他收入，若必欲以一語說明少府收入，或可改採經費用途方式說明，稱少府掌私奉養錢，此或可避免偏重任何一種稅收。

少府的稅收發展大約可分爲三階段，山澤稅日漸衰退。就少府的稅收項目言，少府自元封元年以下，山澤之稅項目低於一半。這僅就稅收項目言，若以稅收金額統計，恐怕少府不以山澤稅爲主的時間會更早，然此非這裡所欲解決者。總之，少府收入自中期以下，宜改稱爲私奉養費，似較可反映少府收入事實。

二、少府各收入金額比例

除前述以項目統計少府收入外，其次需討論者即是各稅占少府收入比。然而由於資料奇缺，少府所掌稅收統計資料缺乏，目前所見明言少府一年收入多少者僅一筆，以此一年的資料試探前漢二百年財政狀況，其限制自然頗大。所以此處所製之表，宜與前文少府所轄稅收演變表並觀，而爲輔助前表參考用，或可更接近事實。

至於少府總收入，其相關資料存在奇缺問題。目前唯一可見明言少府收入多少者，爲桓譚的《新論》其文云：

> 漢定以來，百姓賦錢一歲爲四十餘萬萬，吏俸用其半，餘二十萬萬藏於都內，爲禁錢。少府所領園地作務之八十三萬萬，以給宮室供

養諸賞賜。〔註1〕

此處明言漢定以來，漢代每年稅收爲四十多億錢，而少府憑其所掌園池作務等收入，更達八十三億錢。沈振輝則引楊寬先生觀點，認爲「『八』乃『入』字之衍，八十三萬萬應爲十三萬萬」。〔註2〕呂思勉改此段爲「少府所領園地作務之入，十三萬萬」，〔註3〕二者皆不認爲少府收入有八十三萬萬。但是另據《漢書‧王嘉傳》所載：「孝元皇帝奉承大業，溫恭少欲，都內錢四十萬萬，水衡錢二十五萬萬，少府錢十八萬萬」〔註4〕言，若以元帝時少府錢十八萬萬與漢定時十三萬萬相比，兩者差距有限。然而，元帝時少府所掌十八萬萬爲何不明，其可能是少府數年存款量，亦可能是一年收入量，因此明言少府收入者僅桓寬而已。至於《漢書‧王嘉傳》中少府錢所指究竟爲何？則不得而知。

若將《漢書‧王嘉傳》所云各官收入加總，其金額竟剛好是八十三萬萬，與桓譚《新論》載少府所掌八十三萬萬相合，其巧合令人生疑。再者，兩者所云大司農收入皆爲四十萬萬左右，此更爲巧合。查桓譚爲前漢末至後漢初時人，絕無誤引班固資料之可能。則是否《漢書‧王嘉傳》所云其實爲各官一年收入，並非數年存款；而桓譚一書漏去數字，八十三萬萬實爲大司農、少府收入合計？桓譚雖云少府掌八十三萬萬，然學者多已表示此不太可能，〔註5〕況且桓寬一書散佚已久，其爲後人所重新集撰，故其文遺失數字亦非不可能。就王嘉、桓寬之地位言，加藤繁認爲王嘉嘗任丞相，其言當可信；〔註6〕然桓譚亦嘗任郎官、給事中，其言亦當可信。〔註7〕但就時代上言，王嘉所指元帝，與桓寬所

〔註1〕　《太平御覽》（上海：上海書店，1985 年 12 月），卷六百二十七〈賦斂〉，頁8。此外，桓譚著，《新論》（上海：上海人民出版社，1967 年 6 月），卷中〈譴非第六〉，頁 22。將「漢定以來」作「漢宣以來」，兩者孰是孰非仍待討論，此處先從《太平御覽》所載說法。

〔註2〕　沈振輝著，〈少府官制考析〉，《江西師範大學學報（哲學社會科學版）》，1998年第 2 期，頁 55。

〔註3〕　呂思勉著，《秦漢史》（上海：上海古籍出版社，2005 年 7 月第一版），頁 606。

〔註4〕　《漢書》（北京：中華書局，1962 年 6 月第一版），卷八十六〈王嘉傳〉，頁3494。

〔註5〕　除前述楊寬外，加藤繁亦認爲八十三萬萬太多，不排除其中文字有錯。（加藤繁，《漢代國家財政和帝室財政的區別以及帝室財政的一斑》，頁 121）

〔註6〕　加藤繁，《漢代國家財政和帝室財政的區別以及帝室財政的一斑》，《中國經濟史考證》（北京：商務印書館，1959 年 9 月初版），頁 121。

〔註7〕　《後漢書》（北京：中華書局，1965 年 5 月第一版），卷二十八上〈桓譚傳〉，頁 955～956。

指「漢定以來」，時代相差甚遠，金額卻有以上種種巧合，實令人生疑兩者是否實指同一時代，只因漏字而無法解釋。總之，此說尚待方家考證，下文仍用少府年收入十三萬萬舊說。

現整理前述少府各項收入數目，將前述各明言收入或有學者提出數據者列出，其他為不明。見表二：少府收入金額表：

表二：少府收入金額表

稅　　目	收　　入　　金　　額		
鹽稅（羅慶康、羅慶康、筆者）	$34,326,707,328	$4,760,000,000	$952,000,000
漁稅	不明		
礦業稅	不明		
鐵稅	$240,000,000		
林業稅	不明		
園池收入	不明		
口賦（武帝前，武帝，元帝）	$240,000,000	$460,000,000	$276,000,000
戶賦（筆者、羅慶康）	$195,728,992	$611,653,100	
獻費	$1,877,000,000		
獻物	不明		
酎金（加藤繁、杜勁松）	$495,600,000	$21,314,000	
關稅	不明		
市租	$1,223,306,200		
酒稅	不明		
漢初少府一年總收入	$1,300,000,000		
漢初大司農一年總收入	$4,000,000,000		

單位：錢

本表為筆者自製。其相關數據，俱見前述第三、四章之各相關稅收。其排序按本文介紹順序，若有二種以上數字者，除非時代明確，不然逕以金額多者置前。其中戶賦羅慶康所提出數據，是使用已代為修正其錯誤戶數後的結果。

此外，此表稅收內容多只是推測或概算數字，故只能為參考之用。但觀以上收入表，可發現宣帝時期少府、大司農收入總計不過五十三億錢，即便《漢書・王嘉傳》所云元帝存款亦不過八十三億錢，羅慶康所提市租竟達五十六億錢，即已超出漢初時總收入，羅氏所言幾無可能。又查其所云鹽稅，

達三百四十億之譜，其可能性更加渺茫。現受限於資料不足，故仍將其引入
考慮。將以上所有收入加總，若只採最大金額爲上限，其數字將爲
39,234,266,628 錢；若採最小金額爲下限，其數字將爲 4,749,349,192 錢，則此
上、下限金額相差約八倍強。以後者言，其金額約爲四十七萬萬，與前述王
嘉、桓寬所言少府、水衡所掌四十三萬萬差距不大；然由於尚有眾多收入不
明，且元帝以降已有若干稅收不復屬少府、大司農，因此其實際金額恐尚待
考。以前者言，竟達漢代總收入之四點七倍，顯無可能；況且，羅慶康所提
出之鹽稅、市租等金額極端龐大者，並無任何漢代相關數據佐證，其他收入
如口賦至少尚有人口數可以爲憑，而鹽稅、市租只有羅氏自行計算、推論，
甚至出現計算錯誤，其金額有待商榷。

　　再就表二所列各項數字，製成漢初少府可能收入表、前漢晚期少府可能
收入等二種收入比例圖，不過此二圖由於數字無法精確取得，因此只能作爲
參考之用：

圖一：少府早期收入比例圖

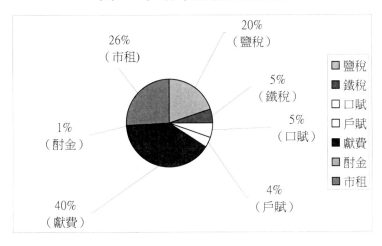

此圖爲筆者自製，其數值採前述少府收入金額，凡金額超過一
種者，採其中較少者。此因若採最高數字，則總金額反達前漢
政府總收入八倍以上，顯非事實，故採最低數字。至於市租，
雖懷疑其金額有誤，然因只有該數據，故採用之。此處所謂早
期，乃指武帝之前，如口賦即用武帝之前資料。

　　就圖一中所見，可知鹽稅約占少府總收入百分之二十。將屬山海池澤之
稅的鹽、鐵相加，則約占少府總收入的百分之二十五。至於非山海池澤之稅，

則高達百分之七十五，這似乎顯示漢初以來非山澤稅已是少府主要收入，竟達山澤之稅二倍以上。查諸前述少府所掌收入歸屬表，漢代初期山澤稅占少府收入項目的五成至六成，與此金額比顯有落差。其實以上山海池澤之稅部分，正是缺乏實際金額最嚴重者，除鹽稅與鐵稅外，幾乎所有收入皆呈不明狀態，故難以論斷。此時恐怕只能依據前述少府收入歸屬，甚難以此圖判斷當時各收入地位。

　　至前漢中期，特別是宣帝、元帝之後，由於此時有少府一年總收入存在，因此宜再針對此時少府收入概況說明。在元帝時期，少府收入有幾點重要變化，即是鹽稅、鐵稅已轉屬大司農。﹝註8﹞戶賦已不再清楚是否存在，至於獻費由於金額過高，其一項即已超過少府「十三萬萬」收入，故無存在可能。見圖二：少府晚期收入比例圖

圖二：少府晚期收入比例圖

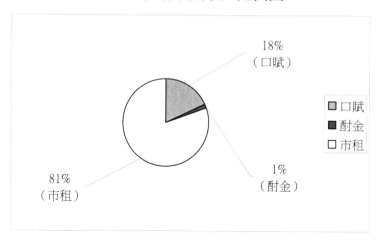

18%
（口賦）

□口賦
■酎金
□市租

1%
（酎金）

81%
（市租）

本圖由筆者自製。其金額除時代上符合者優先使用外，亦優先採金額最低者。此處晚期概指漢武帝將各山澤稅轉出後，約即是漢武帝元封元年後概況。

﹝註8﹞ 有一點值得一提，即張晉藩等主張「漢代武帝以後少府收入往往多於大司農，形成國庫空虛而皇室充盈的強烈對比」（張晉藩主編，《中國官制通史》（北京：中國人民大學出版社，1992 年 10 月第一版），頁 151），其說值得商榷。少府自武帝以下，其稅收幾乎都是轉屬他官，轉入者相當少。因此，少府收入當無可能是自武帝以後才多於大司農，只能說武帝之前更多。此外，單就少府言，其收入不過十三億或十八億錢，較大司農所轄四十億為少，因此即便在武帝後，少府收入也沒有多過大司農。是少府與水衡都尉兩者收入相加，其金額才多於大司農，張晉藩等說法仍需再確定。

　　就圖二言，由於以上各收入總合直接超過少府總收入，因此無以探討少府其他收入內容。由此可以推斷此處金額必然有誤，但因相關資料過於缺乏，難以詳細討論，這點甚難克服。就此圖言，市租收入高達百分之八十一，其比例恐呈極端高。不過，前漢市租少府其實需與其他職官共享，因此實際數值當較低。

　　就以上二圖而言，或可初步看出各收入對於少府之意義。上述二表中獻費、市租之金額極端龐大，特別是獻費更占早期少府收入百分之四十。然而獻費究竟存在至何時仍不可知，且其計算方式僅為粗略計算，獻費實際金額當小更多。不然獻費若達鹽稅之總數二倍以上，除非是實行時間非常短暫旋置旋廢，否則當無其史料幾近罕見之可能。因此，獻費在少府中所占之地位恐怕不高，或者是只在極短暫的時間內很重要過。

　　至於市租，似成為少府主要稅收之一，其比例為百分之二十六至百分之八十一之間。市租相關資料較多，但據前文探討市租時可知，市租並非專門只供少府，地方軍政長官亦可分享市租。因此，實際由地方上至中央的市租，其金額恐怕較低。但市租金額之多，或許是漢代重農抑商制的一環，〔註9〕這也使市租在前漢晚期或已成為少府主要收入來源。

　　至於鹽稅與鐵稅，可謂少數有確切金額的山澤稅。鹽稅、鐵稅在少府早期收入約占百分之二十五，其比例已相當高，但這亦說明鹽稅、鐵稅其實只是相對重要。因此，漢武帝時雖將鹽稅、鐵稅轉屬大司農，少府財政仍可有效運作，乃至「大司農錢盡，乃以少府禁錢續之」，〔註10〕少府財政尚可維持。這合理之解釋，恐怕就只有鹽、鐵雖然重要，但也只是相對比例較多，而非絕對多數，故移除後對少府而言損失有限。

　　至於口賦，在早期與戶賦皆屬輔助稅收，占少府總收入比例較低。戶賦除漢初外，其餘時間幾乎不知是否存在，這也是圖二中不再列入戶賦原因。口賦至少府收入中、晚期，則由於其他收入或轉出、或消失緣故，成為少府主要稅收之一，其金額竟達少府收入的百分之十八。因此，口賦對少府而言，其地位隨時間轉變而逐漸提高。

　　至於酎金，其比例不論是任一時期皆相當的低，其比例多在百分之一。在

〔註9〕　周伯棣著，《中國財政史》（上海：上海人民出版社，1981年2月第一版），頁75、127。

〔註10〕　《漢書》，卷六十四下〈嚴朱吾丘主父徐嚴終王貫傳〉，頁2834。

前文探討酎金時亦提過，酎金重點不在其收入之多寡，其主要目標是政治性控制。反映在收入上，即呈現酎金的比例相當低，對於少府而言，其重要性不高。

綜觀以上各收入，或可說明山海池澤之稅對漢代少府的意義。山海池澤之稅所占少府收入比，在少府稅收歸屬表已局部反映。因此，就上述山澤稅所占收入比言，山澤之稅對少府而言，為相當重要的稅收，但最高亦不過二成五，並非少府唯一收入來源。事實上，非山澤之稅所占少府收入比例亦相當可觀，如市租至晚期更達百分之八十一，山澤之稅重要性已大幅減低。

此處諸點由於前漢歷時兩百多年，其間財政變動頗大，且相關確切金額史料缺乏，因此相關推論只能作為參考。況且少府所屬山澤稅金額不明者極多，特別是其中的園池收入，雖然至元帝後仍有部分園池收入屬少府，但已有相當部分轉屬其他機構，因此，用稅收金額比例來看各稅之地位，其限制相當的多，自然可應用範圍較窄，不如前述少府稅收歸屬比例可說明者較多且較準確。

第二節　少府收入的財政運作

各地山澤職官多不屬少府管轄，但少府卻轄有山海池澤之稅，則其中的運作為何，有必要詳細說明。此處所探討之重點為各地取得稅收後，如何處理屬於少府稅收者的過程。為探討少府收入的財政運作，將分別自收稅用稅之別、少府收入與漢代財政運作、公私財政與少府收入等三方面討論。透過此處討論，或可了解漢代公、私財政演變的具體意義。

一、收稅、用稅之別

陳文豪指出少府職責之一為負責「皇室財政的支出與收入」，[註11] 此語值得深究。據前文可知，少府下轄的稅收計有鹽稅、漁稅、礦業稅、園池收入、林業稅、公田、口賦、獻費、酎金、市稅、關稅、酒稅等收入，雖有學者認為少府應負責徵收山海池澤之稅，[註12] 但若將此與少府所轄諸職官相對，由前文可知少府直轄山澤職官只有都水、衡官、橘官、羞官，此四官只負責少數收入如漁稅、園池收入，至於其他各收入皆不屬此四官所管轄。即便是都水所掌

[註11] 陳文豪，《漢代九卿研究》（臺北：中國文化大學史學研究所博士論文，1993年），頁228。

[註12] 孫翊剛主編，《簡明中國財政史》（北京：中國財政經濟出版社，1988年12月第一版），頁54。

管之漁稅，少府只轄有極少部分之都水，郡國各地之都水概由大司農所負責，其原因應當與都水同時負責農田水利有關，從而歸大司農所掌管。

若單純只用職官言，水資源、土地資源稅收似乎只有漁稅、園池收入才由少府相關單位負責，其他稅收皆由非少府所屬職官收納。少府所掌稅收與收稅兩者有別，學者亦有對此頗感疑惑者，從而提出山海池澤之稅相關機構雖由地方所管理，但是還有一定獨立性，〔註13〕其等同承認地方園池業務實非少府可以過問。各種山川園池收入本當屬少府以供天子之用，但在此種多位職官非少府所轄狀況下，乃至於有學者提出，漁稅可能只是由大司農負責課徵，但仍由少府使用，〔註14〕將課稅與用稅分開處理。而人口稅、物品類稅收，除酎金、獻費已知直接交予少府之外，其他如口賦、市稅、關稅、酒稅等稅，少府並沒有相對應的管理職官課徵。

先就口賦言，前文探討口賦時已提及口賦實由里正、鄉佐所收。鳳凰山漢簡明言：「鄭里二月七十二算＝十錢七百廿正偃付西鄉佐賜口錢卩」、〔註15〕「市陽二月百一十二算＝十錢千一百廿正偃付西鄉佐賜　口錢卩」，〔註16〕此二簡說明口稅收納後由里正交付鄉佐，而鄉佐之職據《續漢書・百官志》載：「又有鄉佐，屬鄉，主民收賦稅」，〔註17〕此處雖指後漢，但反映在前漢應無差異。由此可知口賦之徵收屬鄉佐日常「收賦稅」職務之一，鄉佐既屬鄉所管理，則口賦課徵之權應在縣。

再就市租言，少府本身並無收市租職官，似由地方自行收市租。現據張家山漢簡《二年律令・金布律》載：「官為作務、市及受租、質錢，皆為缿」，〔註18〕此處雖未言明此「官」為何，但由「租、質、戶賦、園池入錢縣道官，勿敢擅用」〔註19〕一語，可知其官必屬縣所管，故需將相關稅收送至縣官處。

〔註13〕朱德貴著，〈論漢代國家財政與帝室財政管理體制——與加藤繁先生商榷〉，《江西師范大學學報（哲學社會科學版）》，2006 年第 1 期，頁 89。

〔註14〕林甘泉主編，《中國經濟通史・秦漢經濟卷》（北京：經濟日報出版社，1999 年 1 月第一版），頁 683。

〔註15〕裘錫圭著，〈湖北江陵鳳凰山十號漢墓出土簡牘考釋〉，《文物》，1974 年第 7 期，簡 4 背，頁 50。

〔註16〕裘錫圭著，〈湖北江陵鳳凰山十號漢墓出土簡牘考釋〉，簡 4 正，頁 50。

〔註17〕《後漢書》，志二十八〈百官五〉，頁 3624。

〔註18〕整理小組編，《張家山漢墓竹簡〔二四七號墓〕》（北京：文物出版社，2001 年第一版），，《二年律令・金布律》，簡四二九～四三〇，頁 190。

〔註19〕整理小組編，《張家山漢墓竹簡〔二四七號墓〕》，《二年律令・金布律》，簡四二九～四三〇，頁 190。

再據《二年律令‧□市律》載若商人不自占市租，則「沒入其所販賣及賈錢縣官，奪之列」，〔註20〕此處可知是租是受縣所監控。因此，市租當非少府直接收取，應當一如口賦，由地方相關稅收官員一併收納。

就前文可知口賦、市租、鹽稅、礦業稅等皆非少府官員負責收納，甚至關稅、酒稅亦有可能非少府負責。〔註21〕由此處應可推知，前漢少府收入的課徵與運用應有相當程度差異，兩者不宜混為一談，如此方能探討少府與其收入之真正關係。這同時也可解釋，為何前漢財政制度看似較不單純，課徵與使用稅收機關會不同的原故。〔註22〕

二、少府收入與漢代財政運作

前漢時期稅收的收納與使用分開，由某一單位所負責課徵之稅，不必然代表該收入即屬其使用。既然收納與使用單位不同，則其中必有轉交的動作存在，由甲單位將經費轉給乙單位，相關資料在過去相當不足，但在近代則有簡牘資料補充。

稅收由地方轉交至中央的過程，其分辨那些款項需送繳中央的辦法，實有必要詳細說明。據張家山漢簡《二年律令‧金布律》簡四二九－四三○載：

> 官為作務、市及受租、質錢，皆為缿，封以令、丞印而入，與參辨券之，輒入錢缿中，上中辨其廷。質者勿與券。租、質、戶賦、園池入錢縣道官，勿敢擅用，三月壹上見金、錢數二千石官，二千石

〔註20〕 整理小組編，《張家山漢墓竹簡〔二四七號墓〕》，《二年律令‧□市律》，簡二六○──二六一，頁168～169。

〔註21〕 至於酒稅與關稅，由於資料不足難以討論。姑不論酒稅，單就關稅言，口賦、市租既然多由地方職官收納，況且關卡四散於國內，其數量又不少，關稅似無理由需少府直接派人收稅。前漢既有在通關時檢查貨物之規定，甚至將貨物登記在案，若就方便角度言，同時委由其收稅即可，似無必要另派官課徵。不過此點缺乏具體史料支持，故僅列於此以為一說。
至於漢代關查驗貨物之例，可另見《二年律令‧津關令》簡四九三所云：「□、制詔御史，其令諸關，禁毋出私金□□。或以金器入者，關謹籍書，出復以閱，出之。籍器，飾及所服者不用此令。」（整理小組編，《張家山漢墓竹簡〔二四七號墓〕》，《二年律令‧津關令》，簡四九三，頁206）由此條資料可以發現，其既然禁止黃金被運出關卡，輸入者亦需登記，其必然代表漢代關卡有檢查貨物之工作，不然從何得知是否有違禁品被運出關。

〔註22〕 關於前漢財政收支問題，可另參見侯家駒著，《中國財金制度史論》（臺北：聯經，1988年），頁29～30。

官上丞相、御史。〔註23〕

此條資料最重要的一點，是政府在收到這些稅收後「皆爲缿」，缿本爲一種裝錢器具；〔註24〕此處針對各個不同收入，皆替其製作缿以收錢，再於其上封以令丞印。雖有學者認爲這是漢政府對特定稅收有較嚴格管理所致，〔註25〕但此處似爲漢代將不同稅收予以標明，從而方便管理這些錢，而非將所有款項混用。類似制度早在秦代已可見，如睡虎地秦簡《秦律十八種・關市》簡97載：「爲作務及官府市，受錢必輒入其錢缿中」，〔註26〕此處所謂之「其錢缿」，似指各自相關的缿中，而將稅收分開儲存。

將稅收分開置於不同缿中儲存，當有其意義存在，此處懷疑其目的即是爲轉交稅收之用。在漢代政府內部不同單位確有轉交、調度稅收之紀錄，而非是只供自己單位使用。今可見相關轉交、調度稅收者，有居延漢簡簡45.1A：

> 燈　　　　　　　　東利里父老夏聖等敎數
> 　□秋賦錢五千　西鄕守有秩志臣佐順臨
> 陽　　　　　　　□□親具〔註27〕

此簡發現於居延地區，其指出秋賦錢由河南郡滎陽縣送至張掖郡居延縣，以供當地政府使用，有學者認爲此簡可能即是置於某種裝錢容器上的封檢，〔註28〕頗疑即是加在缿上的封檢。雖說此簡所載秋賦錢與少府無關，但可看出前漢各單位間有轉交稅款之事實。就大司農所收錢部分，尹灣漢簡中亦有東海郡輸送錢至都內記載，據簡五《東海郡下轄長吏不在署、未到官者名籍》載有如「曲陽丞朱博七月廿五日輸錢都內」、「南城尉陳順九月廿一日輸錢都內」，〔註29〕即便是大司農所轄稅收，地方在收稅之後，仍需有轉交程序才能交給大司農使

〔註23〕整理小組編，《張家山漢墓竹簡〔二四七號墓〕》，《二年律令・金布律》，簡四二九～四三〇，頁190。

〔註24〕此據《漢書・趙廣漢傳》顏師古注：「缿，若今盛錢臧瓶，爲小孔，可入而不可出」（《漢書》，卷七十六〈趙廣漢傳〉，頁3201）而知，缿爲一種裝錢器具。

〔註25〕楊志賢著，〈從張家山漢簡看漢初會計管理制度的發展狀況〉，《中國社會經濟史研究》，2007年第2期，頁7。

〔註26〕整理小組編，《睡虎地秦墓竹簡》，《秦律十八種・關市》，簡97，頁42。

〔註27〕中國社會科學院考古研究所編，《居延漢簡甲乙編》（北京：中華書局，1980年12月第一版），簡45.1A，頁31。

〔註28〕沈頌金著，《二十世紀簡帛學研究》（北京：學苑出版社，2003年8月北京第一版），頁228。

〔註29〕以上二條俱見《尹灣漢墓簡牘》，頁96。

用，大司農之經費誠由調集而來。〔註30〕據學者對漢代財政制度的研究，除上計程序中地方需對中央進行財政報告外，尚提出漢代政府間有調度之法，其調度方式有「（一）由各郡調往京師；（二）由京師調往邊郡或外地；（三）由一部分郡調往另外一部分郡」〔註31〕等三種不同狀況，其目的是為解決前漢國內財政不平衡問題，但亦足以說明漢代內部確實有轉交、調度狀況的出現。至於這些調度則由漢中央政府所決定，由其指示各地方機構如何調度財政，地方原則上只負責徵收稅款與執行指示。〔註32〕

漢代財稅在收納上確實有轉交狀況出現，張家山漢簡《二年律令‧金布律》簡四二九－四三〇即載「租、質、戶賦、園池入錢縣道官，勿敢擅用，三月壹上見金、錢數二千石官，二千石官上丞相、御史」，表明前漢官員收到稅收後，收稅者先交至縣官處，縣官再將金、錢數上報至二千石處，最後送至丞相。此語之意義於前文述及園池收入時已有初步討論，其文似表示這些收入全部歸於丞相，此處則將進一步討論丞相在稅收上與少府之關係。

單就此簡而言，這些收入都歸丞相掌控，因此即有學者提出漢初王室財政與國家財政差異不大，這些收入都是國家財政的一環。〔註33〕但國家財政既歸大司農，皇室財政又歸少府，前文於探討園池稅收時，即已懷疑交給丞相是否可簡化成等同交給大司農，故此處須先釐清丞相在財政事務中的意義。

安作璋、熊鐵基雖云丞相有選用官吏、劾案百官與執行誅罰、主管郡國上計與考課、有總領百官朝議與奏事、封駁與諫諍等五權。〔註34〕然而熊氏卻未言及丞相在財政上的權力，丞相具有決定中央所有職官預算的權力，對於各種收稅，丞相負有監督的責任。〔註35〕翟方進任丞相時及因預算決算問題，受漢成帝責：「百僚用度各有數。君不量多少，一聽臺下言，用度不足，奏請一切增

〔註30〕關於大司農調集賦錢之部分，可見楊劍虹著，〈居延漢簡三類會計簿書窺測〉，《西北史地》，1994 年第 2 期，頁 5。楊氏更提出這些賦錢，其實是由地方送至邊郡之戍卒順到帶往。

〔註31〕馬大英著，《漢代財政史》（北京：中國財政經濟出版社，1983 年 4 月第一版），頁 365。

〔註32〕孫翊剛著，《簡明中國財政史》，頁 34。

〔註33〕朱德貴著，〈論漢代國家財政與帝室財政管理體制——與加藤繁先生商榷〉，頁 87。

〔註34〕此五權可見安作璋、熊鐵基著，《秦漢官制史稿》（濟南：齊魯書社，2007 年 1 月第一版），頁 30～33。

〔註35〕可參考周筠溪著，〈西漢財政制度之一斑〉，《食貨半月刊》，第 3 卷第 8 期（1936 年 3 月 16 日），頁 25。

賦」，〔註36〕丞相必有決定預算之權，才能聽「臺下言」增加賦稅。就監督稅收部分言，薛宣被免任丞相職的罪名之一為「三輔賦斂無度」，〔註37〕從而可知丞相當有監督稅收之責。由丞相的財政權力延伸，有學者提出，漢代丞相就全國各地財政，對上有向皇帝負責之責，〔註38〕這似正說明丞相其實是負責所有官署的財政問題最高責任。

由丞相負責中央政府財政言，約可推出少府在財政中的意義。錢穆先生云：「少府掌管皇室經費，而少府屬於宰相，宰相可以支配少府，即是皇室經濟也由宰相支配」，〔註39〕此語若從前述丞相掌管所有單位預算言，錢先生之語則正中其核心。因此，若將前述張家山漢簡財政流程繪成圖，配合上錢穆先生所云，當如圖三：前漢少府收入流程圖：

圖三：前漢少府收入流程圖

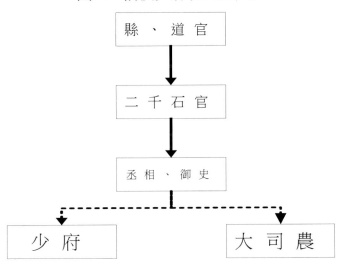

前漢少府收入流程圖。本圖由筆者自製，其中實線的部分為史料明言之財政轉交路線，虛線則為筆者推測。若只就張家山漢簡所言收入，此處當無大司農，此從錢穆所云少府、大司農財政上俱屬丞相故繪於此。

〔註36〕《漢書》，卷八十四〈翟方進傳〉，頁 3423。

〔註37〕《漢書》，卷八十三〈薛宣傳〉，頁 3393。

〔註38〕羅慶康著，《西漢財政官制史稿》（開封：河南大學出版社，1989 年初版），頁 11。

〔註39〕錢穆著，《中國歷代政治得失》（臺北：東大圖書公司，1977 年 6 月第一版），頁 11。相類似的觀點，還可見於史衛〈漢代財政制度演變試探〉一文，其亦認為丞相對少府有管轄權。（史衛著，〈漢代財政制度演變試探〉，《南都學壇（人文社會科學學報）》，2007 年第 5 期（2007 年 9 月），頁 1）

　　圖三說明前漢財政處理流程，此處顯示丞相是當時財政業務的核心。黃今言認為少府掌管皇室的稅收、財政事務，〔註 40〕而稅收總管理權既歸於丞相，因此少府負責掌管皇室財政的重要性當遠過於掌管皇室稅收。少府固然直接掌管部分收入，但少府預算依然需通過丞相審核，其大部分稅收也非少府自身所能干涉，只能接受其他單位所轉交稅收。

　　總之，少府這些財政收入運作的最大意義，旨在說明少府之意義集中在「小用由少府」，〔註41〕也就是負責皇室各種財政的開支，而收稅、管理非其主要業務。

三、公、私財政分立與少府收入之關係

　　秦與前漢是中國史上少數國家與帝室財政分立的朝代，自前漢以降不復可見，而此種發展過程，應與山澤稅的意義有關。因此，似當就財政學角度探討山澤稅的意義，乃至於公、私財政分立的意義，以說明此種歷史發展之真正原因。

　　山澤稅是針對各種自然資源所課徵的稅收，諸如銅、鐵、金、銀、林木、漁業、鹽稅等，其既針對地區特產收稅，因此山澤稅應可視為特產稅。山澤稅具有現代財政學中特產稅的兩種意義，第一是限制性特產稅，第二是取得收入用的特產稅。限制性特產稅概指企圖用稅收手段，增加其生產成本從而降低這些特產的產量，〔註 42〕漢代似以此為重農抑商措施的一環，漢政府對商業相關稅皆課以重稅，山澤被課稅應是此一特色的反映。至於取得收入用的特產稅，概指政府以此作為一般收入，但是其針對物品多是奢侈品，〔註43〕而在漢代即便是日常用品如鹽、鐵稅等皆是政府謀取收入之手段。

　　山澤稅明顯具有特產稅特性，連特產稅所共有的缺點，亦如實的反映在其中。特產稅最大的缺點是出在稅務行政上：

　　　特產稅的稅基愈廣，愈會逐漸喪失稅務行政上的優點，因為各種稅

〔註40〕黃今言著，《秦漢賦役制度研究》（南昌：江西教育出版社，1988 年 4 月第一版），頁 39。

〔註41〕應劭著，《漢官儀》，卷上，頁 10，收於《漢官六種》（臺北：臺灣中華書局，1981 年 10 月）。

〔註42〕參見劉永憲編著，《財政學原理》（臺北：凱侖出版社，1993 年增訂版），頁 303。

〔註43〕劉永憲編著，《財政學原理》，頁 307～308。

　　課需要個別管理，困擾的問題便隨著增加。關於何種貨品需要課稅

　　及何者免稅，也產生解釋上的問題，必須經常查核，以確保商人正

　　確申報應稅貨品的銷售情形。〔註44〕

這是反映在山海池澤之稅最明顯的一點，如前所述山海池澤的管理職官其大
者有鐵官、銅官、金官、木官、都水、鹽官、橘官等，幾乎是每一種不同的
物品就有一官，這幾乎暗示若欲課徵新的山海池澤之稅就必須另立一新的職
官，其不便自然不在話下。再者，前漢並非眞的有「山海池澤之稅」此一稅
目，其實際上仍是鐵稅、金稅、銀稅、漁業稅、鉛稅、鹽稅等，並一一詳定
其稅率，如「采鐵者五稅一」、「采金者十稅一」〔註45〕等，其針對每項不同
物品而定稅率，這正會出現各種課稅上解釋的問題，因此隨著山海池澤之稅
的更加發展，反會替政府帶來更多的負擔，其在行政、法律上皆需不斷的更
新。這似乎也暗示前漢山澤稅有時由其他職官代收，而不全由少府自行收稅
的具體理由，即減免對政府所造成的行政負擔。

　　據前文可知，少府主要負責使用其稅收，只有極小部分的稅收是由少府
機構收，甚至其財政預算尚須經丞相同意。但此處延伸出一個問題，前、後
漢少府之最主要差異，即是在對稅收掌管之有無上，若前漢少府並無稅收可
管，則後漢少府當無稅收可以改屬大司農，豈是前、後漢少府最主要之差距，
從一開始即不存在？此一問題勢需解決。

　　少府與大司農之差異，其本質上是立基於國家財政與帝室財政之差別。在
先秦時代天下只有王室財政，並無所謂國家財政的存在，即便是給各官員之薪
水，亦使用天子的土地，而非另有薪水。〔註46〕國家與帝室財政之分立，其出
現之根本條件爲財政集中，中央可控管的財政變多，才能有所分配，〔註47〕有
學者即認爲這種分立是出自漢高祖、惠帝時代。〔註48〕

〔註44〕劉永憲編著，《財政學原理》，頁 308～309。

〔註45〕以上各收入之相關稅率，可見整理小組編，《張家山漢墓竹簡〔二四七號墓〕》，
　　　　《二年律令‧金布律》簡四三六至四三八，頁 192。

〔註46〕陳秀夔著，《中國財政史》(臺北：正中書局，1968 年 10 月臺初版)，頁 130。

〔註47〕周伯棣著，《中國財政史》，頁 75。此外又可見陳秀夔著，《中國財政史》，頁
　　　　135，其旨在說明秦、漢以下財政歸於中央控制。

〔註48〕周伯棣著，《中國財政史》，頁 126。周氏並未提出其根據爲何，陳秀夔則指出
　　　　少府設於秦朝，認爲其掌山海池澤之稅，這是公私財政分立之具體根據。(陳
　　　　秀夔著，《中國財政史》，頁 155) 孫翊剛亦提出山海池澤之稅爲皇室私用，不
　　　　屬國家收入，此誠爲秦漢整體財政收入重要的一部分。(孫翊剛，《簡明中國

　　然在後漢少府稅收職務出現重大變革，《續漢書・百官志》載：「承秦，凡山澤陂池之稅，名曰禁錢，屬少府。世祖改屬司農，考工轉屬太僕，都水屬郡國」，〔註49〕此處所言即是將山澤稅轉屬大司農，使少府的職務單純化爲「掌中服御諸物，衣服寶貨珍膳之屬」，〔註50〕只負責皇室的各種支出，不復爲財稅機關。馬大英對此評爲：「皇室財政與國家財政合一，皇室的獨立收入并作國家收入。因此少府的職掌只是單純管皇室支出了」。〔註51〕史衛則提出後漢少府「可以說經過這一系列的改造，漢代二元財政體制才正式確立」，〔註52〕其立論根據是少府不復涉及各種可能涉及國家事務的財政，諸如軍費、賞賜等等，從而只專門負責帝室財政。總之，少府自後漢起在財政中地位已遠不如前漢時重要，這點是無庸置疑的。

　　然前文已云少府甚少負責收稅，則《續漢書・百官志》所言「改屬」事就有解釋之必要。少府收入雖多非其親自課徵，但是仍有部分稅收歸其管理，如少府所直轄之都水，《續漢書》即說明都水改屬郡國，少府稅收確有改屬之事實。至於所謂山澤稅「世祖改屬司農」，其至少有兩種解釋方式，若只就字面言，確可解釋爲皇家收入并入國家收入，少府自此才開始只單純管皇家支出。然據前引張家山漢簡《二年律令・金布律》簡四二九－四三○，似可得到另一種解釋。簡文載：「租、質、戶賦、園池入錢縣道官，勿敢擅用，三月壹上見金、錢數二千石官，二千石官上丞相、御史」，〔註53〕此處之「租、質、戶賦、園池入錢」，高敏懷疑即是「山川園池、市肆租稅之入」。〔註54〕朱德貴更主張市租及園池入錢當屬少府，此處卻不是，〔註55〕其將「租」解釋爲市租。若據高、朱二氏所言「租」果爲市租，而非指田租，則此簡之意義反倒更爲重大。

財政史》，頁39）陳、孫二氏似認爲國家財政在秦代已出現，但因二者皆未明言，周氏所言雖不知其所據爲何，但其既明言，故先從周氏觀點。

〔註49〕《後漢書》，志二十六〈百官三〉，頁3600。

〔註50〕《後漢書》，志二十六〈百官三〉，頁3592。

〔註51〕馬大英，《漢代財政史》，頁13～14。

〔註52〕史衛著，〈漢代財政制度演變試探〉，頁3。

〔註53〕整理小組編，《張家山漢墓竹簡〔二四七號墓〕》，《二年律令・金布律》，簡四二九～四三○，頁190。

〔註54〕高敏著，〈關於漢代有"戶賦"、"質錢"及各種礦產稅的新證——讀《張家山漢墓竹簡》〉，《史學月刊》，2003年第4期，頁121。

〔註55〕朱德貴著，〈論漢代國家財政與帝室財政管理體制——與加藤繁先生商榷〉，頁87。

此因，若租果眞爲市租，〔註56〕此處須向上回報之租、質、戶賦、園池入錢，其中除質錢是首度在漢代見到，其意義與屬性爲何不明外，〔註57〕其戶賦、園池入錢、市租三者，皆屬少府的收入之一，質錢雖然其細節不明，但既然四項物品中有三項屬少府，質錢或許亦屬少府。即便不論質錢，其他三項收入當屬少府無誤，由其云縣道官「勿敢擅用」，則此種稅必在縣級單位課徵，這也是說明少府不親收山澤稅的根據之一。這些錢當有其特別保留用途才規定「勿敢擅用」，其理由應當是這些稅收專供少府使用，故地方政府不得擅用。再者，對其他一般稅收言，縣有其支出權，只要記簿即可。〔註58〕而此四種收入則是禁止地方擅用，當與其特殊用途有關，此當即是「山海池澤之稅」的眞相。

若就帝室財政的本質言，由其專門指定供皇室使用言，其實際上爲現代財政學中的指定用途稅。而指定用途稅易被認爲是一種編列拙劣的預算編法，使國家財政僵化，經費使用缺乏效率。〔註59〕這似反映在前漢財政中，如鹽、鐵二稅轉屬大司農的根本原因在於國家財政的嚴重不足，但皇室財政仍有相當剩餘，因此才有「陛下不私，以屬大農佐賦」〔註60〕之舉出現，這是自制度上將本屬皇室之收入轉給國家使用。雖說財政學者認爲指定用途稅不必然好或不好，乃由其如何利用而決定，〔註61〕但少府收入專供皇室使用，其恐怕只是對整體財政有礙。其具體理由就是一但軍費方面經費不夠，並不能靈活的直接自有剩錢之單位調錢，動輒需要改變國家制度，出現學者所謂「財政體制既遭破

〔註56〕除田租外，市租實亦可簡稱爲租，如張家山漢簡《二年律令·□市律》簡260至261載：「市販匿不自占租，坐所匿租臧（贓）爲盜」，簡文中的租，即是指市租。臧知非更針對漢初狀況，認爲占租制對「西漢前期工商業的迅速崛起與其稅收的槓杆作用是有著內在聯繫的」（臧知非著，〈張家山漢簡所見西漢礦業稅收制度試析——兼談西漢前期"弛山澤之禁"及商人兼併農民問題〉，《史學月刊》，2003年第3期，頁27），此即明顯指爲市租。然而，此處尚無法排除簡四二九所指其實爲田租之可能，雖然其可能性相當低，仍引高、朱二氏所言爲據。

〔註57〕質前在傳統上認爲出現於魏晉南北朝時，且屬於寺院經濟的一環。（高敏著，〈關於漢代有"戶賦"、"質錢"及各種礦產稅的新證——讀《張家山漢墓竹簡》〉，頁122）據簡文可知，漢代質錢當由政府所經營，故才會有向各機關回報帳務的措施。

〔註58〕參見羅慶康，《西漢財政官制史稿》，頁217。

〔註59〕劉永憲編著，《財政學原理》，頁240。

〔註60〕《史記》，卷三十〈平準書〉，頁1429。

〔註61〕劉永憲編著，《財政學原理》，頁240。

壞」〔註62〕的狀況，不甚理想。因此，公、私財政分立雖使國家與帝室之支出有別，但純就財政學觀點言，此舉並非一理想作法，因此自後漢以降公私財政再度合併，〔註63〕其具體理由之一即當是如此。前漢公私財政分立之意義，當爲財政制度由先秦私財政轉向後漢以下公財政的過程，不論是公、私財政若專行其一，當可有效避免漢武帝時所面臨困境，故前漢當只是一個過渡期。

而前漢少府和後漢少府最主要的差異，當是指至後漢時政府不再留存少府特別保留款。故山海池澤之稅改「屬司農」，〔註64〕其本意當指取消少府特別保留款，使其直接流入大司農控管中，將財政管理簡化。這可能也是少府下轄稅收管理職官較少的原因，其已有日後簡化財政管理的準備。

綜前文可知，前漢時期之少府本身除少部分稅收外，大部分收稅事務皆非少府機關業務，而爲地方政府之業務。少府有用稅權但甚少收稅，因此其實際運作是地方政府在收取稅款後，依次轉交至少府處。雖有學者認爲稅通過丞相處，似指這些稅屬國家，然丞相負擔中央各種職官之預算，少府亦是丞相下轄單位之一，其財政通過丞相處自不意外。最後，前人雖多認爲前、後漢少府最大的差異，是後漢少府不再收稅，其實前漢少府本來即甚少收稅，前、後漢最大差異當是指部分稅收不再是少府的特別保留款，而一併流入大司農收入之中，將財政管理簡化。

第三節　小　結

山海池澤之稅最具探討價值處，爲其與少府的關係。此點除是探究班固所言究竟爲何外，亦是對少府稅收比的再探討。少府收入來源相當多，山海池澤之稅不過其收入之一，亦非最主要收入。就財政層面言，少府在財政上最主要是利用稅收，而非是負責收稅。

就少府稅收比言，若將少府諸收入綜合整理，分就這些「屬性」與稅額來看，或可理出少府在前漢演變概況。就稅收歸屬言，漢代約可分爲三大階

〔註62〕 吳建村著，《中國國庫制度之研究》（臺北：國立政治大學財政研究所碩士論文，1967 年 6 月），頁 14。

〔註63〕 不過少數學者如周玉津則認爲財政公私分用一直持續至清代，但其是將後代管理皇室財務之單位一律視同前漢少府，而未細探其中之差異，故易出現此種結論。（周玉津著，《財政學新論》（臺北：大中國圖書公司，1970 年 9 月再版），頁 36）

〔註64〕 《後漢書》，志二十六〈百官三〉，頁 3600。

段，分別爲漢建國至漢文帝十二年，約占前漢國祚百分之十八；文帝十三年至元封元年，約占前漢國祚百分之二十六；元封元年至前漢滅亡，約占前漢國祚百分之五十五。第一階段山澤之稅占少府收入的一半以上，此時期問題最少；第二階段山澤之稅已有可能低於少府收入五成，但仍有相當多爭論空間；至第三階段，山澤之稅已低於五成，不復爲少府過半收入。因此，前漢過半的時間中，山澤稅收入低於少府總收入的一半，只作爲相對多數存在。

就金額比例上言，由資料相當缺乏，因此能說明者有限。宣帝以後，少府一年總收入約在十三億至十八億錢之間，其中以十三億一說，爲史料明言。就目前所見，其大約反映前述少府收入歸屬比概況，相差不遠。至前漢中、晚期，山海池澤之稅已非少府最重要收入，即便有相對多數言，恐怕部分單項非山澤稅收，才是少府收入最高的單項收入，而非山澤稅。

由此可知，班固雖云少府掌山海池澤之稅，但此語只在前漢國祚百分之十八的時間中完全適用，爾後少府收中的山澤稅比例日低，前漢過半的時間中，山澤稅比例低於一半。雖然少府收入遠不限於山澤稅之中，但這些屬地、水、人、物等稅收，若一一列出又過於繁雜，這些稅收的共通特點皆是「以給供養」，若稱「山海池澤等稅」，或較符事實。

若分析班固以「山海池澤之稅」說明少府收入原由，就稅收角度言，其可能原因可分爲三種。第一，班固認爲「山海池澤之稅」只是少府較有特色稅收，特別是山澤稅早期皆集中在少府，甚具代表性，除爲避免說明繁雜外，其用意當在說明少府爲財政機關，目的不在說明少府有那些稅收，更非指少府所掌稅收皆是山澤稅。第二，爲班固這說法只針對漢初少府，對於前漢中期以後少府的演變，班固就不再或不想說明。但即便就早期言，山澤之稅項目約六成多，只說明山澤之稅，將會忽略高達三至四成的稅收，這與實情將會相差過大，因此當是不想說明所導致的結果。若班固未針對財金有特別想法，爲免說明過於雜繁，則以第一說爲當；但班固既有批評司馬遷「述貨殖則崇勢利而羞賤貧」〔註65〕之例，則其不恥於論述經濟變化亦有可能，則第二種說法亦有可能。至於第三種可能，則是綜合前二者，班固既是找一代表性稅收說明，同時也不想在經濟上有太多著墨，至於是否貼近事實則不在其考慮範圍，只求簡單帶過。

就財政角度言，前漢少府甚少負責收稅，多由地方政府或其他單位負責。

〔註65〕　《漢書》，卷六十二〈司馬遷傳〉，頁 2738。

少府雖不親收稅款，但這些稅收地方政府在收取後，仍依次轉交至少府處。雖有學者認為稅通過丞相處視同屬於國家，然丞相負擔中央各種職官之預算，少府其實亦是丞相下轄單位之一，其財政通過丞相處自不意外，更不等同於不給少府。就財政學觀點言，公、私財政分開其實是一種不甚良好的財政制度，其真正意義當是由私財政向公財政的轉化。因此前人雖多認為前、後漢少府最大的差異，即是在後漢少府不再收稅，其實前漢少府本來即甚少收稅，前、後漢最大差異當是指部分稅收不再是少府的特別保留款，而一併流入大司農收入之中，將財政管理簡化，這也正是當時財政制度進步的過程。

總之，就山澤稅與少府之關係言，山海池澤之稅誠為少府的收入之一，且此稅對少府重要性日漸降低，少府以用稅為主，甚少收稅。此點亦反映漢代的財政結構，除極少數稅收外，漢代多由地方負責收稅，其後再將相對應部分送至各相關職官，這也是替日後簡化財政措施預設伏筆。收稅與使用稅收誠為兩件不同事情，此點即是前人較易搞混之處，誤將使用稅收等同於收稅。藉由以上所述，當可述明少府與山海池澤之稅的關係，即是最具代表性稅收，少府各種收入其實當視為一種特別保留款，但多非少府負責收納。

第七章 結 論

　　《漢書·百官公卿表》所載少府：「掌山海池澤之稅，以給共養」〔註1〕
一語，賦予少府「管理皇室私家財富的機構」〔註2〕財政職官的印象。然而「山
海池澤之稅」實際內容眾說紛紜，運作方式更缺乏專人討論，少府與其之關
係亦缺乏細論。總之，山海池澤涉及賦稅、財政、官制、字意等諸多議題，「山
海池澤之稅」實非一簡單可說明之問題，其內容相當複雜，因此確有必要詳
細討論。

　　本文以少府所掌稅收為探討核心，而少府稅收以「山海池澤之稅」作為
代表。為界定少府稅收研究範圍，勢需詳探其字義，方能說明屬於少府的各
種收入以及財政概況。稅收的課徵必涉及相當管理業務，而這即延伸出少府
與山海池澤行政業務間的關係，可用於釐清「掌山海池澤之稅」的真義。最
後則以財政面探討少府財政概況與前漢財政運作模式，再說明其財政演變之
意義。以上諸點誠為本文探討的幾個方向，這些方向或可作為日後其他研究
之基礎。

　　先秦、秦漢文獻中約有十六個與「山海池澤」一詞意義相似的用詞，而
這些用詞在使用上有時代差異，如先秦時代多用「山林藪澤」一詞，逮至漢
代則多用「山澤陂池」一詞，至於「山海池澤」一詞其實當時較少使用。就
用詞屬性言，先秦時代用詞中用於財富、自然兩者比例約為六比四；在漢代
則為四比一，相關用詞財富意涵日增。此十六個「山海池澤」用詞凡五十八
字，共由十四個不同的字所構成，約略可分為屬土地資源、屬水資源、兩者

〔註1〕　《漢書》（北京：中華書局，1962 年 6 月），卷十九上〈百官公卿表〉，頁 731。
〔註2〕　林劍鳴，《秦漢史》（臺北：五南圖書出版公司，1992 年 11 月初版），頁 135。

兼具三大類。屬土地資源用字計有「山」、「丘」、「陵」、「林」、「麓」等。而屬水資源名詞則有「海」、「鹽」、「池」、「藪」、「川」、「河」、「魚」、「梁」等用字。「澤」、「陂」、「園」、「苑」、「囿」等五字，實兼具土地、水特性，故自成一類。上述諸字多指特定地理空間，只有極少數用字為具體物資，因此所謂「山海池澤之稅」應指與這些地區有關的稅收，在地方實際收稅時當無「山海池澤之稅」此一稅目。此外，「稅」字本指田租，後轉化為政府對人民課徵物資的概念，《漢書》中的「稅」字則特別用於公田、工商、山澤等收入。

少府所轄的收入項目頗多，其中鹽稅、漁稅、礦業稅、園池收入、林業稅、告緡沒入之田等收入皆取自於自然，正合於「山海池澤」四字本意，故歸為一類討論。至於口賦、戶賦、獻費、獻物、酎金、關稅、市租與酒稅等八項，則與人口、商業行為有關與山海池澤無涉，因此自為一類。

少府所轄自然資源稅，可分為水資源、土地資源與兼具二者特色的園池收入等三類。鹽稅在前漢前期屬少府，武帝後轉屬大司農；其運作方式可分為包商制、自由經營課稅制與專賣制等三種。漁稅即是對漁業行為收稅，初屬少府其後部分轉屬大司農，其稅收取得方式有官府自營與漁池稅兩種。鹽稅、漁稅來源皆與水關係較高，因此宜稱水資源稅收。礦業稅先秦已有，在前漢前期屬少府，武帝後改屬大司農；其採行開採後再課稅方式，此外各種礦產皆分開收稅。至於林業稅因在漢代少見相關資料，只能推論此稅可能屬少府。礦業稅、林業稅多涉及山、平地等屬於陸地者，故稱為土地資源稅收。園池收入則自先秦已經存在，其收入在前漢屬少府，後部分改屬水衡都尉；其管理與運作則歸地方負責，這些園會對外開放從而收稅，也會將禁苑中的產物出售謀利。而一般園池、禁苑大多相當廣大，如上林苑等有山、有池，實兼具地、水兩者特色。

口賦、戶賦、獻費、獻物、酎金、關稅、市租與酒稅等八項稅收，則是少府所屬與自然資源無關的稅收屬人稅如口賦、戶賦、酎金、獻費等四種。秦、漢口賦內容大相逕庭，秦口賦等同漢算賦，而漢口賦針對十四歲以下幼童收取，武帝以下口賦部分歸大司農使用。戶賦則因資料缺乏，爭議較多，只知其存在於漢初且屬少府並按「戶」課稅。獻費則由諸侯按人口數上繳中央供少府使用，目前只知存在於漢初。酎金為漢文帝首創，其為諸侯按人口數上交黃金，主在彰顯政治層面地方對中央的順從。前述四項稅收皆因「人」而收，因此為人口稅收。少府尚有獻物、關稅、酒稅與市租等四項收入皆有

資料不足問題，故可論者有限。關稅自先秦已經存在，前漢前期廢、置不定，自漢武帝以下長期存在。酒稅自秦已有，漢沿襲之，本屬少府，其按容量收稅，至武帝因改專賣而轉屬大司農。市租亦起於先秦，漢代針對市籍與營業行為收稅，此收入歸少府與各地方長官應用。獻物是各地方進獻到少府的物品或實物。以上四者皆針對物品取得收入，因此宜列為物品類稅收。此外，前述山澤稅因針對自然物資收稅，故亦為物品類稅收一種，但因其對自然產物課稅故獨立處理。

　　由前述可知少府掌有眾多稅收，山澤稅不過是其中之一，但此處之「掌」真義為何仍需說明，以釐清少府與山海池澤之稅的真正關係，這點需由官制史角度分析，討論相關稅收職官與其行政業務。此處所涉及者為少府長官工作、全國各地山澤職官的歸屬、班固書寫職掌的準則等三方面。

　　少府長官負責的業務有禮儀相關事務、人事、少府機構事務、一般政務等四大類，而未見任何山海池澤相關業務；而位處中央的少府機構則有部分山澤職官，這是少府與山澤業務的惟一行政關係。各地山澤職官計有鐵官、銅官、金官、木官、衡官、鹽官、都水、雲夢、陂官、湖官、涅浦、橘官、羞官等十三職官，這些職官多與少府無涉，只有少部分如橘官、羞官與部分都水、部分衡官等屬少府。故少府掌山海池澤之稅一事，不可推論成少府亦掌山海池澤業務。針對《漢書・百官公卿表》中「掌」字的筆法言，其敘述職掌方式可分為合於實情、類推、古官職掌、最具代表性之職掌等四類。少府因工作龐雜，在顧及簡明之風的前提下，勢必只能言其特色，況且班固所言少府職掌實已較其他職官為多，故少府「掌山海池澤之稅」一語屬於最具代表性一類。

　　山澤稅課徵與其利用之單位既然不同，則兩者間勢必有財政運作、轉交問題。就少府所屬稅收的屬性比例言，可將少府在前漢所轄收入依演變分為三階段，分別為漢建國至漢文帝十二年、漢文帝十三年至漢武帝元封元年、漢武帝元封元年至前漢滅亡等三階段，山澤稅在少府總收入的比例日漸降低。若就金額比例上言，自前漢中期以降山澤稅已非少府最大宗收入。

　　關於班固以「山海池澤之稅」代表少府收入的可能原因，為班固以少府收入中最具特色者說明，同時也不想在經濟問題上有太多著墨，因此即以山澤稅為少府代表。至於少府財政問題，少府雖掌管有眾多稅收，但除少數稅收為少府自行收納外，大部分皆為其他單位收取後供少府使用。這些其他單

位所收稅款，其運作可能方式是地方政府在收稅後，依次轉交至丞相處，爾後再交由少府使用。這同時也反映丞相負責中央各職官預算，少府財政亦受丞相管轄。但就財政學觀點言，前漢最重要的公、私財政分立制度，其實是種不良的財政制度，此種制度應是私財政向公財政轉化的過程。因此前、後漢少府最大差異，表面上是後漢少府失去財政權，但這即是財政管理簡化，這是財政制度進步的過程。

由上述諸點當可釐出以下成果，首先山海池澤的字義本指自然資源，班固即表示少府掌自然資源稅。少府固然掌有自然資源稅，但是此實非少府稅收之全部，其只是少府收入之部分。若單就賦稅本身言，山海池澤之稅實為漢代經濟狀況的具體反應，其所供應稅收金額相當可觀。此外，就現代財政學概念言，所有山澤稅皆屬對物稅，因為課稅的對象是山澤中所出產物品。

山澤稅收在行政、財政上有其相當特殊之意義，足供從事相關研究時用。首先，這可說明收稅與用稅誠為二件不同之事，在地方上實際負責收稅、行政者，其多為地方或其他各卿所轄職官，而非是由少府管理、收稅。因此，不可認為某官負責收某稅，即代表有使用該稅之權利，必須先釐清其間的財政運作，如山澤稅實為一種指定用途稅，因此其徵收與利用即為分開二件事。此點也正可說明公、私財政的問題，雖然學者多好以天下為公概念討論此一問題，甚至似乎認為此為一較好制度，但事實上就財務行政言，單純只有帝室財政或國家財政，其行政上的便利皆大於兩者混合，可免去不必要的調度。

本文既以班固《漢書・百官公卿表》所書為問題開端，因此班氏之想法與其撰寫之緣由，即為本文探討重點之一。班氏一書不過八十餘萬言，上下卻橫跨前漢、新莽二百三十年之時間，[註3] 雖已較司馬遷所書寫年代大幅縮小，理當比司馬遷所寫更加細緻。但此二百三十年間之演變仍十分可觀，班固所書寫方向又十分廣大，顯無有事事注明之可能。因此，針對職官部分，其最合理作法自然是引各職官的代表性職務，正如山澤稅之於少府，雖然不論就稅收層面或行政層面言，此語皆無法反映少府真實概況，但此種做法在篇幅有限的狀況下實可接受，班固書寫時應當即未打算將所有職務寫明，而是以說明其特色為主。

本文討論之「掌山海池澤之稅」問題，本是針對《漢書》記載內容探討

〔註3〕關於《漢書》之字數、橫跨年代，另參杜維運，《中國史學史》（臺北：三民書局，2000年3月第三版），頁259。

班固書寫筆法。但本文除就文獻內容討論外，尚且自賦稅史、財政史、官制史等三角度研究，這些研究可作為探討班固書寫《漢書》筆法之根據，使其有事實可以互相比對，又可探討前漢各相關問題。透過此種研究手法，適可補足前人研究不足之處，部分觀點如稅收問題，若不透過此種較深入之探討，恐怕難以得到詳細結論，甚至得到錯誤答案。因此，在日後的研究上，正可採用多角度探討某一特定課題的方式，這或可在其中得出新的答案。而簡牘新資料，更使此種嘗試成為可能，其間所透露的資料，正可解決長久以來存在的各種問題。

研究山海池澤之稅此一課題，將涉及諸如稅收轉交、代收稅款、財政作業等各種財政史問題。這些財政史問題中的上計、丞相主財稅等皆已有學者討論過，並已取得部分成就。然而隨著睡虎地秦簡與張家山漢簡中之〈金布律〉出土，相關財政規定隨之大幅出土，擴大財政研究之可能。本文僅針對少府相關財政問題略加討論，張簡、睡簡中尚有眾多相關財政問題值得討論，諸如有地方取得稅款後如何轉予大司農、地方政府每年經費是否先行自上繳款項中扣除等，這些問題簡文雖揭示其部分狀況，但仍有待更深一層之研究，這誠為本文探討課題的擴大。再者，少府本身除其財稅職能外，其最重要本職為供養皇室之職務，此又可延申至皇帝的私人生活，再配合內朝官問題，相信可針對「少府」此一課題進行完整研究，這是本文研究對象的擴大。總之，不論是就研究課題或對象言，都尚有進一步探討之空間。

上述研究前景，目前可針對其中的財政、刑徒兩問題深入討論。此因本文主要探討少府收入部分的財政問題，但對少府其他支出職能認識有限，然若欲擴張其研究成果，其尚需相當程度之研究努力。再者，關於少府組織之新簡牘、金石材料較為有限，不如財政問題之多，故日後研究方向似當以〈金布律〉所涉及秦、漢時期的財政措施為主。其次，少府組織與刑徒關係密切，少府組織下有各種生產單位如織室、導官等皆有其所屬監獄，並以這些監獄中所轄之刑徒從事勞動生產，關於此種生產方式與刑徒管理等問題在〈金布律〉中亦有相關規定，這些似可作為日後探討之重點。總之為理解〈金布律〉對於秦漢史研究之價值，也是探索當時的各種相關問題，因此值得以〈金布律〉為核心進行相關研究，這可作為本文研究之延伸。

徵引書目

一、史　料

（一）傳統文獻

1. 《三國志》，北京：中華書局，1982 年 7 月第二版。

2. 《史記》，北京：中華書局，1982 年 11 月第二版。

3. 《孟子》，收於朱熹集註，《四書集註》，臺北：學海出版社，1988 年六月。

4. 《後漢書》，北京：中華書局，1965 年 5 月第一版。

5. 《漢書》，北京：中華書局，1962 年 6 月第一版。

6. 《論語》，收於朱熹集註，《四書集註》，臺北：學海出版社，1988 年六月。

7. 丁孚，《漢儀》，收於孫星衍集，《漢官六種》，臺北：臺灣中華書局，1981 年 10 月臺三版。

8. 孔安國傳，《尚書正義》，臺北：新文豐出版公司，2001 年 6 月初版。

9. 孔晁注，《逸周書》，北京：中華書局，1985 年北京新一版。

10. 毛公傳，《毛詩正義》，臺北：新文豐出版公司，2001 年 6 月初版。

11. 王弼、韓康伯注，《周易正義》，臺北：新文豐出版公司，2001 年 6 月初版。

12. 王鳴盛，《十七史商榷》，臺北：大化書局，1977 年 5 月景印初版。

13. 司馬光等撰，《資治通鑑》，臺中：曾文出版社，1977 年初版。

14. 司馬彪，《續漢書》，收於《後漢書》，北京：中華書局，1965 年 5 月第一版。

15. 史游，顏師古注，《急就篇》，長沙：岳麓書社，1989 年 1 月。

16. 左丘明，《國語》，濟南：齊魯書社，2005 年 5 月第一版。

17. 朱右曾，《逸周書集訓校釋》，臺北：世界書局，1957 年。

18. 朱師轍，《商君書解詁定本》，臺北：河洛圖書出版社，1975 年 3 月臺景印初版。

19. 何休、范寧等注，《十三經注疏‧春秋穀梁傳注疏》，臺北：新文豐出版公司，2001 年 6 月初版。

20. 何休注，《春秋公羊傳》，臺北：新文豐出版公司，2001 年 6 月初版。

21. 呂不韋等著，陳奇猷校釋，《呂氏春秋新校釋》，上海：上海古籍出版社，2002 年 4 月第一版。

22. 李昉等撰，《太平御覽》，上海：上海書店，1985 年 12 月。

23. 李學勤主編，《春秋左傳正義》，北京：北京大學出版社，1999 年 12 月第一版。

24. 杜佑，《通典》，杭州：浙江古籍出版社，2000 年 1 月第二版。

25. 屈大鈞，《廣東新語注》，廣東：廣東人民出版社，1991 年 5 月第一版。

26. 洪邁，《容齋續筆》，收於《容齋隨筆》（北京：中華書局，2005 年 11 月第一版）。

27. 胡廣注，《漢官解詁》，收於《漢官六種》（臺北：臺灣中華書局，1981 年 10 月）。

28. 孫希旦，《禮記集解》，北京：中華書局，1989 年 2 月第一版。

29. 徐天麟，《西漢會要》，上海：上海古籍出版社，2006 年 12 月第一版。

30. 桓寬，《鹽鐵論》，北京：華夏出版社，2000 年 5 月第一版。

31. 桓譚，《新論》，上海：上海人民出版社，1967 年 6 月。

32. 秦嘉謨，《月令粹編》，臺北：藝文印書館，1970 年。

33. 荀況，《荀子》，北京：中華書局，1985 年北京新一版。

34. 荀悅，《前漢紀》，北京：中華書局，2002 年 6 月第一版。

35. 袁宏，《後漢紀》，北京：中華書局，2002 年 6 月第一版。

36. 馬端臨，《文獻通考》，杭州：浙江古籍出版社，2000 年 1 月第二版。

37. 常璩，《華陽國志》，臺北：世界書局，1962 年 11 月初版。

38. 許慎，《說文解字》，北京：社會科學文獻出版社，2005 年 2 月第一版。

39. 郭璞注，《爾雅注疏》，北京：北京大學出版社，2000 年 12 月第一版。

40. 陸賈，《新語》，臺北：明文書局，1987 年 5 月初版。

41. 揚雄，《法言義疏》，北京：中華書局，1987 年 3 月第一版。

42. 黃本驥編，《歷代職官表》，上海：上海古籍出版社，2005 年 5 月第一版。

43. 楊伯峻編，《春秋左傳注》，北京：中華書局，1990 年 5 月第二版。

44. 楊孚，《異物志》，北京：中華書局，1985 年新一版。

45. 楊錫彭注，《山海經》，臺北：三民書局，2004 年 1 月初版。

46. 董說，《七國攷》，北京：中華書局，1985 年。

47. 賈思勰，《齊民要術》，上海：上海古籍出版社，2006 年 12 月第一版。

48. 管仲著，黎翔鳳撰，《管子校注》，北京：中華書局，2004 年 6 月第一版。

49. 劉向，《新序》，臺北：臺灣古籍出版社，1997 年 10 月初版。

50. 劉向，《說苑今註今譯》，臺北：臺灣商務印書館，1988 年 9 月修訂版。

51. 劉向，《戰國策》，臺北：里仁書局，1982 年 1 月初版。

52. 劉向校，《關尹子》，北京：中華書局，1985 年北京新一版。

53. 劉安，《淮南子集釋》，北京：中華書局，1998 年 10 月第一版。

54. 劉知幾，《史通》，臺北：錦繡出版，1992 年 4 月初版。

55. 劉建國注，《越絕書》，臺北：三民書局，1997 年 6 月第一版。

56. 劉歆，《西京雜記》，上海：上海古籍出版社，1991 年 12 月第一版。

57. 劉熙著，任繼昉纂，《釋名匯校》，濟南：齊魯書社，2006 年 11 月第一版。

58. 劉慶柱輯注，《三秦記輯注・關中記輯注》，西安：三秦出版社，2006 年 1 月第一版。

59. 劉錦藻纂，《清朝續文獻通考》，臺北：新興書局，1963 年 10 月新一版。

60. 劉徽註，《九章算術校證》，臺北：九章出版社，2002 年 11 月一版。

61. 蔡邕，《月令章句》，收於鐘謙鈞、馮端本輯，《古經解彙函小學彙函續附十種》，臺北:鼎文書局，1974 年 3 月初版。

62. 衛宏，《漢舊儀》，收入孫星衍集，《漢官六種》，臺北：臺灣中華書局，1981 年 10 月臺三版。

63. 鄭玄注，《周禮注疏》，北京：北京大學出版社，1999 年 12 月第一版。

64. 鄭玄注，《儀禮注疏》，臺北：新文豐出版公司，2001 年 6 月初版。

65. 鄭玄注，《禮記注疏》，臺北：新文豐出版公司，2001 年 6 月初版。

66. 賴炎元註，《韓詩外傳今註今釋》，臺北：臺灣商務印書館，1972 年 9 月初版。

67. 應劭，《風俗通義》，臺北：世界書局，1963 年 4 月初版。

68. 應劭，《漢官儀》，收於《漢官六種》（臺北：臺灣中華書局，1981 年 10 月）。

69. 韓非，《韓非子》，臺北：三民書局，1997 年 11 月初版。

70. 嚴可均編，《全三國文》，收於楊家駱主編，《全上古三代秦漢三國六朝文》，臺北：世界書局，1969 年 8 月三版。

71. 嚴可均編，《全後漢文》，收於楊家駱主編，《全上古三代秦漢三國六朝文》，臺北：世界書局，1969 年 8 月三版。

72. 嚴可均編，《全漢文》，收於楊家駱主編，《全上古三代秦漢三國六朝文》，臺北：世界書局，1969 年 8 月三版。

73. 酈道元注，《水經注疏》，南京：江蘇古籍出版社，1989 年 6 月第一版。

（二）出土史料

1. 《周家臺三〇號秦墓簡》，收於湖北省荊州市周梁玉橋遺址博物館編，《關沮秦漢墓簡牘》（北京：中華書局，2001 年 8 月第一版）。

2. 中國文物研究所等編，《龍崗秦簡》，北京：中華書局，2001 年初版。

3. 中國社會科學院考古研究所編，《居延漢簡甲乙編》，北京：中華書局，1980 年 12 月第一版。

4. 甘肅省文物考古研究所等編，《居延新簡甲渠候官》，北京：中華書局，1994 年第一版。

5. 甘肅省文物考古研究所編，《敦煌漢簡》，北京：中華書局，1991 年 6 月第一版。

6. 周曉陸、路東之編，《秦封泥集》，西安：三秦出版社，2000 年 5 月第一版。

7. 胡平生、張德芳編撰，《敦煌懸泉漢簡釋粹》，上海：上海古籍出版社，2001 年 8 月第一版。

8. 容庚編，《漢金文錄》，收於氏編《秦漢金文錄》，臺北：中央研究院歷史語言研究所，1992 年 10 月景印一版。

9. 連雲港市博物館等編，《尹灣漢墓簡牘》，北京：中華書局，1997 年 9 月第一版。

10. 整理小組編，《張家山漢墓竹簡〔二四七號墓〕》，北京：文物出版社，2001 年第一版。

11. 整理小組編，《睡虎地秦墓竹簡》，北京：文物出版社，1990 年 9 月第一版。

12. 羅福頤主編，《秦漢南北朝官印徵存》，北京：文物出版社，1987 年 10 月第一版。

13. 羅福頤編，《漢印文字徵》，香港：中華書局，1979 年 8 月香港第一版。

二、近人專書

1. Michael Loewe 等編，韓復智主譯，《劍橋中國史（第一冊秦漢篇）》，臺北：南天書局，1996 年一月初版。

2. 卜憲群，《秦漢官僚制度》，北京：社會科學文獻出版社，2002 年 12 月第一版。

3. 王仲犖，《金泥玉屑叢考》，北京：中華書局，1998 年 8 月第一版。

4. 安作璋、熊鐵基，《秦漢官制史稿》，濟南：齊魯書社，2007 年 1 月第二版。

5. 余英時著，鄔文玲等譯，《漢代貿易與擴張》，上海：上海古籍出版社，2005 年 6 月第一版。

6. 吳昌廉，《兩漢計偕考》，臺北：蘭臺出版社，1996 年 9 月初版。

7. 吳慧，《桑弘羊研究》，濟南：齊魯書社，1981 年 11 月第一版。

8. 呂思勉，《中國制度史》，上海：上海教育出版社，2005 年 4 月第二版

9. 呂思勉，《中國通史》，出版資料不詳。

10. 呂思勉，《呂思勉讀史札記》，上海：上海古籍出版社，2005 年 11 月第一版。

11. 呂思勉，《秦漢史》，上海：上海古籍出版社，2005 年 7 月第一版

12. 李超英，《財政學概要》，臺北：五南圖書出版公司，1982 年 11 月五版。

13. 李劍農，《先秦兩漢經濟史稿》，臺北：華世出版社，1981 年 12 月臺初版。

14. 杜維運，《中國史學史（第一冊）》，臺北：三民書局，2000 年 3 月第三版。

15. 杜維運，《史學方法論》，臺北：三民書局，2003 年 2 月第十五版

16. 沈頌金，《二十世紀簡帛學研究》，北京：學苑出版社，2003 年 8 月北京第一版。

17. 周玉津，《財政學新論》，臺北：大中國圖書公司，1970 年 9 月再版。

18. 周伯棣，《中國財政思想史稿》，福州：福建人民出版社，1984 年 10 月第一版。

19. 周伯棣編著，《中國財政史》，上海：上海人民出版社，1981 年 2 月第一版。

20. 岳慶平，《中國秦漢習俗史》，北京：人民出版社，1994 年 4 月第一版。

21. 林甘泉主編，《中國經濟通史‧秦漢經濟卷》，北京：經濟日報出版社，1999 年 1 月第一版。

22. 林劍鳴，《秦漢史》，臺北：五南圖書出版公司，1992 年 11 月初版。

23. 竺家寧，《漢語詞彙學》，臺北：五南圖書出版公司，1999 年 10 月初版。

24. 侯家駒，《中國財金制度史論》，臺北：聯經，1988 年。

25. 胡平生，《長江流域出土簡牘與研究》，武漢：湖北教育出版社，2004 年 10 月第一版。

26. 范文瀾，《中國通史簡論（上）》，收於氏著，《范文瀾全集》，石家莊：河北教育出版社，2002 年 11 月第一版。

27. 孫翊剛主編，《中國賦稅史》，北京：中國經濟出版社，2003 年 12 月第一版。

28. 孫翊剛主編，《簡明中國財政史》，北京：中國財政經濟出版社，1988 年 12 月第一版。

29. 馬大英，《漢代財政史》，北京：中國財政經濟出版社，1983 年 4 月第一版。

30. 張晉藩主編，《中國官制通史》，北京：中國人民大學出版社，1992 年 10 月第一版。

31. 陳秀夔，《中國財政史》，臺北：正中書局，1968 年十月臺初版。

32. 陳直，《史記新證》，北京：中華書局，2006 年 4 月第一版。

33. 陳直，《漢書新證》，北京：中華書局，2006 年 4 月第一版。

34. 陳茂同，《歷代職官沿革史》，上海：華東師範大學出版社，1988 年 3 月第一版。

35. 陳琮，《中國上古財政史》，臺北：三民書局，1986 年 11 月初版。

36. 陳槃，《漢晉遺簡釋小七種》，臺北：中央研究院歷史語言研究所，1975 年 6 月初版。

37. 勞榦，《居延漢簡考釋之部》，臺北：中央研究院歷史語言研究所，1960 年 4 月初版。

38. 勞榦，《秦漢史》，臺北：中國文化大學出版部，1986 年 11 月新二版。

39. 彭信威，《中國貨幣史》，上海：上海人民出版社，1988 年。

40. 晉春化，《財稅概要》，臺北：三民書局，1977 年 9 月初版。

41. 黃今言，《秦漢商品經濟研究》，北京：人民出版社，2005 年 3 月第一版。

42. 黃今言，《秦漢賦役制度研究》，南昌：江西教育出版社，1988 年 4 月第一版。

43. 董平均，《出土秦律漢律所見封君食邑制度研究》，哈爾濱：黑龍江人民出版社，2007 年 4 月第一版。

44. 熊鐵基，《秦漢文化史》，上海：東方出版社，2007 年 5 月第一版。

45. 劉永憲編著，《財政學原理》，臺北：凱侖出版社，1993 年增訂版。

46. 蔣禮鴻，《商君書錐指》，北京：中華書局，1986 年 4 月第一版。

47. 鄭學檬主編,《中國賦役制度史》,上海:上海人民出版社,2000 年 9 月第一版。

48. 鄧之誠,《中華二千年史(卷一)》,北京:中華書局,1983 年 6 月新一版。

49. 錢穆,《中國歷代政治得失》,臺北:東大圖書公司,1977 年 6 月第一版。

50. 錢穆,《秦漢史》,臺北:東大圖書公司,1957 年 4 月初版。

51. 錢穆,《國史大綱》,臺北:臺灣商務印書館,1995 年 7 月修訂三版。

52. 薩孟武,《中國社會政治史》,臺北:三民書局,1979 年 12 月再版。

53. 羅慶康,《西漢財政官制史稿》,開封:河南大學出版社,1989 年初版。

54. 嚴耕望,《中國地方行政制度史·秦漢地方行政制度》,臺北:中央研究院歷史語言研究所,1961 年。

55. 嚴耕望,《錢穆賓四先生與我》,臺北:臺灣商務印書館,1992 年 3 月初版。

56. 蘇俊良,《漢朝典章制度》,長春:吉林文史出版社,2001 年 12 月第一版。

三、論 文

1. 于振波,〈從簡牘看漢代的戶賦與芻槀稅〉,《故宮博物院院刊》,2005 年第 2 期,頁 151～155 轉 162。

2. 王子今,〈東漢洛陽的"上林"〉,《洛陽工學院學報(社會科學版)》,2001 年第 4 期,頁 12～16。

3. 王子今,〈秦漢帝國執政集團的海洋意識與沿海域控制〉,《第一屆白沙地理學術研討會論文集》(彰化:國立彰化師範大學歷史學研究所,2006 年 9 月),頁 13-1～13-18。

4. 王子今,〈張家山漢簡《金布律》中的早期井鹽史料及相關問題〉,《鹽業史研究》,2003 年 3 期,頁 23～26。

5. 王川,〈試論秦漢三國時期嶺南地區園藝業發展的原因〉,《中山大學學報(社會科學版)》,2001 年第 1 期,頁 95～101。

6. 王元林,〈兩漢合浦、徐聞與南海絲路的關系〉,《廣西民族研究》,2004 年第 4 期,頁 86～89。

7. 王亞春,〈漢代關稅小考〉,《山西大學學報(哲學社會科學版)》,1997 年第 3 期,頁 75～78。

8. 王剛,〈漢代"市租"新探〉,《中國社會經濟史研究》,2000 年第 4 期,頁 87～91。

9. 王剛,〈漢代關稅問題再探討〉,《南都學壇》,2003 年第 1 期,頁 16～19。

10. 王福昌，〈西漢桂陽郡"金官"考辨〉，《中國歷史地理論叢》，1999 年第 3 期，頁 44 轉 114。

11. 仝晰綱，〈秦漢郡國農官考實〉，《史林》，1996 年第 4 期，頁 23～26。

12. 加藤繁，吳杰譯，〈漢代國家財政和帝室財政的區別以及帝室財政的一斑〉，《中國經濟史考證》，北京：商務印書館，1959 年 9 月初版，頁 25～124。

13. 石小同，〈《管子》對鐵的開發與經營管理〉，《管子學刊》，1994 年 4 期，頁 53～54。

14. 田澤濱，〈試論商鞅的稅制改革〉，《東北師大學報（哲學社會科學版）》，1983 年第 5 期，頁 74～82。

15. 伊敏，〈人頭稅與兩漢人口數量的變化〉，《青海師範大學學報（哲學社會科學版）》，2006 年第 4 期，頁 47～50。

16. 朱德貴，〈張家山漢簡與漢代戶賦制度新探〉，《學術論壇》，2006 年第 6 期，頁 151～153。

17. 朱德貴，〈論漢代國家財政與帝室財政管理體制——與加藤繁先生商榷〉，《江西師範大學學報（哲學社會科學版）》，第 39 卷第 1 期（2006 年 2 月），頁 86～90。

18. 余志勇，〈略論先秦兩漢時代我國的用鐵程度〉，《西北第二民族學院學報（哲學社會科學版）》，1996 年 3 期，頁 69—76。

19. 余明，〈"弛山澤之禁"與漢初地方經濟開發〉，《自貢師範高等專科學校學報》，2000 年第 2 期，頁 51～54。

20. 余明，〈西漢林政初探〉，《四川師範大學學報（社會科學版）》，1999 年第 4 期，頁 65～71。

21. 余明，〈西漢時期西部開發述論〉，《四川理工學院學報（社會科學版）》，第 22 卷第 1 期（2007 年 2 月），頁 60～63。

22. 余明，〈春秋戰國林政述要〉，《自貢師範高等專科學校學報》，2003 年第 1 期，頁 26～28。

23. 余華清，〈秦漢時期的漁業〉，《人文雜誌》，1982 年第 5 期，頁 58～66。

24. 冷鵬飛，〈漢代"市租"考〉，《中國史研究》，1996 年第 3 期，頁 163。

25. 吳小平，〈兩漢時期的工商政策對銅器的影響評價〉，《中國社會經濟史研究》，2004 年第 4 期，頁 27～32。

26. 吳昌廉，〈秦漢｜自占」初探〉，《興大人文學報》，第三十四期（2004 年 6 月），頁 563—594。

27. 吳昌廉，〈論「新發現」與「新學問」之關係——王國維「新材料」觀念試釋〉，《簡牘學報》，第十七期（1999 年），頁 321—350。

28. 李竹林，〈古代解池及其經濟史略〉，《鹽業史研究》，1994 年第 4 期，頁 58—64。

29. 李京華，〈漢代大鐵官管理職官的再研究〉，《中原文物》，2000 年第 4 期，頁 27～32。

30. 杜勁松，〈關於西漢多黃金原因的研究〉，《中國史研究》，2003 年第 4 期，頁 57～70。

31. 沈振輝，〈少府官制考析〉，《江西師範大學學報（哲學社會科學版）》，1998 年第 2 期，頁 53～58 轉 96。

32. 周立中，〈我國古代酒類管理與防偽〉，《防偽史話》，2004 年 6 期，頁 70～71。

33. 周星，〈漢代江南鑄銅業的發展〉，《南方文物》，1997 年第 2 期，頁 76～81。

34. 周筠溪，〈西漢財政制度之一斑〉，《食貨半月刊》，第 3 卷第 8 期（1936 年 3 月 16 日），頁 8～36。

35. 周魁一，〈中國古代水資源稅初探〉，《中國農史》，2003 年第 3 期，頁 40～45。

36. 周曉陸、劉瑞、李凱、湯超等著，〈在京新見秦封泥印中的中央職官內容——紀念相家巷秦封泥發現十周年〉，《考古與文物》，2005 年第 5 期，頁 3～15。

37. 林益德，〈漢初的「行金」與「行錢」〉，《中興史學》，第 12 期（2006 年 6 月），頁 1～33。

38. 金毓銓，〈“民數”與漢代封建政權〉，《中國史研究》，1979 年第 3 期，頁 61～80。

39. 段塔麗，〈秦漢王朝開發嶺南述論〉，《陝西師範大學學報（哲學社會科學版）》，第 29 卷第 2 期（2000 年 6 月），頁 92～98。

40. 范石軒譯，〈漢代之徭役及人頭稅〉，《食貨半月刊》，第 3 卷第 7 期（1936 年 3 月 1 日），頁 36～41。

41. 倪根金，〈秦漢植樹造林考述〉，《中國農史》，1990 年第 4 期，頁 83～92 轉 37。

42. 夏金梅、張波，〈西周至秦漢關稅收入增長原因分析〉，《延安大學學報（社會科學版）》，2005 年第 5 期，頁 96～99。

43. 徐少華，〈中國酒政概說〉，《中國釀造》，1998 年第 2 期，頁 1～7。

44. 徐少華，〈形式多樣的專賣制——我國歷史上的酒政（三）〉，《中國食品》，1997 年第 12 期，頁 21～23。

45. 馬永嬴，〈“大官之印”與西漢的太官〉，《考古與文物》，2006 年第 5 期，頁 77～79。

46. 馬非百，〈秦漢經濟史資料（七）租稅制度〉，《食貨半月刊》，第 3 卷第 9 期（1936 年 4 月 1 日），頁 9～33。

47. 馬非百，〈秦漢經濟史資料（五）人口及土地〉，《食貨半月刊》，第 3 卷第 3 期（1936 年 1 月 1 日），頁 8～38。

48. 馬非百，〈秦漢經濟史資料（四）貨幣制度〉，《食貨半月刊》，第 3 卷第 2 期（1935 年 12 月 16 日），頁 2～25。

49. 高敏，〈秦漢賦稅制度考釋〉，《秦漢史論集》，河南：中州書畫出版社，1982 年 8 月第一版，頁 58～120。

50. 高敏，〈關于漢代有"戶賦"、"賈錢"及各種礦產稅的新証——讀《張家山漢墓竹簡》〉，《史學月刊》，2003 年第 4 期，頁 121～122。

51. 馬新，〈論漢武帝以前鹽政的演變〉，《鹽業史研究》，1996 年第 2 期，頁 4～14。

52. 張中秋，〈漢代工商貿易法律敘論〉，《南京大學學報（哲學·人文·社會科學）》，1995 年第 4 期，頁 81～89。

53. 張弘、朱紅，〈試論秦統一中國前後的工商管理政策〉，《濟南大學學報（社會科學版）》，2001 年第 3 期，頁 32～34。

54. 張傳璽，〈論秦漢時期三種鹽鐵政策的遞變〉，《秦漢問題研究》，北京：北京大學出版社，1985 年 11 月第一版，頁 221～248。

55. 張齊政，〈一把解開中國古代青銅銅源之謎的鑰匙——《江南銅研究》述評〉，《衡陽師範學院學報》，第 27 卷第 5 期（2006 年 10 月），頁 172～174。

56. 張衛東、裘士京，〈論兩漢時期皖南銅與皖南經濟〉，《安徽史學》，2006 年第 4 期，頁 20～24。

57. 張躍，〈漢武帝時期的壟斷官營經濟政策〉，《山西財經大學學報》，2005 年第 1 期，頁 8～11。

58. 梁向明，〈漢代"獻費"性質辨析〉，《固原師專學報》，1995 年第 2 期，頁 63～64。

59. 陳中龍，〈秦漢的司空——以出土的實物資料為主〉，《萬竅——中華通識教育學刊》，第 3 期（2006 年 5 月 1 日），頁 15～38。

60. 陳文豪，〈兩漢九卿年表校補考辨舉隅〉，《中國文化月刊》，第 160 期（1993 年 2 月），頁 111～125。

61. 陳明光，〈20 世紀中國古代財政史研究述評〉，《漢唐財政史論》（長沙：岳麓書社，2003 年 10 月第一版），頁 319～328。

62. 陳明光，〈中國古代賦役制度史的回顧與展望〉，《漢唐財政史論》（長沙：岳麓書社，2003 年 10 月第一版），頁 273～318。

63. 陳直，〈居延簡所見官名通考〉，《居延漢簡研究》（天津：天津古籍出版

社，1986 年 5 月第一版），頁 110～121。

64. 陳昱伶，〈〈責寇恩事〉中「魚」的幾個問題〉，《中興史學》，第五期（1999 年 1 月），頁 7～15。

65. 陳業新，〈秦漢政府行為與生態〉，《淮南師範學院學報》，2004 年第 4 期，頁 63～68。

66. 郭獻功，〈漢代的"酎金"與"酎金案"〉，《商丘師範學院學報》，第 20 卷第 3 期（2004 年），頁 77～78。

67. 傅斯年，〈歷史語言研究所工作之旨趣〉，《傅斯年全集（第四冊）》，臺北：聯經，1980 年 9 月，頁 253～266。

68. 勞榦，〈秦漢九卿考〉，《大陸雜誌》，第 15 卷第 11 期（1957 年 12 月 15 日），頁 1～3。

69. 景愛，〈環境史：定義、內容與方法〉，《史學月刊》2004 年第 3 期，頁 5 ～7。

70. 賀昌群，〈秦漢間封建土地所有制形式與秦末農民起義的關係〉，《漢唐間封建土地所有制形式研究》，上海：上海人民出版社，1964 年 9 月第一版，頁 1～87。

71. 黃今言，〈秦漢末業稅問題的探討〉，《江西師範大學學報（哲學社會科學版）》，1985 年第 1 期，頁 25～33。

72. 黃天華，〈論秦代賦稅結構及其沿革〉，《廣東社會科學》，2000 年第 6 期，頁 39～44。

73. 黃君默，〈兩漢的租稅制度〉，《食貨》，第 3 卷第 7 期（1936 年 3 月 1 日），頁 30～35。

74. 黃志輝，〈粵北古代的礦業〉，《廣東史志》，1994 年第 2 期，頁 47～50。

75. 楊志賢，〈從張家山漢簡看漢初會計管理制度的發展狀況〉，《中國社會經濟史研究》，2007 年第 2 期，頁 7～12。

76. 楊劍虹，〈居延漢簡三類會計簿書窺測〉，《西北史地》，1994 年第 2 期，頁 1～20。

77. 萬海峰、蕭燕，〈略論漢武帝時期的鹽鐵專賣制度〉，《江西社會科學》，2007 年第 2 期，頁 124～127。

78. 裘錫圭，〈湖北江陵鳳凰山十號漢墓出土簡牘考釋〉，《文物》，1974 年第 7 期，頁 49～62。

79. 寧立波、靳孟貴，〈我國古代水權制度變遷分析〉，《水利經濟》，第 22 卷第 6 期（2004 年 11 月），頁 8～11 轉 65。

80. 蒙文通，〈中國歷代農產量的擴大和賦役制度及學術思想的演變〉，《四川大學學報》，1957 年第 2 期，頁 27～106。

81. 臧知非，〈張家山漢簡所見西漢礦業稅收制度試析——兼談西漢前期“弛山澤之禁”及商人兼併農民問題〉，《史學月刊》，2003 年第 3 期，頁 26 ～33。

82. 劉洪石，〈漢代東海郡朐縣的海鹽生產和管理機構〉，《鹽業史研究》，2002 年第 1 期，頁 43～44。

83. 劉德增、李珩，〈“縣官”與秦漢皇帝財政〉，《文史哲》，2006 年第 5 期，頁 70～74。

84. 潘明娟，〈秦都咸陽城市機能芻議〉，《西安文理學院學報（社會科學版）》，第 8 卷第 1 期（2005 年 2 月），頁 70～73。

85. 蔡興安，〈漢代九卿制度考（上）〉，《大陸雜誌》，第 26 卷第 4 期（1963 年 2 月 28 日），頁 17～21 轉 30。

86. 蔡興安，〈漢代九卿制度考（下）〉，《大陸雜誌》，第 26 卷第 5 期（1963 年 3 月 15 日），頁 26～31。

87. 賴華明，〈漢武帝經濟改革新論〉，《四川師範大學學報（社會科學版）》，2003 年第 6 期，頁 81～86。

88. 薛振愷，〈試論漢武帝的斂財政策〉，《北京師範大學學報（社會科學版）》，1997 年第 4 期，頁 84～92。

89. 謝桂華，〈尹灣漢墓簡牘和西漢地方行政制度〉，《文物》，1997 年第 1 期，頁 42～48。

90. 藍勇，〈歷史時期三峽地區農林副業開發研究〉，《中國農史》，第 14 卷第 3 期（1995），頁 76～82。

91. 羅君，〈秦漢時期巴郡的政治和經濟〉，《涪陵師範學院學報》，第 20 卷第 1 期（2004 年 1 月），頁 49～52。

92. 羅慶康，〈秦的鹽制管窺〉，《鹽業史研究》，1991 年第 3 期，頁 24～27。

93. 羅慶康，〈漢初鹽業初探〉，《鹽業史研究》，1993 年第 3 期，頁 35～38。

94. 譚其驤，〈雲夢與雲夢澤〉，《復旦學報（社會科學版）》，1980 年第 S1 期，頁 1～11。

95. 鐘一鳴，〈漢代的漁業〉，《益陽師專學報》，1990 年第 3 期，頁 47～53。

四、學位論文

1. 吳建村，《中國國庫制度之研究》，臺北：國立政治大學財政研究所碩士論文，1967 年 6 月。

2. 沈明得，《漢代馬政研究》，臺中，國立中興大學歷史學系博士論文，2005 年 11 月。

3. 莊璔逸，《秦漢市制探微》，臺中，國立中興大學歷史學系碩士論文，2001

年。

4. 陳文豪，《漢代九卿研究》，臺北：中國文化大學史學研究所博士論文，1993 年。

5. 陳文豪，《漢代大司農研究》，臺北：中國文化大學史學研究所碩士論文，1986 年。

6. 喬玲，《西漢賦稅制度研究》，南昌：南昌大學歷史系碩士論文，2006 年。

五、網路資料

1. 「中國知識網」：http://www.cnki.net

2. 「中央研究院漢籍電子文獻」：http://www.sinica.edu.tw/~tdbproj/handy1/

3. 「中央研究院文物圖像研究室」：
   http://saturn.ihp.sinica.edu.tw/~wenwu/search.htm

4. 〈人民入出臺灣地區山地管制區作業〉，警政署，
   http://www.npa.gov.tw/NPAGip/wSite/public/Attachment/f1140142077734.pdf，2007 年 10 月 24 日所見。